우리의 실체·실상에 대한 이해와 반성

맨 밑바닥 서민이 정리한
'대한민국의 밑바탕 분석과 현대사 정리'

우리의 실체·실상에 대한 이해와 반성

초판 1쇄 발행 2023년 8월 4일

지은이 최익주
펴낸이 장길수
펴낸곳 지식과감성#
출판등록 제2012-000081호

전화 010-6641-4599
이메일 choiik58@naver.com

SET ISBN 979-11-392-1239-6
ISBN 979-11-392-1240-2(04340)
값 18,000원

• 이 책의 판권은 지은이에게 있습니다.
• 이 책 내용의 전부 또는 일부를 재사용하려면 반드시 지은이의 서면 동의를 받아야 합니다.
• 해당 도서는 자비 출판된 도서로, 저작권은 저자에게 있으며
  저자의 의도로 출간된 도서로 문제가 있다면 저자와 직접 연락하기 바랍니다.
• 잘못된 책은 구입하신 곳에서 바꾸어 드립니다.

맨 밑바닥 서민이 정리한
'대한민국의 밑바탕 분석과 현대사 정리'

우리의
실체·실상에 대한
이해와 반성

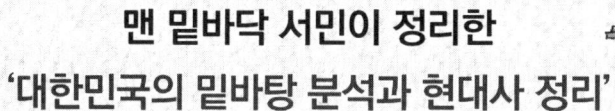

최익주 지음

인류사에서 가장 수준 높은 자유민주주의와는
정반대로 험난했던 우리 문화와 민족성에 대한 정리

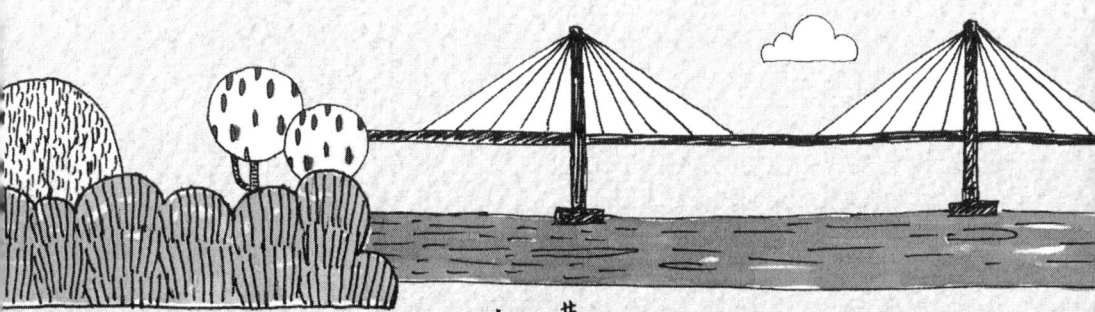

머리말

역사에서 우리는 당파·당쟁으로 망했고, 양반·상놈으로 망했으며, 남·북으로 분열했고, 민주주의·공산주의가 전쟁했다. 그랬음에도 또다시 독재·민주화에 이어서 보수·진보가 극단적으로 대립·분열한 채 불순 세력에 나라를 장악당했다가 가까스로 권력을 되찾았다.

우리 민족은 머리가 영리하고 능력이 뛰어나고, 잠재적 역량과 미래 가능성이 무한하다. 하지만 후진적인 문화와 참담했던 역사와 서투른 자유민주주의로 인해서 능력껏 기량을 발휘하지 못했고, 오히려 무난하고 원만함을 좇아서 변화와 반성에 무관심·무책임이 심해졌으며, 극심한 대립과 분열로 또다시 망국을 걱정하는 대가를 치르게 된 것이다.

당연히 지금부터 우리가 해결해야 할 일들이 산적해 있다.

그런데 이미 우리 증·조·부모들은 해방 후에 마이너스(초주검과 잿더미 상태) 상태와 빈손(무지와 무일푼)으로 출발했고, 최첨단 문명을 이루어 내는 주역이 되었다. 더구나 지금 우리는 해방 당시와는 비교할 수 없을 정도로 모든 조건이 두루 갖춰져 있고, 대전환점을 만들어 낼 수 있는 절호의 기회다.

실제로 오늘날은 어엿한 공직자와 정치인과 지식인과 교양인과 지성인과 전문가들이 넘쳐 나고, 무엇이든지 몇 초 만에 소통할 수 있는 첨단 문명과 도구들을 손에 쥐고 있으며, 해내지 못할 것이 없다. 정말 우리의 몰락과 죽음이 피할 수 없는 숙명일지라도 기어코 시도라도 해 봐야 하고, 실패라도 해 봐야 하고, 불이익과 손해와 상처라도 입어 봐야 하고, 이를 위해서 지금까지의 자신과 우리부터 과감하게 버려 보고 바꿔 봐야 한다.

이를 악물다가 입술을 깨물더라도, 끈기와 오기로는 부족해서 한동안 독기를 품더라도, 영광스러운 훈포장 대신에 피눈물을 흘리면서 초주검이 되더라도 우리가 마주한 상황을 의무와 사명과 당연한 희생과 행운의 기회로 여기고 기어코 전화위복으로 만들어 낼 수 있어야 한다.

그뿐 아니라 우리는 조만간 남북한의 자유 평화 통일을 시작으로 지구촌의 독재국들과 개발도상국들의 자유민주주의와 민주화에 모델이 되어 줘야 한다. 특히 남북통일이 매우 인간적이고 아름답고 감동적으로 진행되도록 철저하게 준비해야 한다. 남북한의 자유·평화 통일을 전후로 국제사회에 진한 감동을 선물해 주고, 강력한 신뢰 확보를 통해서 많은 나라가 본받고 싶어지도록 모범이 되어 줘야 하며, 부러움과 존경을 받아야만 인류 평화와 번영이 쉬워지고 빨라지게 된다.

하지만 그럴수록 우리의 실체와 실상에 대한 점검과 내부에 대한 반성과 대전환점 마련이 필수다.

아마도 오랜 세월 발휘하지 못한 채 숨겨졌던 우리 국민의 역량과 자긍심이 살아나고, 훌륭한 인물들과 참신한 인재들이 본격적으로 활성화될 것으로 전망·확신한다.

이를 통해서 우리가 그간에 산전수전·악전고투하면서 기어코 버텨 왔던 한반도의 상서로운 기운과 대기만성인 쨍쨍한 국운과 찬란한 미래를 마음껏 펼쳐 가면서 국제사회와 인류 미래에 획기적으로 공헌·안내·주도해 가길 기대한다.

차례

머리말   4

제1장.
대한민국의 밑바탕(문화·민족성)에 대한 이해   11

    1. 우리 민족의 특징 겸 정서인 정·선·의(情·善·義)   12
    2. 우리가 자유민주주의에 성공할 수 없었던 이유와 증거   17
    3. 품안이와 요람이의 무의식형성 과정(비교)   20
    4. '우리'라는 민족 정서의 형성 과정   34
    5. 망가졌던 '우리'의 단면   50
    6. 후진적인 문화와 인간관계는 포지티브 방식   53
    7. 선진국의 밑바탕은 네거티브 방식   63
    8. 비인간적이고 망국적인 조상 모시기   67
    9. 어른 공경 문화가 비민주적이고 비인간적인 이유   70
    10. 어른 공경 문화의 실상   72
    11. 홍익인간(弘益人間)에 담긴 위선과 모순   77
    12. 등에 짊어진 '과거'라는 무거운 보따리   84

제2장.
우리 현대사의 이해와 반성   91

    1. 필자와 운명 철학자의 대화 (대통령 당선에 대한)   92
    2. 비운의 대통령들과 말짱 도루묵인 대한민국   97
    3. 반성과 원인 분석에 소홀했던 우리의 실체(과거, 실상)   102
    4. 비운의 제19대 대통령에게 (대통령 선거 전날 작성)   107
    5. 안철수와 홍준표와 유승민에게 분개·통탄을   120

6. 귀담아들어야 할 우리 국민성에 대한 비판　132
7. 레밍 쥐 떼와는 정반대인 현상들　137
8. 대한민국의 오늘날을 상징적으로 표현하면　140

제3장.
우리의 대표였던 대통령들이 상징해 주는 바　143

1. 우리 국민과 나라의 대표인 대통령들이 상징해 주는 바　144
2. 이승만이 상징해 주는 바　146
3. 윤보선이 상징해 주는 바　151
4. 박정희가 상징해 주는 바　152
5. 김영삼·김대중이 상징해 주는 바　153
6. 노무현이 상징해 주는 바　159
7. 이명박이 상징해 주는 바　164
8. 박근혜가 상징해 주는 바　168
9. 문재인(노무현)이 상징해 주는 바　176

제4장.
노무현에 대한 집중 분석　179

1. '친일파들'보다 더 비열·잔악한 '친일파·적폐 청산론자들'　182
2. 참여(노무현)정부의 개혁 실패 (2003.10.13. 작성)　194
3. 노무현의 한심한 개혁과 비참한 말로(경고) (2004.3.16. 작성)　198
4. 기회주의로 성장해 온 노무현 대통령 (2004.3.16. 작성)　200
5. 노무현(대통령으로서)의 치명적인 약점 (2004.3.16. 작성)　206
6. 노무현의 인생·자살과 문재인이 얻었어야 했던 교훈　226

제5장.

문재인(종북·좌파·주사파·중공몽) 세력의 수준과 실상   233

   1. 문재인이 참되고 정의롭고 훌륭하다는 사람은 손 들어 봐   234
   2. '죄는 미워하되 인간은 미워하지 말라'와 문재인(적폐 청산)   237
   3. 쿠데타를 목적으로 시위를 선동한 문재인의 역적 짓들   241
   4. 지옥이 문재인에게 묻는 36가지 질문(地獄之文問三六)   257
   5. 문재인 세력이 김정은 일당보다 저질·악질인 이유   268
   6. 의인과 악인(김정은, 문재인)의 절정기와 운명의 비교   273

제6장.

종북좌파·주사파·중공몽 세력의 개과천선을 위하여   279

   1. '아리랑'에 맺힌 한과 저주와 더 심오한 의미   281
   2. 개인적으로 전하는 이야기   288
   3. 여러분에게 묻고 듣고 싶은 것   293
   4. 자유 통일과 적화통일 시에 종북좌파·주사파 세력의 운명   296
   5. 종북좌파·주사파·중공몽·공산·사회주의 세력에게   299
   6. 머슴 민족성에서 생겨난 위대(胃大, 偉大)한 김일성 일가   304
   7. "미국이 북한을 먹어 버릴 것"이라고 가르친 전교조   308

   맺음말   318

제1장.

대한민국의 밑바탕(문화·민족성)에 대한 이해

1.
우리 민족의 특징 겸
정서인 정·선·의(情·善·義)

정(情)이 생겨난 배경

우리는 역사 내내 가난과 추위에 시달렸다.

이를 우리는 "헐벗고 굶주렸다", "못 먹고 못 입고 못 배웠다"라고 표현한다.

그래서 우리는 함께하는 이웃에게나 오랜만에 만나는 반가운 친척들에게도 잘해 줄 수 없었다.

심지어 함께 생활하는 가족에게도 마음과는 달리 잘해 주지 못했고, 항상 아쉬움의 연속이었다.

이는 역사 내내 우리들의 마음과 생각과 생활과 관계와 현실이 불일치할 수밖에 없었고, 항상 안타까움의 연속이었다. 이처럼 누군가에게 흡족하게도, 최소한이라도 해 주지 못했고, 오히려 모른 척하고, 쌀쌀맞고, 혹독하기도 했고, 이런저런 기억과 아픔과 안타까움이 세월이 흐르면서 아쉬움을 넘어서 서로의 한으로 맺혔으며, 오랜 세월 축적되면서 정(情)이라는 공통 정서(무의식, 밑바탕)로 승화되었고, 잘 먹고살게 되면서 장단점을 동시에 지니게 되었다.

단점은 그러한 아쉬움과 부족함이 한 맺힌 열등감과 피해의식과 기득권·특권·지배·피지배 의식과 사회 체제에 대한 불만과 불신과 원한과 저주로 악화했고, 온통 자신에 연관된 것(정분, 인연, 관계, 부, 출세)에 쏟아붓고 국한되는 소아적이고 이기적인 정분 관계로 고착된 점이다.

다시 말해서 시대 추세나, 더 나은 사회문화나, 인류애와 존엄성과 인생의 가치와 보람 등은 안중에 없거나, 오히려 자신이 모든 것을 움켜쥐려고 하는 욕심과 독과점과 특권과 독재와 세습 등을 대물림하는 파렴치한으로 악화하기도 했다.

장점은 개인마다의 정이 관계와 생활과 인생에 대한 선(善)과 사회 전반에 대한 정의감으로 발전했다는 점이다.

선(善)이 생겨난 배경

오랜 세월 축적된 아쉬움이 어려운 사람이나 상황에 마주하면 성심성의껏 도움이 되어 주려는 공통 정서로 나타났다. 자신에게 허용된 시간과 여유의 범위에서 최선을 다해서 도와주거나, 어떤 경우는 용감하게 희생을 각오·감수하는 등 진한 감동을 전해 주는 사람들이 생겨났다.

특히 대한민국은 첨단 정보화되었고, 다양한 매체를 통해서 그러한 모습들이 신속하게 전파되었으며, 공감대가 형성되었다.

이처럼 조상 대대로 축적되었던 한과 정이 나라가 발전하고, 국민의 삶이 좋아짐으로써 긍정적으로 작용·탄력을 받았으며, 선이라는 고유한 민족 정서와 우수성으로 진화했다.

의(義)가 생겨난 배경

(※ 여기서는 시간과 지면 관계상 상징적으로 함축·요약하고, 내용은 이하의 주제들에서 소상하게 정리된다.)

우리는 역사 내내 외세로부터 침략당했고, 부당한 꼴들을 너무 많이 오래 심하게 겪었다.

그래서 가만있는 우리를 끊임없이 괴롭히는 침략국들의 만행에 민감해졌고, 나라가 위태로우면 분연히 일어나서 나라를 구했으며, 당연히 우리는 의로운 사람들이었다.

그런데 평상시에 우리의 의(義)는 정의(正義)보다는 정의감(正義感)에 가깝다.

왜냐면 우리는 수준 높은 자유민주주의에서의 '정의'라는 형이상학적인 최고급개념을 이해·적용하기에는 모든 면에서 어림없었기 때문이다. 그래서 우리는 정과 선에 이어서 정의보다는 정의감(냄비·망각 증세)에 머문 채 관계(하수인, 유유상종) 문화의 연속이었고, 단순한 흑백논리, 양비론, 이념 등 오히려 정의를 망치고 무력화했다.

이처럼 정의가 아니라 정의감에 머문 것처럼 체계화되지 못한 현상은 다양한 모습들로 계속되었다.

국민 의식이 아닌 국민성, 책임이 아닌 책임감, 자율적 자유가 아닌 자유화, 민주주의가 아닌 민주화, 선진국이 아닌 선진화 등이 대표적이다.

그로 인해서 우리는 현대사에서도 참신한 인재들과 유능한 인물들이 두각을 나타내지 못했고, 투사나 열사나 투쟁과 시위가 현대사를 주도·장식했다.

이는 우리의 역사와 문화와 민족성과 관행 등에서 총체적인 수준과 한계이고, 결국은 개인들의 정의감과는 정반대로 불순 세력이 정의로 위장해서 승승장구하면서 나라를 장악했다.

그나마 개인적인 정과 선도 간직하기 힘들었던 상황에서 정의감이라는 형태로 명맥이 이어졌다는 점에서 한편으로는 대단하고 또 한편으로는 해결해야 할 과제가 산적해 있다.

요약하면 정과 선이 복잡하게 얽히고설키면서 정의감은 정과 선을 보호하기 위한 수단으로 이용되기도 했고, 실제로 정의로운 사람들과 시도들이 생겨나기도 하는 등 온갖 현상들과 함께할 수밖에 없었다.

필자의 견해 추가

필자는 오래전에 이를 깨닫기 시작했다. 하지만 대한민국의 참모습과 잠재력과 미래 가능성을 명료하게 이해·확신·설명할 정도는 되지 못했다.

그런데 살아갈수록 우리에게는 더 이상의 뭔가가 있음이 분명했으며, 우리 역사와 현대사의 모든 과정이 찬란한 국운을 위한 산전수전의 과정임을 확신하기에 이르렀다.

- 지금도 우리는 진짜 정의로운 사람들과 정의로 위장한 악질적인 불순 세력이 공존 중이고,
- 국제사회에서 손꼽을 정도로 안전하면서도 동시에 악질 세력이 난동을 부리는 위험한 상황이며,
- 단기간에 엄청난 발전과 번영을 이뤘음에도 항상 내부의 적으로

인해서 망국과 전쟁 가능성까지 지니는 위험한 나라이고,
- 너무나도 평화롭고 바쁘게 돌아가는 남한과는 정반대로 악질적인 세습 독재 정권이 북한을 장악하고 있는 유일한 분단국가이며,
- 치안과 여권 순위(파워)가 최상위권이다.

이런저런 것을 모두 감안하더라도 실제로 우리는

- 대자연의 모든 기운과 이치가 함축된 상서로운 금수강산이고,
- 미개했던 시대부터 최첨단의 정보통신과 미래 가능성까지 단기간에 반영·압축·함축된 대표적인 나라이며,
- 뒤늦게 활짝 꽃피는 대기만성의 국운이고,
- 지구 반대편에 있는 초강국인 미국이 너무나도 작은 대한민국을 살려 주고 도와주고 지켜 주는 기적 같은 나라이며,
- 미국과 함께 국제사회에 공헌하면서 찬란한 미래를 주도해 가는 사명 국가이고,
- 이를 위해서 역사에 이어서 현대사에서도 산전수전·악전고투를 통해 저력과 잠재력을 축적해 온 국가다. (이는 다른 장에서 소상하게 다뤄진다.)

2.
우리가 자유민주주의에 성공할 수 없었던 이유와 증거

심오한 우주가 138억 년이라는 무수한 세월과 과정을 거친 덕분에 가장 늦게(정교하게) 출현된 결실이 우리 인간(생각하는 영장류)이다.

그렇게 출현한 현생인류는 최장 25만 년에서 최단 2만 5천 년을 지나오면서 가장 인간답고 동시에 가장 수준 높은 자본주의와 자유민주주의를 만들어 냈다.

그런데 대부분의 나라들에서는 필요한 과정과 자질도 없이 수준 높은 자유민주주의를 시작하게 되고, 여전히 기존의 자신들(독재, 권위, 기득권, 부정·비리, 위·불·편법, 후진 문화와 불합리한 관행, 인간관계 등)을 고수하면서 민주화에 머물거나, 민주화조차 실패하게 된다.

자유민주주의를 최초에 구상해서 직접 실현해 낸 국가들

선진국들도 어둡고 무지했던 역사 과정을 똑같이 거쳤다.

그런데 선진국들에서는 형이상학적인 최고급개념들(자유·평등·정의·인권·복지 등)로 구성·운영되는 자유민주주의를 직접 만들어 냈다. 하지만 선진국들의 인간적이고 진지하고 성숙한 과정은 답습(조상)과 모방(서양)이 위주인 개발도상국들의 방식으로는 불가능하다.

실제로도 우리 대한민국을 비롯한 많은 나라들이 인류사에서 최고 수준의 자유민주주의를 공짜처럼 쉽게 얻어서 모방·시늉했을 뿐 사실은 흉내 내기에도 버거웠다.

특히 우리는 후진적인 조상들에게 물려받은 문화와 관행과 인간관계 등을 전혀 점검도 반성도 하지 않았고, 그대로 고수하면서 자유민주주의를 추진 중이다.

대한민국이 자유민주주의에 절대 성공 불가능했던 이유 겸 증거들

대한민국이 자유민주주의에 절대 성공할 수 없었던 비인간적·비민주적인 증거들은 널려 있다.

봉건왕조, 양반·상놈 신분제도, 당파 싸움, 중상모략, 권모술수, 탐관오리, 사대주의, 쇄국주의, 관료주의, 가렴주구, 혹세무민, 식민지, 차별, 학대, 착취, 버르장머리, 건방진, 싸가지, 덕석몰이, 울화병, 약자 소외, 빈곤, 공산주의, 사회주의, 군사독재, 아부·아첨, 무사안일, 복지부동, 낙지 부동, 기득권 의식, 특권 의식, 전관예우, 유전무죄·무전유죄, 유전면제·무전복무, 학교폭력, 조상 모시기, 어른 공경, 부귀영화, 청탁, 압력, 갑질, 금품 수수, 부정부패, 비자금 조성, 부정 축재, 뇌물, 상납, 접대, 향응, 리베이트, 위·불·편법, 인맥·연줄(혈·지·학연), 정경 유착, 민주화(저항·투쟁·시위), 국론분열, 공산주의·사회주의, 계파(친노·친이, 친박·비박, 친문·비문 등), 주도권 장악, 패권주의, 종북좌파·주사파, 이념(보수·진보)대립, 분노, 적폐, 악플, 포퓰리즘, 독선, 궤변, 위선, 조작, 거짓, 은폐, 각종 게이트, 부정선거, 비인간적·반민족인 보복(친일파 청산, 적폐 청산), 유권무죄·무권유죄 등 헤아릴 수 없이 많다.

  이제부터는 우리가 어떤 과정을 거쳐서 무의식이 형성되었는지 상징적으로 함축해서 점검해 보자.

3.
품안이와 요람이의
무의식형성 과정(비교)

(※ 여기 주제는 필자가 우리 민족성과 문화의 뿌리와 영향을 추적하기 위해서 아기들이 엄마 뱃속에서 '응애' 하고 태어난 순간부터 동양과 서양의 차이를 정리한 내용이다.)

'세 살 버릇 여든 간다'라는 속담이 있다. 하지만 실제로는 아이가 태어나서 5·6개월 만에도 무의식이 엉클어지거나, 망가질 수도 있다.

왜냐면 아기의 감각과 감정이 미약했을 때 외부(가족들)로부터 일방적으로 전해지는 자극과 그에 대한 반응이 무의식적으로 습성(성질·성격)과 인간관계 방식·형태와 국민 정서와 나라 장래까지 두고두고 영향을 끼치기 때문이다.

이와는 반대로 아기가 존엄성의 과정에 들어서려면 부모도 사회문화도 각자 진지한 과정을 거쳐야 한다.

아래 내용을 통해서 자신은 품안이(품에서 자란 아이)와 요람이(요람에서 자란 아이) 중에서 어느 쪽에 가까운지, 훗날 부모가 되면 자녀를 품안이로 키울 것인지 요람이로 키울 것인지, 그에 따라 자신이 고쳐야 하거나, 바꿔야 할 것이 무엇인지 점검하고 고민하는 기회가 되길 바란다.

갓난아기의 무의식형성 과정

품안이 무의식의 밑바탕

가족들은 품안이가 태어나자 눈에 넣어 버릴 것처럼 예뻐한다.

품안이는 엄마·아빠와 할머니·할아버지와 친지들과 이웃들이 품에 안고 흔들어 주고 달래 주고 놀아 준다. 품안이는 오감(시각, 청각, 후각, 미각, 촉각)이 형성되기 전에 "까꿍", "쥐암쥐암", "곤지곤지", 웃음소리, 장난감 소리에 접촉되면서 미약한 감각과 감정에 계속해서 자극받는다.

품안이는 주위의 자극들에 반사적으로 반응하면서 누군가가 옆에서 흔들어 주고 웃어 주고 달래 주고 맞춰 주는 것에 익숙해지고, 때로는 외부 자극을 기대하고, 때로는 칭얼거림으로 주위의 반응을 요구하고 좋아한다.

이 정도만으로도 품안이는 일생을 좌우해 줄 무의식이 감각과 감정을 위주로 형성된다.

요람이 무의식의 밑바탕

요람이의 가족 역시 요람이가 예쁘기는 마찬가지다. 하지만 부모(어른) 생각과 정서를 위주로 요람이를 상대하지 않으려고 세심한 주의를 기울인다. 그래서 아직은 갓난아기에 불과한 요람이지만 하늘의 심오한 이치와 고귀한 선물과 신성한 인격체로 여기고, 최대한 진지한 관계와 분위기를 유지하려고 노력한다.

그래서 요람이는 평소에 혼자 있는 시간이 많고, 잠도 아기용 침대에서 혼자 자게 된다.

덕분에 요람이는 주변에서 들리는 크고 작은 소리와 흐릿한 사물들을 찾아서 두리번거린다. 역시 가족들의 다양한 접촉에 눈과 귀를 쫑긋 기울여 본다.

요람이는 주변의 사물과 소리와 움직임들에 타율적으로 반응할 기회들이 적으며, 오히려 자신이 소리와 빛들을 쫓아다니거나, 귀를 기울여 보거나, 어렴풋하게나마 생각하는 방식으로 무의식이 형성된다.

품안이와 달리 요람이는 누군가가 곁에서 재잘거리거나, 깔깔거리거나, 이리저리 어루만지는 등 현란한 자극들에 익숙하지 않고, 외부 자극에 즉각적·반사적으로 반응하는 기회가 적다.

이는 요람이의 감각과 감정이 외부(자극)에 의해서 반사적·피동적·수동적·감각적으로 반응하는 정도가 심하지 않거나, 기회가 많지 않고, 그만큼 무의식이 지적 기능으로 연결·가동된다는 이야기다.

품안이와 요람이의 무의식과 성격

품안이의 무의식과 성격

품안이는 다양한 기능이 제대로 형성되기 전부터 외부 자극을 많이 받았고, 외부 자극에 반응하는 것에 익숙해진다. 어떤 자극들에는 반사적·즉각적으로 반응할 정도로 재빠르고, 품안이 역시도 어른이 되면 자기 자녀와 어린이들에게 저절로 그렇게 상대할 가능성이 있다.

외부 자극에 민감해지고, 익숙하게 반응(표현)하는 품안이는 곧잘 재잘거리거나, 짜증 내거나, 울부짖거나, 깔깔댄다. 왜냐면 자신이 감각과 감정을 발동하면 누군가가 맞춰 주고 달래 주고 흔들어 주기 때문이다.

이후 품안이는 인간관계에서 감정(기분)을 앞세울 수도 있다. 줄곧 누군가와 웃고 울고 짜증 내고 칭얼거리는 기회와 관계에 익숙해졌기 때문이다. 역시 누군가와 감정의 교류가 있어야 안심하고 편안해진다. 반면에 혼자 있기 싫어하고, 짜증 내고, 무서워하고, 외로워하고, 우울해할 가능성도 있다.

품안이는 감각과 감정에 익숙해진 무의식과 성질로 인해서 진지한 사고력과 끈질기게 파고드는 집중력이 부족하거나, 서로 협력해서 해결해야 하는 사회성과 사회의식에 취약하거나, 사회적응에 어려움을 겪을 수도 있다. 오히려 사람들과의 관계에서 자주 삐치거나, 쉽게 토라질 수도 있다. 왜냐면 누군가와의 관계에서 깊이 생각하기보다는 곧바로 자기감정이나 성질을 드러내는 것에 익숙해져 있기 때문이다. 반면에 자신과 무관한 상대에게는 아예 무관심하거나, 골치 아프게 여기거나, 갈수록 냉정해지거나, 퉁명스럽거나, 쌀쌀맞거나, 혹독해질 수도 있다.

품안이는 정분과 관계 위주로 성장했기 때문에 낯선 지역에서 혼자 견뎌야 하는 유학(이민)은 부적합할 수도 있다. 유학(이민)을 떠나도 외롭고 심심함을 참지 못하거나, 친구들과 어울려 다닐 수도 있다. 역시 자립적이고 독립적이고 개척적인 면에서 뒤떨어질 수도 있다.

품안이는 상대방이 자신을 사랑해 주고, 맞춰 주고, 채워 주고, 양보해 주고, 희생해 주길 바라는 등 이기적일 수도 있다. 반대로 상대가 품안이의 마음에 들면 온갖 애정을 쏟아 주는 기분파일 수도 있다.

품안이는 자기감정에 어긋나면 쉽게 상처받거나, 배신감을 느낄 수도 있다. 왜냐면 일상에서 주고받는 정분을 사랑과 혼동하거나, 일시적인 감정을 사랑으로 착각할 수 있기 때문이다.
역시 반사적·감각적·감정적 수준에서 품안이의 생각과 관계가 오락가락한 나머지 깊은 교감과 진정한 사랑에 접근하지 못할 수도 있다. 상대가 마음에 들지 않으면 짜증을 내거나, 감정을 격하게 표출하거나, 적대감까지 노출해서 심하면 상대를 해치는 가해자나 범죄자로 바뀔 위험도 있다.

품안이는 정분과 관계의 틀에서 좀처럼 벗어나지 못할 수도 있다. 누군가에게 사랑받고 싶거나, 관심(호감)받고 싶거나, 밉게 보이지 않으려고 하거나, 따돌림당할 것을 걱정할 수도 있다. 반면에 세상 전반에 대한 폭넓은 관심과 이해와 접근과 대화와 교류에 무관심해지거나, 부질없고 사소한 정분(교감)에 치중(집착)할 수도 있다.

품안이는 세상(사람, 사물, 현상, 현실 등)과 순수하게 관계하지 못하거나, 관계를 지속하기 어려울 수도 있다. 왜냐면 매사를 자신(기분, 흥미, 감정, 이익, 사랑, 소유, 행복, 인생)과 연관시키기 때문이다.

품안이는 자신과 연관된 것에는 애정과 헌신과 희생을 마다하지 않을 정도로 적극성을 보일 수도 있다. 하지만 너무 단순한 관계와 사소한 것에 관심을 쏟아 버린 나머지 크고 넓고 장기적인 것들에는 소홀해질 수도 있고, 개인사를 벗어난 사회적 관심과 협력은 외면하거나, 무시해 버릴 수도 있다.

품안이의 무의식과 성격과 인생은 수동적이고 소극적이고 의존적일 수 있다. 왜냐면 스스로 노력하지 않아도 누군가에 의해서 원하는 것이 해결되거나, 기분이 좋아지는 것에 익숙해져 있기 때문이다. 그래서 자신이 걸어갈 수 있는데도 부모의 품에 안기려고 하거나, 등에서 떨어지지 않거나, 어리광을 부리거나, 언어로 표현하지 않고 짜증으로 대신할 수도 있다. 역시 마마보이가 되거나, 부모의 그늘을 당연하게 여기거나, 그러한 사람들을 부러워하거나, 그렇지 못한 자신과 가족에게 불만을 가질 수도 있다.

품안이는 관계(정분 등)를 위주로 인간미를 발휘할 것이다. 하지만 복잡한 이해관계와 갈등이 생기면 부적응, 부조화에 빠질 수도 있다. 이때 자기 방식이 먹히지 않으면 현실이든 인간이든 세상이든 원망, 부정, 외면, 기피, 도피, 대립, 공격해 버릴 수도 있다. 익숙해진 감각과 감정에 어긋나면 곧바로 싫어지고 미워지는 등 상황을 감당(판단)하기 힘들기 때문이다.

이는 품안이가 성질(기분, 감정)에 치우친 나머지 합리적인 의식 구조, 보편타당한 판단력, 상식적인 객관성이 결핍된 것이다. 그뿐 아니라 고통스러운 속세와의 인연(정분, 애정, 인과관계)을 끊기 위해서 자살하거나, 은둔할 수도 있다.

심지어 눈앞의 현실과 관계조차 감당·극복하지 못하면서 갑자기 사후세계, 초월적인 경지, 대각, 초인, 도통한다는 등 심각한 모순에 빠질 수도 있다. 역시 '현실 기피 증세'와 '자기 집착 증세' 등 크고 작은 정신질환들을 지닐 수도 있다.

품안이는 교육과 사랑을 명분(이유)으로 가까운 인연을 심하게 의심하고 간섭하고 통제하고 감시할 수도 있다. 상대방이 자신에게 소홀하다고 생각되면 화를 내거나, 악감정을 표출할 수도 있다. 엉망인 자신을 기어코 합리화하기 위해서 상대의 불행과 고통을 기대하거나, 몰아넣을 정도로 잔인해질 수도 있다.

요람이의 무의식과 성격
요람이는 태어나서부터 자기 감각과 감정이 심하게 자극당하지 않았다. 그래서 짜증, 울음, 깔깔거릴 기회가 많지 않았고, 오히려 그러한 자극과 분위기에 어색하다.

반면에 이것저것을 두리번거리거나, 귀 기울여 보거나, 미약한 감각들과 주변 상황들을 생각으로 연결하는 것에 익숙하다. 그래서 외부에 대한 호기심, 자발적으로 찾아가는 자율성, 물끄러미 살펴보는 관찰력, 지켜보는 인내심, 종합적으로 판단해 보는 냉철함과 집중력으로 발전할 수도 있다.

설사 외부에서 자극이 있더라도 즉각적이고 감정적으로 반응하지 않는다. 외부 자극을 곧바로 자기감정으로 연결하는 것에 서툴기 때문이다. 오히려 외부로부터 자극받으면 무엇을 어떻게 할지 생각부터 하게 된다. 그래서 외부의 것들을 있는 그대로 보고 듣고 끝나거나, 호기심이 생기면 주의 깊게 살펴보거나, 구체적으로 접근해 본다.

요람이는 누군가에 의해서 반응하는 객체(대상)가 아니라 자발적으로 생각하고, 대응하는 주체적인 성격과 자질이 무의식에 깔린 셈이다.

요람이는 사물, 사람, 현상, 관계 등을 상대로 감정 개입이 적은 만큼 대상(실체, 본질)에 객관적으로 접근하기 쉽다. 그래서 실체와 본질에 대한 현상, 원리, 주제, 개념에 집중하고 분석하는 데 수월할 수 있다.

요람이의 생각은 감각과 감정에 심하게 흔들리지 않음에 따라 집중력과 상상력과 창의력의 씨앗이 싹을 트거나, 최소한 손상·침해받지는 않는다.

요람이는 이런저런 생각(관심, 호기심, 궁금증, 흥미, 열정 등)이 요람이 자체(자신)인 셈이다. 그래서 요람이의 내부(마음)를 외부로 연결해 주는 것은 감각과 감정이 아닌 생각이다. 그래서 자기 생각을 자연스럽고 자유롭고 편안하게 표현하게 되고, 진지한 대화로 이어지고, 자기와 다를 경우에도 상대를 존중해서 질문하게 된다.

역시 다른 사람과의 대화가 수월해서 의견 일치가 쉬워진다. 설사 의견이 차이 나거나, 반대되더라도 감정(성질)으로 연결하지 않는다. 그래서 그것들을 진지하게 확인하고 논의하고 조정하기에 수월하다. 더 나아가서 공통의 관심사와 목표를 향해서 협력하거나, 보람을 나눌 일들도 생겨난다.

요람이는 정분과 인연과 관계에 휘말려서 비틀거릴 일들이 많지 않다. 그만큼 인생살이도 인간관계도 부담 없이 편안하다. '자기 삶'에 진지하고 충실하고 적극적이기 때문에 남들과의 경쟁심, 비교의식, 열등감, 우월감에 시달릴 요인 자체가 작거나 없는 셈이다.

요람이는 '자기 여력'(시간, 정신, 체력, 인생)의 낭비가 적으며, 인간관계에서도 우호적이고 협력적이고 생산적이고 계획적이고 긍정적일 수 있다. 서로들 감각과 감정에 휘말리지 않고 당면한 상황과 현실과 관계에 충실함으로써 더욱 진지해지고, 능동적이고, 자립적이고, 독립적이고, 개척적일 수 있다.

품안이 부모와 요람이 부모

품안이 부모

엄마와 아빠는 품안이가 무난하게 성장해서 원만하게 살아가길 바란다. 이런 마음을 담아서 품안이를 지극정성으로 보살피면서 모든 관심과 정성과 사랑을 아낌없이 쏟아 준다. 또 품안이가 조상들의 은덕과 지혜에 감사하는 마음을 간직하길 바란다. 역시 품안이가 남을 해치지 않고, 예의와 예절이 바르고, 부모에 효도하고, 도덕과 윤리를 중시하고, 전통과 미덕을 따르고, 어디서나 겸손하고, 항상 건강하고 명랑하고, 공부를 열심히 잘하고, 매사에 긍정적이고, 아들딸 낳아서 잘 살기를 바란다.

요람이 부모

요람이 가족은 저녁 식사가 끝나면 요람이의 성격 형성과 장래에 관해서 대화하길 좋아한다.

- 요람이는 독자적인 존재

"요람이는 우리(부모)의 애완용도, 장난감도, 소유물도 아니다. 그래서 장난감처럼 데리고 놀려고 하거나, 애완용처럼 귀여워하거나, 소유물처럼 부모 마음대로 해서는 안 된다.

우리는 요람이가 독자적인 존재로서 자기 나름대로 살아가도록 양육해 주고 보호해 주는 최소한의 관계에 그쳐야 한다. 그러면 요람이는 사회로 진출해서 더 넓은 세상과 인류 미래로 연결될 것이며, 현실을 주도해 가게 될 것이다."

- 요람이에게 세상을 그대로 선물해 주자

"요람이가 기왕에 세상에 태어난 바에 작은 실수를 시작으로 세상만사를 두루 경험해 봐야 한다. 요람이는 현실과 진실을 순수하게 바라보고 판단하고 선택해서 책임지고 살아가야 한다. 그렇게 되려면 우리(부모, 어른)로 인해서 요람이에게 불순물이 생기면 안 된다. 그래서 우리가 요람이에게 기존의 것들(환경, 역사, 시대, 사회, 문화, 신앙)을 주입하거나, 답습(예절, 예의, 종교, 효도, 관계, 도덕)을 강요하면 안 된다."

- 요람이를 믿고 적극적으로 존중하자

"만일 우리가 요람이의 존엄성을 믿고 존중한다면 최대한 자율과 자유를 보장해야 하고, 요람이를 우리 가족의 염려와 불안과 소심함과 노파심에 붙들어 두면 안 된다. 또 요람이를 훈육, 통제, 감시, 간섭, 참견으로부터 보호해야 한다. 한편으로 인생이란 실수와 역경과 고난의 연속이어서 요람이 역시 수많은 과정과 혼란을 겪을 것이다. 그래도 우리는 대화로 해결해야 하고, 대화가 곤란하면 요람이에게 맡겨 둬야 하며, 요람이를 사랑하면 할수록 믿고 존중해야 한다. 어떻든 요람이의 인생이다. 그래서 요람이 스스로 알아서 해 가도록 현실에서도 인생에서도 미래에 대해서도 긍정과 희망과 자신감을 심어 주자."

- 요람이는 스스로 자기를 완성해야

"요람이는 살아가면서 수많은 시행착오를 거쳐야 한다. 요람이 스스로 세상과 어우러지면서 고민·방황·갈등해 보고, 연구·극복·관리·발전시켜 갈 기회와 자질과 질서와 체계를 연속적으로 갖춰 가야 한다. 그래야 다양한 시행착오 속에서 자신과 세상에 대한 이해가 깊어질 것이고, 원숙한 자신과 세상을 만들어 가면서 더욱 완성되어 갈 것이다.

역시 요람이도 우리처럼 세상을 아름답게 가꿔서 후손들에게 넘겨주도록 권리와 의무를 짊어져야 한다. 요람이가 자신의 짧은 인생에서 세상을 두루 껴안고 잘 소화하고 향상해 가도록 우리가 적극적으로 보장해 주고 지원해 주고 지켜보면서 기다려 주자."

요람이가 무의식에서 자기 부모에게 받은 최고의 선물

엄마와 아빠는 요람이가 두 발로 겨우 섰을 때(생후 1년경) 아기를 테이블 끝에 올려서 세워 놓는다. 그리고는 양팔을 요람이에게 내밀고 안겨 오도록 신호를 보낸다. 요람이는 잠시 망설이다가 엄마(아빠)의 팔에 자기 몸을 내맡긴다. 그리고는 자지러지게 소리 내어 웃고 좋아한다.

요람이로서는 세상에서의 첫 모험이면서 동시에 자기감정의 절정에 도달하는 경험을 맛본다. 가족들은 요람이에게 똑같은 동작을 몇 번 반복시킨다. (여기까지는 품안이네도 똑같다.)

그런데 요람이가 안심하고 안겨 오자 내밀었던 손을 재빨리 치워 버린다. 요람이는 바닥으로 떨어져서 울음을 터뜨린다. 물론 바닥에는 푹신한 담요들을 두껍게 깔아 놓았기 때문에 다치지는 않는다.

엄마(아빠)는 우는 요람이를 달래 준다. 그리고는 다시 시도한다. 요람이가 다시는 품으로 안겨 오지 않을 때까지 손을 치워 버린다. 요람이는 빠르면 한두 번, 많아도 서너 차례 당하면 더는 안겨 오지 않는다.

요람이는 자신이 자지러지게 좋아하거나, 감정의 절정에 도달하거나, 자신을 남에게 내맡긴 뒤끝이 얼마나 참담한지 무의식에 각인하게 된다.

다시 말해서 자신을 극한 감정·쾌감 또는 타인에게 내맡김과 동시에 놀라움과 충격을 몸과 마음으로 동시에 경험한 것이다.

요람이의 엄마·아빠는
어린 요람이(무의식)를 부모의 품에서 훨씬 더 넓은 마당(세상)으로 보내 준 것이다. 이는 요람이를 나약한 부모와 가족의 품에 가둬 두지 않고 훨씬 더 크고 가치 있고 무한한 세상(터전)을 믿고 존중한 것이다. 역시 요람이가 남(부모)에게 의존하지 않고, 인생을 자립적·독립적으로 경험·터득·개척해 가도록 무의식에 튼튼한 밑바탕을 마련해 준 것이다.

요람이가 부모 품에서 세상 품에 안긴다는 것은 부모와의 당연한 관계(인연, 정분, 행복, 사랑 등)에서부터 자유로워져야 한다는 의미가 담겨 있다. 인간의 진정한 인간미와 사랑과 행복과 자유는 아픔이 동반되고 충격을 감당해야 하지만 이내 극복해 낼 수 있는 성숙한 자기 과정이라는 심오함이 담겨 있다. 요람이는 흔하디흔한 인연과 정분과 관념에 붙들리지 않고 훨씬 더 자유로운 환경과 능동적인 조건에서 적극적인 인생을 영위해 갈 것이다.

또한 요람이 친구들은 피차 불완전한 인연(부모)과의 관계(정분, 사랑, 행복)에서 터덕거리지 않음으로써 어디에 가든지, 어떤 일이든지 빠르게 적응할 것이고, 각 분야에서 탁월한 역량을 발휘할 수도 있다.

인간은 심오한 우주가 오랜 세월에 걸쳐서 마지막에 생성해 낸 정교하고 예민하고 섬세한 영장류다. 그래서 어렸을 때 주변에서 잘못 전달받은 무의식이 습성화되면 자칫 성질도 관계도 인생도 사회문화도 역사까지 모두 엉클어지고, 저차원에서 엉망진창이 된다.

이렇게 되면 존엄성을 인식·접근·발휘·신장할 수 없게 되고, 제각각의 환경과 인연과 문화와 사회 분위기와 관행과 사건과 기억으로 살아가게 된다. 더구나 아기의 무의식이 잘못된 영향들을 심하게 받으면 아기가 하늘로 연결된 기운과 섬세한 연결 체계가 흐트러질 위험이 있고, 힘겨운 인간관계와 후진적인 사회문화와 처절한 역사로 진행될 수도 있다.

다시 말해서 무의식에 잘못 영향받은 사람은 천차만별한 인간과 복잡다단한 현실을 감당할 수 없고, 갈수록 악에 물들거나, 결국은 사악해지거나, 모두에게 위험해질 수도 있다.

그래서 우리가 과거처럼 소극적인 미사여구·생색·정분·감동·적당·무난·원만·합리화·미화·두리뭉실한 것보다는 아기가 신성하게 태어나서 더욱더 존엄해져야 하는 인격체로 존중·보호해야 하고, 성장하면서 좋은 마음씨들을 적극적으로 발휘해서 서로 협력하는 공감대와 분위기를 조성해 가도록 해야 한다.

이는 인간과 인생이 절대 만만하지 않으며, 매우 인간적이고 적극적이어야 한다는 이야기다.

인간이 서로를 존중하고 협력하는 적극적인 태도가 과거에는 대단함과 위대함이었고, 오늘날은 인간다움과 행복과 아름다움이었다면, 이제부터는 현대인이 당연히 지녀야 하는 의무와 숙명으로 여겨야 한다.

4.
'우리'라는 민족 정서의 형성 과정

여기서는 '우리'라는 정서가 생겨난 배경과 형성 과정과 영향에 대해서 살펴본다.

여기 내용을 통해서 한 맺히고 애절했던 '우리'라는 정서보다는 훨씬 더 냉철한 이성과 지성으로 승화해 주길 염원한다.

'우리'라는 동병상련의 정서

우리는 참담한 인생과 고난의 역사 속에서 '우리'라는 동병상련의 정서를 지니게 되었다. 물론 이는 우리뿐 아니라 어디나 누구나 당연할 것이다.

어떻든 우리는 험난한 시대와 인생을 '우리'라는 정서로 어렵사리 버텨 오다가 갑자기 최고급개념들(자유 등)로 구성·진행되는 '자유민주주의'를 모방해서 실시했다.

하지만 '우리'라는 소극적인 정서(후진성)로 인해서 자유민주주의 정착에 실패했으며, '민주화'에서 정체된 채 오히려 민주주의에 역행하는 연속이었다.

아이러니하게도 우리는 세계 10대 무역국일 정도로 열심히 살았음에도 삶의 질과 행복 지수 꼴찌를 맴돌면서 '자살률 1위 국가'로 전락했다.

다시 말해서 고난의 시기를 버텨 내기까지는 '우리'가 중요했지만 '우리'를 반성도 업그레이드도 하지 못함에 따라 또다시 '우리'(민족)에 발목이 잡혀 버렸다.

'자기'에서 '우리'로 발달한 서양

"서양은 혼자 있으면 독서와 사색하고, 둘이 만나면 대화하고, 셋이면 스포츠하고, 넷이 모이면 음악한다"라는 말이 있다.

- 혼자(독서)는 개인이 자유롭고 한가할 때 자신에 충실하고,
- 둘(대화)은 각자 생각한 것을 교감·교류·협의하고,
- 셋(스포츠)은 대화·협의했던 것을 행동·실천하고,
- 넷(음악)은 조화롭고 아름다운 결실(작품)로 실현해 낸다는 의미다.

이는 자신과 상대가 서로 믿고 존중하면서 생활과 관계에서 진지해지고 진실해지고 충실해졌을 때 가능하다.

그래서 철학과 과학과 의학과 학문과 산업과 예술과 대학과 탐험과 도전과 개척과 문명과 자선(봉사)단체와 후원회(기부활동) 등이 최초에 서양에서 시작되었다.

이는 내실 있는 자기를 시작으로 우리가 만나서 활발해지고, 곳곳이

활성화되면서 계속 좋아지고, 전체가 비약적으로 발전해 갈 수 있는 체계(긍정, 우호, 협력)적인 프로그램(밑바탕, 원리, 시스템)인 셈이다.

'우리'로 시작해서 '우리'와 '자기'까지 망쳐 버린 '우리'

우리는
- 혼자 있으면 빈둥대거나 잠자고,
- 둘이 있으면 흉보고 잡담하거나 힘을 겨루고(장기, 바둑 등),
- 셋이 모이면 삼각관계로 갈등을 겪고,
- 넷이 모이면 술 마시고 노래 부르거나, 고도리 쳐서 따먹어 버리거나, 여러 명이 혼자에게 피박에 독박까지 씌워 버린다.

그로 인해서 민주주의 나이 80을 바라보는데도 '우리'는 유유상종으로 계 모임(먹고, 마시고, 잡담하고, 화투 치고, 노래방, 여행 등), 애경사, 부정부패, 인맥·연줄·계파·이념으로 이합집산, 세력·패권 다툼, 대립과 분열과 역적 짓의 연속이다.

이는 '우리'가 모여 본들 긍정적·건설적·생산적·고무적인 결과는 나오지 않고, 오히려 '우리'도 '자기'도 낭비하고, 힘들게 하고, 망친다는 사례 겸 증거들이다.

피해의식에서 생겨난 '우리'라는 정서

백성(상놈)들은 조정(국가)으로부터 보호받지 못한 채 평생·자자손손 차별과 학대와 착취당했고, 탐관오리(양반, 관료)들에게 굽실거렸으며, 굶주림과 추위에 시달리면서 불행과 고통과 심한 열등감과 피해의식과 비극적인 인생을 자자손손 대물림했다.

그래서 상놈일수록 초라하고 허약하고 부실한 '우리'라는 보호막이라도 필요했고, 강하게 붙들 수밖에 없었다. 그래서 상놈들에게 '우리'는 대소사(애경사)를 치르기 위한 상부상조(계 모임)와 고난과 위기를 버텨 내는 동병상련의 구심점이었고, 양반들에게 '우리'는 뇌물과 향응과 비인간적인 만행이 드러났을 때 서로를 지켜 주는 보험이었으며, 출세를 위한 연줄과 인맥이었고, 이런 문화와 관행과 정서와 사회 분위기가 현대사에도 심하게 영향을 끼쳤다.

'우리'는 '관계 문화'로 이어져

우리는 어릴 때부터 '자기'보다 '우리(관계)'를 중시 여겼다. '자기'(마음, 개성)를 솔직하게 드러내기보다 일단 '우리'에 합류하려고 노력했고, '우리'로 살아가는 것을 '미덕'으로 여겼다. 그래서 '자기'를 위주로 하는 '개인주의'는 곧 '이기주의'로 취급했고, '자신'(진심, 형편, 진실, 존엄성)에는 소홀하고 뒷전이었다.

물론 '자신'에게 충실한 다음에 향상된 '자기'를 가지고 '우리'로 합류해야 정상이다. 하지만 곧바로 '우리' 위주가 되면서 '함께', '서로', '더불어'라는 관계 위주의 문화가 당연해졌으며, 결국은 저질적인 패거리·떼거리로 전락·몰락하는 반복이었다.

이처럼 몰지각한 모습과 더불어 패거리·떼거리 문화가 몰락할 수밖에 없었던 이유는 '자기'(소신, 철학, 능력)가 허약·미약한 사람들이 내부에서 고분고분 '예의 바른 사람'(굽실거리는 사람)으로 인정받았고, 윗사람의 말을 잘 듣는 사람을 발탁해서 키워 주는 등 근시안으로 전락했기 때문이다.

그래서 정의롭거나, 소신이 뚜렷하거나, 개성이 뚜렷하거나, 끼가 많거나, 자유분방한 사람은 경거망동하고, 버르장머리 없고, 경솔하고, 현실에 적응하지 못하는 사람으로 취급당했다.

무의식이 심하게 뒤틀려서 굴절돼

'우리'가 중요해질수록 '우리'속에서 '자신'은 더욱 위축되고 초라해졌고, 그래도 '우리'(보호막)를 거부(거역)할 수 없었다. '우리'는 삶의 버팀목이었고, 생활의 기반이었으며, 인생의 터전이었기 때문이다.

많은 '자기'들이 당연히 '우리'에 합류했고, 그럭저럭 '우리'에 적응했다. 이를 위해서 적당히, 원만히, 무난히, 모나지 않게 살아가는 방법과 인생을 중시했다.

어디를 봐도 고무적인 조짐들은 보이지 않고, 결국은 마찬가지였으며, 피차 도토리 키 재기 차이에 불과했고, 기어코 모나거나 날카롭게 각질 필요가 없었다.

일부 '자기'들은 위축된 자기를 만회하기 위해서 열등감과 비교의식과 경쟁의식과 피해의식을 숨겨둔 채 인간적이고 정의로운 사람으로 위장하고 수시로 변신했다. 그래서 유불리에 맞춰서 유유상종도, 아부·아첨도, 시기·질투도, 중상모략도, 이합집산에도 가담했다.

억울한 꼴들을 당한 '자기'들은 무의식에서 불만이 누적되면서 반항심, 적개심, 보복심리가 생겨났다. 그래서 도둑도 의적이라는 이름을 붙여서 의인으로 여겨 주고, 자신들의 불순함과 불량함을 합리화·정당화했으며, 이러한 불만과 분노와 증오가 서로의 무의식에 꿈틀거리면서 현실과 체제에 부정적인 정서로 형성되었고, 현대에서도 자유민주주의에 무관·역행한 채 민주화(저항, 투쟁, 시위)만으로도 성역화되고, 독재에 반항하거나 당하기만 해도 투사로 영웅시되었다.

서민들은 유행과 호화사치와 퇴폐 문화에 반감을 지녔고, 그러면서도 무의식에는 부러움과 호기심을 가졌으며, 처지가 바뀌어서 서민들도 기회가 생기면 똑같은 습성을 반복하거나, 더욱 심했다.

'우리'에서 뒤늦게 '자기'를 찾아 놓고도 결국은 사고뭉치 노릇

'우리'가 곳곳에 많았음에도 더 나은 '우리'로 향상하지 못했다. 기회가 생기면 '우리' 속에서 초라해지고 위축되었던 '자기'를 회복·강화하려고 혈안이었다. 그래서 세력(모임, 단체, 그룹)을 형성하거나, 위계질서를 세워 놓거나, 세력 강화로 빗나갔다. '우리' 안에서 '자기(세력) 강화'를 통해서 '우리'를 쥐락펴락한 것이다. 그래서 '우리' 중 누군가는 반드시 위세를 떨쳤고, 누군가는 위축되고 망가졌다.

이는 선진국들처럼 자기-우리-모두-전체로 발전해 가는 순서가 아니라 우리-자기-자기강화(부, 권력, 연줄,)-자기 세력(독점, 독재, 군림)-자기 일가(가문, 왕족, 세습)로 삐뚤어지고 좁아지다가 망치고 몰락하는 연속이었다.

'우리'와 '자기'가 더 큰 사회와 나라에 공헌하지 못했고, 갖가지 사고를 치면서 '자기'와 '우리'는 물론이고 전체를 파국과 파멸로 몰아가는 참담한 프로그램인 셈이다.

실제로 '우리'는 42년의 독재와 30년여의 민주화에 머물다가 악화해서 5년은 좌파 독재로 역행했다.

수없이 잘게 쪼개져서 부서지는 '우리'

또 다른 '우리'인 '저들', '그들', '이것들', '그 자식들', '저놈들', '그 새끼들'이 곳곳에 존재했다. 수많은 '우리'들은 월등한 개념도, 나아갈 지향점도 없었다. 그래서 '우리'끼리 어울리면서도 모래알처럼 산만했고, 작은 유혹과 압력이라도 생기면 '우리'는 쉽게 허물어졌으며, 작은 동기만 있어도 다시 모였다.

'우리'와 '자기'는 피해의식에 의한 상부상조에서 관계 문화로, 이어서 패거리 형성과 세력 강화로, 주도권 다툼을 위한 이합집산으로, 패권 장악과 독선과 독재와 신격화와 세습으로 악화일로였다. 그야말로 개천의 흙탕물에서 위대한 신과 거대한 용들이 생겨날 리 없었고, 역겨운 냄새와 구토와 배설물이 난무·오염되어서 망가지는 연속이었다.

더욱더 망가지는 '자기'

수많은 '자기' 곧 '우리'는 이해득실 계산과 주도권 다툼의 향배에 따라 자의 반 타의 반으로 이리저리 휩쓸리고 휘둘렸다. 이 과정에서 뇌물과 아부·아첨과 변절과 권모술수와 중상모략과 당파와 당쟁과 착취와 위·불·편법과 부정부패와 이념까지 기승을 부렸다.

이런저런 과정에서 우리 스스로 서로(인간)를 "개 같은 놈, 개만도 못한 놈"으로 취급하거나, 산천초목(사군자, 소나무)보다 못한 속물로 개탄하거나, 애완동물에게 지극정성을 쏟으면서도 인간(이웃, 민족, 악질)은 방치·외면하거나, 차라리 짐승과도 비교할 수 없을 정도로 악질적인 세습 독재자는 두둔하고 찬양하는 지경에 이르렀다.

'우리'는 앞으로·미래로 곧게 뻗어 가지 못했고, 서로 무시하고 간섭하고 비교하고 차별하고 모략하면서 계속 삐뚤어졌다. 이처럼 엉망진창인 관계에 한두 번 휩쓸리면 '자기'를 순수하게 유지하기 어려웠고, 자신에게도 상대에게도 주어진 상황에도 충실하기 어려웠다. 그래서 전체적으로도, 장기적으로도 부실해지고 허약해질 수밖에 없는 의식구조와 국민 정서와 사회문화의 연속이었다.

실제로도 우리 국민은 세상도, 사회도, 문화도 자기 자신도 제대로 이해할 수 없는 어린 시절부터 예절, 도리, 윤리, 도덕, 공경 등 관계적이고 차별적이고 권위적이고 소아적인 것들에게 생각과 표현과 행동을 간섭받고 강요당하고 세뇌당했다.

이러한 영향으로 피해의식과 열등의식과 비교의식과 우월경쟁에 사로잡혔으며, 사랑하는 자기 자녀조차 가만 놓아두질 않고 학원으로 몰아내고, 갖가지 부담을 안겨 주고, 임의로·억지로·인위적으로 만들어 내려고 안달했다.

이는 평생 함께 살아갈 친구들을 몽땅 경쟁자로 취급한 머저리 짓이고, '우리'는 건전하고 참신하고 건설적인 조짐들을 만들어 낼 수 없게 되었다.

설상가상으로 열등한 민족성을 악용해서 인민들을 통제와 폐쇄로 고립·악화한 북한은 우상화와 신격화와 독재 세습으로 자멸의 길로 들어

섰다. 이처럼 '우리'는 인륜으로 천륜을 속박했고, 오염된 환경(문화, 사회, 민족성)으로 인해서 '자아'(자기)가 바르게 싹터서 싱싱하게 뻗어 갈 수 없었다.

온 국민이 '자기 집착증세'로 더욱 심각해져

부실한 '우리'에 의존하고, '더불어'뭉쳐서 합리화해 대는 열등한 '자기'는 태생적, 문화적, 사회적, 가정적, 유전적으로 '자기 집착(편집)증'으로 더욱 심각해졌다. '우리'가 흔들려서 불안해지면 어떻게든 '자기'를 지켜 보려고 '자기'를 강하게 붙드는 집착증세가 생겨났고, 결국은 '자기'도 '우리'도 문화도 역사도 악화일로였다.

이는 '자신'의 출발점이 '우리'였지만 결국에 최종 귀착점은 '자기'라는 이야기다. 이처럼 결국에는 '자기'이지만 '진정한 자기 실체'가 아닌 자기 이익, 자기 명예, 자기 출세, 자기 입장, 자기 인연, 자기 생각, 자기 행복, 자기 사건, 자기 자존심, 자기 체면, 자기 생존, 자기 해탈, 자기 구원, 자기 사후, 자기 자랑 등 온갖 자기들로 잘못 연결되면서 삐뚤어진 '자기'로 악화한 셈이다. 이런 현상과 증상은 유달리 '우리'(관계, 끼리, 민족)에서 심해진다.

역시 '우리'속에서 망가진 '자기'일수록 무엇이든지 '자기'에게 연결·귀결시키려고 안달하고 무리한다.

그래서 '자기'도 '우리'도 소모적인 잡념들로 가득하고, 발생한 상황과 개념과 주제에 진실해지고 충실해지기 어렵고, 문제가 발생하면 기어코 누군가(뭔가)와 비교하거나, 잘못을 따져서 원망하고 비난해서 끌어내리거나, 어떻게든 '자신'의 이익(기득권)을 고수하면서 합리화하기에 급급하다. 그로 인해서 더 나은 인간관계와 사회문화와 미래로 나아가지 못하게 되었고, 오히려 무책임해지고 무능해지고 비인간적으로 바뀌어 갔다.

이는 그간에 소홀하고 빼앗겼던 '자기'를 만회하고픈 무의식적인 본전 생각에 사로잡힌 것이다. 이렇게 되면 죽을 때가 되어서 자신과 현실을 내려놓기보다 끝까지 초라한 '자신'을 붙들어 잡게 되고, '자신'에 집착해서 더욱 자신에게 뭔가(진리)를 가져다 채우거나, 거창한 것(해탈, 극락, 영생, 천국 등)으로 인생과 사후까지 보장받으려는 극단적 이기심을 당연하게 여긴다.

극단적인 이중성과 양면성으로 더욱 심각해진 '우리'와 '자기'

'우리'는 조상 대대로 모순적인 현실과 이율배반적인 자아로 인해서 이중성과 위선과 억지와 궤변이 고착되었다. '우리'끼리는 친밀한데 외부에는 배타적이다. "우리끼리"를 강조해 놓고도 또 다른 '우리'에게는 극단적으로 혐오·비난·공격한다. 약자에게는 강한데 강자에게는 비굴할 정도로 저자세로 인간적이고 친절하다. 정이 많으면서도 지나치게 감정적이다. 영리하지만 중상모략에 능하다. 작은 계산에 빠르지만 큰 머리는 부족하다. 개인적으로는 정이 넘치는데 사회문화는 엉망이다. 개인은 똑똑한데 다수는 오합지졸이다. 평소에 서로 싸우고 죽여서 망하는가 싶으면 위기에는 강하다. 동창회·향우회·종친회·계모임 등 먹고 놀다 끝나는 모임은 많은데 자선단체나 장학단체나 연구단체는 턱없이 부족하고 봉사와 후원에 인색하다. 민족을 강조하는 사람들이 반민족적인 짓들을 가장 많이 저질렀고, 민족과 인권과 공정을 들먹이는 사람들이 비열하고 잔악한 짓들은 수없이 저질렀다.

그뿐 아니라 '자기'와 '우리'가 무수히 많은데도 토양과 기반은 허약하고 부실하다. 그래서 좁은 땅덩어리인데도 세계 곳곳의 종교와 사상과 이념과 주장들이 모두 들어와서 먹혀들었다. 한겨레 한민족을 주장하면서도 신분, 지위(위아래), 서열, 나이, 남북, 동서, 지역, 학교, 이념, 남녀, 아들딸, 장·차남, 출신·성분, 혈통까지 구별하고 차별했다. 그럴수록 반성도 화합도 소통도 협력도 대화도 절실하다. 하지만 아집과 교만과 독선과 독재로 삐뚤어져서 실패와 악순환의 골만 깊어졌다.

심지어 '우리'는 단순하고 극단적인 양면성에서조차 벗어나지 못했다. 선과 악, 정의와 불의, 옳고 그름, 좋고 나쁨, 잘잘못, 천국과 지옥, 흑백논리, 양비론, 보수·진보 등 대립적이고 극단적인 요소들로 가득하다.

'우리 합류 증세'와 '우리 거부 증세'

이런 현상들이 계속되면서 '자기'는 아무 곳('우리')에나 가져다 붙였다가 다시 빼내는 만능 공구와 같다. 좋은 일이 생기면 '자기'를 재빨리 그곳에 끼워 넣어서 '우리'에 합류하거나, '우리'를 만들어 낸다. 우리 감독, 우리 낭자, 우리 축구, 우리 여왕, 우리 음악가, 우리 발명품, 우리 대한민국이라고 호들갑을 떤다. 이는 '우리에 합류 증세'다.

하지만 나쁜 일이 터지면 '상대방'이나 '자기' 중 하나를 '우리'에서 빼낸다. 그리고는 '상대방'이나 '우리'를 외면하거나, 짓밟거나, 원망하거나, 비난하거나, 이민을 떠나거나, 속세를 등지거나, 산골로 숨어 버린다.

특히 좋지 않은 사건이 발생하면 그곳에는 합류하지 않고, 당사자에게 잘못과 책임을 전가하고 외면해 버린다. 이는 '자기'가 '우리'에 포함해서 생겨날 수 있는 손해와 수고와 피곤과 부담을 털어 버리려는 '우리 거부 증세'다.

열등감이 심한 '자기'가 유리할 때는 재빨리 '우리'에 합류해서 단맛(우월감)을 느끼지만 여차하면 뱉어 버리는 얄팍한 속물근성이다. 이 모든 것이 '자기' 하나만 가지면 얼마든지 자유자재다. 그래서 세월이 흐르고, 시행착오가 반복되어도 근본적인 대안과 저변의 원인 분석과 진정한 반성과 새로운 출발과 전환점은 불가능하고, 실패와 악순환을 극복해 내기조차 너무나 어렵다.

(※ 탈북민 중 일부는 "우리 대한민국"이라고 단맛을 즐기면서 조금 전의 우리(독재정권, 인민의 참상)는 비난·원망·외면한다. 이 역시 '우리 합류 증세'와 동시에 '우리 거부 증세'다.

인생에서 큰 충격과 아픔과 고통을 당했거나, 획기적인 대반전을 겪어 본 사람은 자기 이상을 존중·후원하고, 자기 이하를 위해서 크든 작든 지원(활동)해야 할 인간적·사회적·시대적·도의적인 책임과 의무를 지녀야 한다. 그러면 자신이 몸담은 세상에서 안 좋은 점은 점차 줄어들고 해결되고, 월등한 점은 탄력을 받아서 더욱 좋아지고 발전할 수 있다.)

모순과 위선이 진화·악화한 변종 바이러스(부정·비리 사건)들

초기에 '우리'는 주로 생존(생계, 안전)을 위해 혈통(인연)과 지역(고향)에 기반을 뒀다. 그래서 다양한 '우리'가 존재했음에도 함께할 수 있는 일들이 많지 않았다.

하지만 근대화되면서 '우리'가 생존하는 방법과 인간관계 하는 형태가 법과 정책과 지식과 학문과 산업과 권력과 취미로 다양해졌다. 그래서 수많은 '우리'가 다양한 분야와 직책과 역할과 이해관계와 협력 관계와 경쟁 관계로 연결되었고, 훨씬 더 바빠지고 복잡해지고 밀접해졌다.

이때라도 우리는 소아적이고 지엽적이었던 '우리'에서 거시적이고 장기적인 '모두'와 '전체'로 발전해야 했다. 그런데 삐뚤어진 '우리'임을 증명해 주듯이 정치권과 고위층으로 올라갈수록 기득권 의식과 특권 의식과 청탁과 압력과 비리와 부정 축재와 비자금 규모가 천문학적으로 커졌다.

이는 그간에 후진적이었던 '우리'를 고수한 채로 지식과 학벌과 법과 정책을 동원함으로써 비리와 범죄는 계속 진화되면서 교활해지고 치밀해졌고, 우리의 실체와 현실은 오히려 악화(지능화, 조직화, 세력화, 기득권화, 특권화)일로였다.

또한 줄곧 열등했던 '자기'(노동자, 교사)나, '우리'(운동권, 노조, 전교조)도 처지가 바뀌어서 힘(지위, 부, 기회, 권한)이 생기면 기득권과 특권으로 삐뚤어지고 심지어 특권을 세습했고, '우리'를 사유물이나, 호주머니 용돈이나, 하수인처럼 취급(갑질)하는 등 물의를 일으켰고, 또다시 '우리끼리' 약해지고 망가지면서 불명예와 자멸의 길로 내달렸다.

'자기'로 인해서 평생 소모전을 치르기도

'자기'는 자아가 형성되지 않은 철부지 때부터 '자기'도 모르게 '우리'

에게 붙들려 버린다. 너무 일찍부터 '자기'에 소홀하고, '우리'에 익숙해진 것이다. 그래서 '자기'도 '우리'도 무엇이 왜 얼마나 어떻게 문제이고 잘못인지 알지 못한다.

어떤 사람들은 '자기'를 떨쳐 내고 '자아'를 찾겠다고 깊은 산 속으로 '자기'를 데리고 들어간다. 그리고는 물질도 육신도 버렸고, 마음을 비웠다고 한다. 분리 불가능한 '자기'를 육체와 정신으로 쪼개 놓고 정신만을 '자기'라고 착각·주장하거나, 정신만으로 자기(인생, 일생)를 해결하겠다고 삐뚤어지거나, '자기'를 현실과 차단·봉쇄·폐쇄해 놓고 '자기'를 해결했다고 한다. 역시 물질과 육신을 천박한 것으로 비하하거나, 경계 대상(번뇌)으로 삼는다. 이는 분리될 수 없는 '자기'를 대충 떼어 놓고 기나긴 일생을 모순과 착각 속에서 살아가는 우둔함이다.

만일 실제로 '자기'를 버렸다고 해 본들 '자기'는 태어날 때와 비슷한 알몸에 불과하다. 왜냐면 당초에 제대로 입은 옷이 없었고, 잘못 걸쳤던 누더기를 겨우 벗었기 때문이다. 그래서 알몸으로 살 수는 없으며, 뭔가를 또 입어야 한다. 하지만 다시 입을 옷 역시 제대로 된 옷인지, 잘 맞는지 알 수 없다.

이는 '자기'로 인해서 '자기'가 불필요한 소모전을 평생 치렀고, 그런 자기를 사후로까지 연결할 정도로 기막히고 안타깝고 가소롭다는 의미다. 불행히도 이처럼 무능한 '자기'들이 아무리 많아도 그런 '자기'와 '우리'로부터는 작은 역량도 만들어 내기 어렵다.

너무 많이 쪼개져서 온당한 '우리'를 찾아보기 어려워

'우리'는 달면 빨아 먹는 사탕이고, 불안할 때는 함께 버티는 울타리이며, 한가할 때는 어울려서 먹고 놀고 마시는 유유상종의 패거리이고, 쓰면 뱉어 버리는 독약이고, 자칫 잘못하면 서로를 해치는 무기와 사약이며, 오합지졸로 전락한 채 좀처럼 빠져나오지 못하는 우물 안 개구리와 같다.

'우리'는 너무 오래 자주 이합집산하다가 지쳐 버렸다. 더는 어떻게 쪼갤 것인지 또 어떻게 합칠지 애매하다. 너무나 많이 쪼개져서 더는 쪼갤 수가 없고, 뭉쳐도 뭉친 것이 아니다.

적극적인 '자기', '우리', '모두', '전체'로 진행해야

'우리'는 후진 문화와 국민성으로 인해서 자유민주주의에도 민주화에도 성공하지 못했고, 오히려 많은 국민이 북한 정권과 중공의 교활하고 집요한 공작에 넘어갔으며, 유혹(미인계, 뇌물)에 코가 꿰었다.

그런데도 지금까지 대한민국은 완전히 망하지 않았고, 오히려 역적(종북좌파·주사파) 세력을 정리할 기회와 행운과 마주하게 되었으며, 국민이 대한민국에 꽉 들어찬 기운과 찬란한 국운을 제대로 준비해야 한다. 어차피 이제는 '자기'와 '우리'(민족끼리)로는 버티기 어렵다.

앞으로 '우리'는 쪼개지는 '우리'가 아니라 서로 끌어안고 포용하고 승화하는 향상된 개념(인류애, 세계관, 인생관, 가치관)으로 보강해야 한다. 역시 '자기'가 뒤집어썼던 '자기'라는 가면, 국민이 뒤집어쓴 '우리'라는 가면을 세세하게 뜯어보고 점검해야 한다. 인간답지 못한 '자기'와 '우리'가 아니라 인류사회에 대한 포괄적인 휴머니즘, 역사에서 희생한 분들에게 죄송함과 고마움, 후손에 대한 사명과 책임, 세상과 대자연에 감사와 공헌, 인간다운 삶을 통한 흐뭇한 눈빛과 보람을 주고

받는 '자기', '우리', '모두', '전체'로 발전해 가야 한다.

'자기'와 '우리'에게 가장 중요하고 시급한 것

탈북민들이 남한(새로운 세상)에 정착할 때 북한에서의 자신(사고방식, 인간관계, 관행, 습성 등)을 고수하면 할수록 적응이 힘들어지고, 그래도 자신을 끝까지 고집하면 따돌림당할 수밖에 없으며, 일찌감치 남한을 적극적으로 존중해서 배우기로 작정하면 훨씬 더 적응·정착이 빠르고, 계속 발전할 수 있다.

이처럼 '자기'와 '우리'에게 가장 시급하고 중요한 것은 기존의 우리를 버리고 바꾸는 일이다.

5.
망가졌던
'우리'의 단면

본적 바꾸기

땅덩이가 작은 나라가 있었다. 이 나라는 국토가 비좁았음에도 신분으로, 지역으로, 빈부로, 학벌로, 연줄로, 나이로, 계급으로, 성별까지 사소한 차이를 낱낱이 따지고 차별하면서 갈가리 쪼개졌다.

그중에서도 섬이 많은 도서지방은 역사에서 유배지로 많이 활용되었다. 그 지방은 유배지였던 탓으로 진짜 역적들도, 역적으로 모함받은 충신들도, 의인들도, 범죄자들도, 평범한 사람들까지 몽땅 뒤섞여 살았다. 그러던 중 농경사회에서 급격히 산업화로 바뀌었다.

농경사회에서 생계가 막막했던 사람들은 고향을 등지고 상경하기 시작했다. 고향에서 기반이 잡힌 사람들도 활동무대를 서울로 옮기는 것이 유행이었다. 하지만 지역 차별이 워낙 심해서 고향이 밝혀지면 따돌림은 물론 거래가 끊기거나, 승진하지 못하거나, 쫓겨나거나, 범죄자로 취급당할 정도였다. 그래서 고향을 떳떳하게 밝히지 못하거나, 아예 숨기는 경우가 많았다. 급기야 법원에 가서 본적을 서울로 바꿨다. 많은 사람이 이런저런 이유로 본적을 서울로 바꿔 버리자 원적이라는 말이 새로 등장했다.

그런데 이 나라 사람들은 외국에서 불이익을 받으면 '민족차별'이라고 비난했다. 그러면서도 외국인과 피가 섞인 아이들을 '혼혈아'라고 놀려 대고 무시했다. 거지와 장애인은 사람 취급도 해 주지 않았다. 심지어 자기 가족도 남녀와 아들딸과 장·차남을 차별했다. 특히 '우리 민족끼리', '민족자주', '주체사상'을 주장하는 사람들은 이러한 내부 차별과 문제들은 거론도 관심도 없이 입으로만 '민족'을 들먹이거나, 오히려 반민족적인 짓들을 당연히 저질렀다. 북한의 악랄한 독재 세습 정권에는 우호적이고 두둔해 주고 대화와 평화를 주장하면서 국내에서는 불태워 버릴 궤멸 대상과 적폐 대상으로 매도해서 공격하고 적대시했다.

서양과 우리를 비교하면

우리가 그러는 동안 서양인들은 어땠을까.

선진국들은 '우리'를 해방해 줬고, 공산주의로부터 지켜 줬으며, 자유민주주의와 자본주의로 이끌어 줬다. '우리'가 내버린 아이들을 입양해서 잘 가르쳤고, 모국을 방문시켜 줬으며, 생모를 찾아 주려고 노력했다.

여기에서 기이한 모순을 발견할 수 있다.

한편으로 '우리'는 애완동물도 '자기 것'이면 애지중지한다. 역시 우리는 살만한 사람들이 남에게 베풀지 않고 오히려 뇌물을 받아먹거나, 공짜(선물, 리베이트, 향응, 접대)를 당연하게 여기거나, 제값을 주지 않고 헐값으로 거저먹거나, 공짜 선물과 뇌물을 당연히 받아먹거나, 정당한 노임을 주지 않고 심하게 부려 먹거나, 전체(나라와 국민)에 필수적인 병역의무는 기피하거나, 싫어했다.

역시 '우리'는 자기 자식을 소유물처럼 여긴다. 자식을 자기 것으로 여기는데도 버려진 아이들이 많았다. 그런데 선진국들은 자식을 자기 것으로 여기지 않는다. 그런데도 자기 자식은 물론이고 '우리'(가족, 사회, 민족)가 내버린 아이들을 데려다가 잘 키워 줬다.

그들과 우리는 과연 어떤 차이일까?

그들과 우리가 정반대인 것은 돈이 많고 적은 차이일까?

왜 그들은 좋은 일과 나쁜 일을 적극적으로 찾아서 해결할까?

그들은 왜 자기 자식에게 냉정할 정도로 분명하게 관계하고, 자립과 독립을 당연시하면서도 생면부지의 나라와 고아들은 도와주고 지켜 줄까?

우리가 과연 '한겨레', '한민족', '우리 민족끼리'를 들먹일 자질과 자격과 명분과 양심은 있는가?

그간에 '우리 민족끼리'를 강조했던 사람들이 가장 악랄하게 반민족적인 짓들을 자행하지 않았는가?

'우리 민족끼리'를 강조하는 사람들이 정말 인간적이고, 인도적이고, 민족적인지(필자에게) 테스트를 거친다면 과연 몇 명이나 통과할까?

이제라도 '열등한 자기와 우리', '졸렬한 자기와 우리', '부정적이고 공격적인 자기와 우리'에서 자존심과 목숨과 인생과 명예를 모두 걸어 놓고 적극적으로 벗어나서, 좀 더 명랑하고 명쾌하고 명료한 인생과 관계와 사회문화를 만들어 가야 한다.

6.
후진적인 문화와
인간관계는 포지티브 방식

포지티브 방식이란

포지티브 방식이란 무역 용어(방식)로 수출입이 자유로운 품목들을 모아서 고시해 놓는 제도다.

반대로 고시되지 않은 품목은 수출입이 제한되고, 해당 기관(부처, 협회, 자치단체 등)에서 추천 또는 승인받아야 수출입이 가능하다.

이때 새롭게 출시되는 신제품은 자유롭게 수출입하지 못하고, 고시 품목에 올리거나, 승인 과정을 거쳐야 한다. 그래서 장점도 있지만 수출입 관련자들로서는 복잡한 절차와 시간과 인력과 비용과 경쟁력의 낭비가 초래될 수밖에 없다.

이처럼 포지티브 방식은 수출입 절차가 복잡하고 까다로워서 대부분 네거티브 방식을 채택하고 있다.

포지티브 문화

포지티브 문화란 국민의 생각, 표현, 관계, 행동, 미덕, 도리, 덕목 등을 규범으로 정해 놓은 문화다.

  어른 공경처럼 머리 숙여서 인사하도록 하거나, '님'이라는 존칭 어미를 붙이게 하거나, 높임말을 쓰도록 한다.

  이는 국민 개개인이 판단과 선택과 표현과 관계와 행동을 자유롭게 하지 못하고, 정해진 규범에 맞추고 따르고 지켜야 한다. 심하면 생활하는 내용과 방식을 일률적으로 정해 놓고 제약·간섭한다.

  종교들에서 일정한 예식 등 절차를 규정·반복하는 집단행위도 포지티브 문화에 해당할 수 있다.

이러한 포지티브 문화에서 살아가는 사람들

  이처럼 포지티브 문화에 익숙해진 사람들은
  자유로운 판단과 자율적인 선택과 자기 책임 아래 사회생활과 인생을 살아가기보다 정해진 대로 따르고 지키고 순종하면 된다.

  사회문화를 이끌어 가야 할 젊은이들이 죽어 버린 조상들과 나이 든 어른들에게 맞춰 주고 허락받고 살아가는 것이 전혀 이상하지 않고, 오히려 미덕과 도리와 전통으로 합리화하고 미화한다.

  심지어 천재들도 구시대의 노인들에게 깍듯이 모셔주고 허락받고 통제까지 당한다. 당연히 유능한 인재들이 천편일률적인 사고방식과 상투적인 규범과 복잡한 관계 문화에 가로막힌다.

  각 개인의 개성과 존엄성과 다양성과 창의력과 독창력과 개발 가능성과 무한한 잠재력이 잡다한 것들(고정 관념, 관습)로부터 가로막혀서 뒷받침받기 어렵고, 존중받기 어렵고, 합리적이고 생산적이고 진취적인 생각과 관계와 사회문화에서 멀어진다.

이는 주로 봉건적, 독재적, 전체주의적, 권위적, 후진적인 개발도상국들의 문화에 해당하고, 대한민국에서 자유민주주의 정착이 실패할 수밖에 없었던 이유이기도 하다.

우리는 포지티브 방식의 후진 문화

대한민국은 존엄성이 아예 생겨날 수 없었던 저질·말살 문화였다. 우리는 조상 대대로 포지티브 문화였고, 해방 후 지금은 장단점이 엉클어져서 가정마다 사람마다 직장마다 편차가 심하다. 왜냐면 이에 대한 점검과 반성과 공론화가 없었고, 미덕과 도리와 전통으로 합리화하고 얼버무렸기 때문이며, 서로 소통하고 화합하고 단합할 기회를 놓치면서 상호 간에 갈등과 대립과 분열이 여전하다.

역사에서 우리는 왕가의 법도를 시작으로 일방적으로 지키고 따르고 맞춰야 할 것이 많았다.

어른 공경을 비롯해 양반·상놈의 구분, 양반 가문의 전통과 가풍, 조상 모시기(차례상 차리기, 성묘, 벌초, 시제 등), 갖가지 미덕·도리·예절·예의·덕목, 위아래 계급과 서열과 질서, 관혼상제의 예법과 격식, 미풍양속 등 관행과 관습에 맞춰야 하고, 지키고 따라야 했다.

그래서 이러한 과거의 영향으로 적극적이고 진취적이고 생산적이고 건설적인 인간관계와 존엄성과 인간성과 국민성과 민족성을 살려 내지 못한 채 흘려보낸 부분이 너무 많고, 우리 스스로 발목들이 잡혀 있다.

특히 천성이 착하거나, 순진하거나, 나약한 사람일수록 상처를 많이 받았고, 도움·존중·지원받아야 할 사람들이 오히려 망가지기에 십상이었다.

조상 대대로 자유와 자연스러운 인간관계를 간섭하면서 일상생활과 생각까지 지배당했던 근거 겸 사례들을 들어 보자.

- 삼강: 부위자강(아들은 아버지를 섬기는 것이 근본), 군위신강(신하는 임금을 섬기는 것이 근본), 부위부강(아내는 남편을 섬기는 것이 근본)
- 오륜: 군신유의(임금과 신하는 의리가 있어야), 부자유친(아버지와 아들은 친함이 있어야), 부부유별(남편과 아내는 분별이 있어야), 장유유서(어른과 아이는 차례가 있어야), 붕우유신(벗은 믿음이 있어야)
- 삼종지도: 여자는 시집가기 전에는 아버지에게, 시집가서는 남편에게, 남편이 죽으면 아들에게 복종해야 한다.
- 칠거지악: 시부모에게 순종하지 않는 것, 아들을 못 낳는 것, 음란한 것, 투기(妬忌)하는 것, 나쁜 병이 있는 것, 말이 많은 것, 남의 물건을 훔치는 것.
- 며느리들의 시집살이: 봉사 3년, 귀머거리 3년, 벙어리 3년 합계 9년
- 복잡다단한 결혼식 절차와 혼수품 장만, 장례식, 윗사람과의 식사·음주 예절, 효도, 충성, 겸양, 공손, 근면, 성실 등은 지나친 허례허식과 비민주적이고 불합리하고 소모적인 관행과 습성들
- 조상 모시기: 오래전에 죽어서 썩어 버린 흙덩이와 풀 더미를 자기 조상이랍시고 먼 길을 찾아가서 후손의 도리를 하는 것
- 명절 차례상과 제사상 차리기를 보면 우리 민족이 소인배·졸장부라는 표현으로는 부족하고 당연히 빌어먹을 수밖에 없었고, 또다

시 망해 먹을 수밖에 없을 정도로 우둔하고 열등했다.

이런 영향들 속에서 형성된 우리 문화와 실체 등에 대해서 단 한 번도 반성과 자성의 목소리는 없었다.

상을 하나 차리면서도 조율이시(棗栗梨柿), 건좌습우(乾左濕右), 접동잔서(摺東盞西), 좌반우갱(左飯右羹), 남좌여우(男左女右), 고비합설(考妣合設), 시접거중(匙楪居中), 반서갱동(飯西羹東), 적접거중(炙楪居中), 어동육서(魚東肉西), 동두서미(東頭西尾), 배복방향(背腹方向), 면서병동(麵西餠東), 숙서생동(熟西生東), 서포동해·혜(西脯東醢·醯), 좌포우혜(左脯右醯), 홍동백서(紅東白西), 동조서율(東棗西栗)을 따졌다. 이처럼 죽은 귀신들에게 도리를 다한다면서 살아서 함께하는 소중한 가족들을 힘들게 했고, 양반이라고 우쭐대면서 상놈들을 업신여겼으며, 상놈들은 양반들을 부러워했을 정도로 양반·상놈 모두 머저리들에 불과했다.

(※ 필자가 이를 모두 나열한 이유가 있다. 아무리 오래전 시대였지만 이따위 제례 예법들을 만든 것이나, 지킨 것이나, 상차림이나, 필자처럼 일일이 나열하는 것이나, 누군가 여기 내용에 시간과 정신을 소모하는 것이나, 이제야 잘못을 논쟁하는 것조차도 서로의 존엄성과 창의성을 망치는 너무나도 무가치하고 무의미하고 소모적인 짓들의 연속이라는 것을 강조하기 위함이다.)

- 심지어 "찬물도 위아래가 있다."라고 말할 정도였고, 한쪽은 목에 힘을 주고, 다른 한쪽은 안절부절 좌불안석이었다.

이러한 포지티브 문화는 지극히 사소한 것들에 서로의 관심사와 생활과 시간과 관계와 인생과 존엄성과 잠재력을 허비함과 동시에 진지하고 솔직한 의사소통과 협력과 화합을 방해하는 모래알 국민성과 불협화음의 원인이고 주범이었다.

조잡한 인륜으로 천륜을 거스르는 포지티브 문화

조잡한 인륜으로 천륜을 거스르는 포지티브 문화는 청명한 하늘(세상)을 인위적이고 소아적인 장애물들로 가로막아 놓고, 하늘을 보는 데 갖가지 절차를 거치고, 승낙받는 꼴이다.

그래서 평소에 국민이 맑고 밝은 세상과 하늘을 보지 못하고, 인위적인 장막에 갇혀서 이유도 방법도 끝도 모른 채 오리무중의 세상과 인생을 살아왔다고 해도 과언이 아니다.

이는 국가적·장기적·존엄성에서 엄청난 손해와 결핍이었고, 너무나 불편하고 힘겨운 족쇄였다. 이러한 연장선에서 북한은 저질 공산·사회주의와 악질 김일성 족속을 잘못 만났고, 우상화와 신격화와 독재 세습까지 세뇌당했으며, 남한은 자유민주주의를 모방해서 시늉하기에 급급하다가 종북좌파와 주사파들에게 점령당했다.

문화는 인간이 만들고, 인간을 위해 필요한 것

모든 문화는 인간에 의해서 만들어지고, 인간을 위해서 필요하고, 인간이 주체가 되어서 변화·발전시켜야 한다.

그런데 잘못 만들어진 문화와 의존적인 문화는 오히려 인간을 간섭하고 차단하고 군림하고, 시비와 분란과 불행의 원인이 되고, 하찮은 건수들로 불이익과 괘씸죄를 뒤집어씌우는 해로운 독약과 위험한 무기가 되어 버린다.

후진 문화와 후진 의식에 포위당해 버린 대한민국

인간은 모든 면에서 영원·무한할 수 없고, 생각도 시간도 생활도 정신도 인생도 반드시 한계가 있기 마련이다. 역시 한시적이고 미약한 조건들(생각, 시간, 경험, 배움, 정신, 관계, 인생)로 세상과 인생을 살아가려면 최대한 자유롭고 진지하고 활발하고 진실하고 냉철하고 열정적이고 탐구적이고 충실하고 적극적이어야 한다.

반대로 일방적으로 규범에 맞춰야 하고, 따라가야 하고, 지켜야 할 것이 많을수록 봉건적, 후진적, 전체주의적, 독재적이다. 역시 전체가(대중이) 맞추고 따를 정도의 기준(수준)이라면 절대 질적으로 우수하거나, 고급 가치일 수 없으며, 오히려 부담과 스트레스와 불협화음과 충돌과 짜증과 악감정과 종속 주의와 획일주의로 악화할 수밖에 없다.

그래서 세계적으로 유일하게 한국인들만 '화병'이라는 고질적인 문화병을 지닌다. 왜냐면 가장 편안하게 해 줘야 할 가까운 사람들이 서로를 규범에 맞춰 놓고 부담을 주고, 명절(상차림)에 죽은 귀신들과 흙덩이를 챙기느라고 힘들게 하고, 살아 있는 사람들끼리 싸우다가 이혼까지 하기 때문이다.

지금처럼 높은 이혼율과 자살률은 물론이고 결혼율과 출산율의 저조도 개인과 가정의 행복보다는 늙고 죽은 사람들에 맞춰 주려는 삐뚤어진 공경과 조상 모시기 등 열등한 문화를 우선해 버린 결과와 대가다.

하지만 지금도 화덕(저변, 근본)은 내버려 둔 채 물(국가정책·재정 투입)만 부어 대는 연속이다.

대한민국의 역사와 문화와 국민성이 엉망이었던 이유

굶주림과 차별과 착취와 학대 속에서 겨우겨우 버텨 가는 백성들에게 이처럼 윗사람들에게 맞춰 주고, 관습에 끌려다니는 일률적인 규범은 더욱더 멸시당하고 천대받는 악행과 악습이었고, 불행과 고통과 분열과 감정적인 정서의 원인이었다.

실제로 미덕과 도리를 빌미로 아랫사람들(후배, 하급자)에게 강요와 통제와 폭력과 세뇌와 불이익과 괘씸죄(덕석몰이 등)가 행해졌고, 잔악한 행위들과 비인간적인 모습들이 당연해지고 익숙해지면서 사회 분위기와 민족 정서(국민성)가 저질화되었다.

얼마 전만 해도 '학생이 흡연한다'라는 이유로 교사들이 흡연보다 훨씬 더 가혹한 폭력을 저질렀다. 역시 학생들의 두발과 교복을 자유화(자율화)한다는 명분으로 정부가 일방적으로 결정해서 시행해 버렸고, 부작용이 심해지자 또다시 일방적으로 원위치했으며, 사실상 학생들은 자유와 자율의 주체와 주인공이 아니라 객체와 대상에 불과했다.

이는 '사랑'과 '교육'과 '자유'와 '자율'로 위장(빙자)해서 더 큰 잘못을 정당화해 버리는 만행이다.

역시 독재의 잘못을 빌미 삼아서 훨씬 더 심각한 공산·사회주의를 정당화했으며, 권력과 측근들의 엄청난 부정·비리·조작·범죄·역적 짓들을 기어코 은폐·두둔·합리화해 버렸고, 아예 갖가지 추악한 권력 범죄들을 은폐·은닉·두둔·비호·무죄로 만들어 보려고 밑돈과 야합과 범죄를 특권처럼 저질렀다.

　우리는 조상 대대로 제약과 간섭과 통제와 차별이 너무나 많았고, 가해자를 피해자로 뒤바꾸는 짓들을 쉽게 저질렀으며, 미덕과 도리와 덕목(규범)과는 정반대인 사람들과 사건들과 분위기들로 역사에 이어서 현대사도 엉망진창·난장판이었다.

　이제라도 이러한 영향 속에서 형성되고 고착되어 버린 문화와 관행들과 민족성과 국민성과 인간성과 인간관계의 병폐들을 바로잡아야 하고, 그렇지 않으면 자유민주주의 정착은 불가능하며, 누군가를 비난할 자격도 필요도 없고, 차라리 케세라세라(될 대로 돼라)족으로 막살아야 한다.

　아마도 전 세계에서 글씨 한 자('님')나, 20~90도 숙이는 고개·허리 동작(인사)이나, 어미('습니다') 하나를 '공경'으로 착각하거나, 별스럽게 의미부여하는 사람들과 나라는 많지 않을 것이고, 우리는 선진국도 자유민주주의도 실현 불가능하다고 봐야 한다.

　역시 이런 것들로 서로 힘들게 하거나, 감정이 상해서 불편해지고 헤어지거나, 보호와 격려가 필요한 어린이들과 젊은이들을 함부로('버르장머리', '건방진', '싸가지') 취급하는 좁쌀들은 우리가 유일할 것이다.

　이처럼 사소한 것들로 인해서 개인마다 주고받는 시비와 사건들을 통계(개인적, 국가적) 낸다면 아마도 대한민국이 타의 추종을 불허할 것이고, 이런 속에서 인간의 존엄성과 자유·평등·정의·인권이라는 의미들은 겉만 그럴듯한 개살구에 불과한 면도 있다.

　우리는 조상들이 만들어 놓은 불합리한 것들을 그대로 따르다가 서로가 불편해지고 복잡해지고 피곤해진다. 그래서 각자 천차만별하게 타고난 개성과 사고력과 존엄성과 다양성과 판단력과 독창력과 창의력이 일찌감치 꺾여 버리고, 아예 싹이 잘려 버렸다.

반대로 맹목적이고 무비판적이고 획일적이고 천편일률적인 언행과 관행과 순종과 답습과 모방과 관계와 민족성과 역사와 정서와 잔머리 술수가 극성을 부릴 수밖에 없었다.

7.
선진국의 밑바탕은 네거티브 방식

네거티브 방식이란 수출입에 제한(금지, 승인, 추천)이 필요한 품목들을 모아서 고시해 놓고, 나머지는 자유롭게 수출입이 가능한 제도다.
이를 문화에 적용하면

인간이 해서는 안 될 짓들(공중도덕과 법률 위반, 약자 괴롭힘, 범죄, 부정부패 등)을 규정(고시)해 놓고, 나머지 대부분(생각, 표현, 행동, 관계, 생활, 인생)은 각자의 자율(자유)적인 판단과 선택과 책임에 맡기는 방식이다. 다시 말해서 각자 알아서 청명하게 맑은 하늘도, 흐린 하늘도, 어두운 밤하늘도 마음껏 보고 느끼고 생각하고 표현하고 경험하고 그려 보고 연구하고 분석하고 상상해 볼 수 있다.

이처럼 선진문화는 각자 알아서 자유롭게 살아가되 절대 하면 안 되는 것만 최소한으로 정해 놓는 네거티브 방식이다. 그 이외의 것들에 대해서는

각자 무엇을 생각할 것인지, 어떻게 관계할 것인지, 어떻게 살아갈 것인지, 잘못이 발생하면 어떻게 할 것인지 자신의 진심과 상황에 맞춰

서 자유롭게 판단하고 선택하고 관계하고 책임진다.

이는 인간에 대한 믿음과 존중이 있어야 가능하고, 반대로 서로에 대한 존엄성과 다양성과 창의성과 잠재력과 가능성에 대한 신뢰와 존중 없이는 불가능하다.

인간이 무궁무진한 가능성을 지닌 존재(생각, 표현, 행동, 관계)라고 했을 때 자기 자유를 자율적·적극적으로 활용하는 사람들 덕분에 존엄성과 다양성과 창의력을 인식·확보·발휘할 수 있었고, 심오한 세상(만물, 만상, 만사)에 파고들어서 집중하고 분석하고 이용하고 응용하고 협력하고 개척하고 도전하고 실현하는 사회를 만들어 갈 수 있었다.

인생사와 세상사에 대해서 자발적이고 자율적으로 살펴보고, 고민하고, 선택하고, 집중하기 때문에 결과에 대해서도 각자 알아서 생각하고 책임지고 반성·변화·발전하게 된다.

이처럼 자유민주주의는 개인에게 주어진 자유와 양심과 진심을 우선하게 되고, 그에 맞춰서 진실하고 진지하고 충실하게 살아가게 되고, 적극적인 가치를 추구한 덕분에 다양한 업적들을 이뤄 내면서 발전해 왔다.

자유민주주의는

구성원들에게 허용된 여유(시간, 관심사, 정신, 체력, 관계 등)를 무가치하고 사소한 것들(인연, 위아래, 정분, 격식)에 허비하지 않고, 자율적이고 적극적이고 독자적이고 창의적으로 활용함으로써 연속적으로 생겨난 결실과 보람이다.

 구성원들이 잡다한 것들(상하관계, 덕목, 미덕, 도리 등)에 서로의 에너지(관심사, 시간, 정신, 체력, 비용)를 빼앗고 빼앗기지 않은 만큼 모두는 아닐지라도 누군가는 어디선가는 협력적·생산적·건설적으로 살아가고, 다수는 이들에 감사하고 믿고 따르고 존경하게 된다.
 서로가 불필요한 격식과 까다로운 절차와 소모적인 관계가 없는 만큼 서로의 생각과 관계와 생활과 인생이 긍정적이고 우호적으로 풀려 나간다.

 각자에게 생겨난 결실(업적, 성공, 연구, 보람)이 다수의 관심사와 잠재력(축적)과 저력으로 확대될 수 있었고, 가치 있는 일들에 도전·투자할 수 있었으며, 국제사회와 인류 미래까지 끌어안을 여유와 능력을 확보하게 되었다.

 이처럼 네거티브 문화권은 인간(국민)과 자신(개인)이 동등한 가운데 자기 자신에게 먼저 충실하고, 각자 자율적인 자유를 통해서 존엄성의 과정을 진지하고 충실하게 거침으로써 현실에 참여하고 주도해 갈 여력과 확신과 더 나은 기회와 미래로 연결된다.

 선진의식에서 생겨나는 선진문화는 개인이 다수·외양(대중, 유행, 성형수술, 흥행, 인기몰이 등)에 묻혀 버리지 않고, 체제에 세뇌당하지 않는다. 오히려 넓은 사회로 나아가서 실질적으로 관계하고, 특별하고 특이한 경험을 하게 되고, 세상의 깊이에 파고들거나, 난제에 도전하거나, 그러한 인재들을 양성·지원·투자해 주는 등 세상과 사회의 관리자(주체)로서 역할과 자격을 확보·발휘한다.

8.
비인간적이고
망국적인 조상 모시기

여기서는 우리의 밑바탕과 실체와 실상을 좀 더 사실적으로 확인해 보자.

하늘과 땅에 의존해서 살아가던 어두운 시대에서 답답했던 조상들은 '조상 모시기'가 당연하고, 미풍양속일 수도 있었다.

그런데 사실은 너무나도 망가진(비인간적, 비민주적, 비인륜적, 반인권적인) 결정판이 '조상 모시기'다.

'조상 모시기'가 비인간적이고 망국적인 이유

참담했던 우리 역사·문화·관행, 독재와 투쟁의 연속이었던 현대사, 우리의 부정적인 민족성·국민성·인간성·인간관계의 원인을 밑바닥까지 추적해 들어가면 '조상 모시기'와 '어른 공경'으로 압축된다.

'조상 모시기'가 생겨나서 행해지던 시대는 백성들이 극도로 춥고 배고팠다.

그런데 양반들은 자기 조상들을 모신답시고 상다리가 휘어질 정도로 거나하게 상을 차렸다. 이는 오래전에 죽고 묻혀서 썩어 버린 시체와 귀신과 흙더미와 풀포기를 자기 조상이랍시고 약자들에게 빼앗은 것으로 상을 차려 놓고 고개를 조아린 것이다.

(※ 이에 대한 훨씬 더 근원적인 원인은 세계관(전쟁에서 전략에 해당하는)의 잘못까지 거슬러 가게 된다. 하지만 여기서는 설명하지 못함을 양해 바라고, 책 4권(하나뿐인 세상에 합당한 인류 공통의 세계·우주관을 참고 바란다.))

당시는 강자(조정, 양반, 관리)들이 약자(상놈)들을 보호하려고 노력해도 인생이 고단할 수밖에 없었다. 그런데 양반들은 상놈들에게 빼앗은 것으로 오래전에 죽어서 썩어 버린 흙더미(조상)에게 도리를 다한답시고 상다리가 휘어지도록 제사상을 차렸다. 그를 양반 가문의 전통과 미덕으로 여겼으며, 자유민주주의 체제에서도 온 국민이 미풍양속으로 답습했다.

물론 오래전 과거에 조상들은 무지하고 답답해서 그랬을 수도 있었다고 치자.

하지만 자유와 평등과 정의와 인권과 복지 등 고급개념들로 구성된 자유민주주의에서는 적극적이고 인간적이고 민주적이고 인류애적인 국민 의식이 필수다.

그런데 이처럼 비인간적이고 비민주적인 짓들에 우리의 관심과 여력과 역량을 허비해 왔고, 구한말에 나라가 위태로울 때도 상놈들은 매관매직과 족보 위조로 양반 신분으로 둔갑했으며, 나라는 더욱더 허약해지면서 결국은 망하고 빼앗겼다.

이는 적극적인 인류애가 동반되어야 하는 수준 높은 자유민주주의

(적극적인 인류애와 존엄성과 자율적인 자유의 구현과 질적인 가치관과 공통의 미래 지향점)라는 관점에서는

- 역사에서 탐관오리들도, 양반들도, 상놈들도 똑같았다.
- 북한은 악질 김일성도, 자식 놈들도, 손주 놈들도, 인민들도 인간적이라는 적극적인 관점에서는 사실상·결국에 수준이 똑같다.
- 남한은 독재·민주화도, 진보·보수도 자유민주주의라는 적극적인 관점에서는 똑같은 수준이다. 하지만 우리는 기어코 진실을 외면해 왔고, 이제는 막다른 골목이어서 지금까지의 연장선에서는 수준 높은 자유민주주의는 불가능에 가깝고, 현재를 유지하기도 어렵다.

9.
어른 공경 문화가
비민주적이고 비인간적인 이유

앞에서는 '어른 공경'을 대략 살펴보았다. 여기서 통달할 정도로 샅샅이 이해해 보자.

'어른 공경'은 '조상 모시기'보다 훨씬 더 심하게 악영향을 끼쳤다.

어른 공경의 3대 요소는 '님'이라는 존칭, '하십시오', '하세요'라는 존댓(높임)말, 고개를 숙이고 허리를 굽히는 '인사'다. 이는 인간에게 가장 중요한 존엄하지 못한 짓이고, 존엄성의 싹부터 잘라 버리는 악행과 악습이다.

우리의 어른 공경 대상은 사실상 높은 신분과 지위가 우선이었다.

- 과거에 상놈(할아버지 할머니)들은 양반집 꼬맹이에게 "도련님, 아씨"라고 불렀고, 새파랗고 건방지고 싹수없는 젊은이가 과거에만 급제하면 '나으리'로 바뀌었다. 이는 오늘날도 '어른 공경'이라는 명분과 원칙은 있지만 실제 생활에서는 체계와 질서 없이 제각각 표현하고 관계한다.

우리가 내로남불이니, 적반하장이니, 위선과 궤변이니, 유권무죄니 하는 것도 이처럼 서로(자신, 상대방)의 신분에 의해서 바뀌어 버리는 우리네 과거(문화, 관행, 습성, 태도)에 원인이 있다.

- 불과 몇십 년 전인 우리 현대에서도 고시에 합격하면 "영감님"으로 호칭하면서 받들어 모셨고, 새파랗게 젊고 어린놈들이 '영감님'이라는 호칭을 당연하게 여겼으며, 갑자기 거만하게 거들먹거리기도 했고, 독재 앞에서는 굽실거리면서 하수인 노릇에 여념이 없었으며, 이 역시 과거에 기인한다.
- 족보들에는 왕과 고관대작을 시조(1대조)로 모시는 경우가 대부분이다.

따라서 '어른 공경'은 순수한 어른 공경보다 유교(공자)에서 왕가의 법통·법도를 시작으로 나라 전체를 신분과 지위와 나이와 성별로 서열화하는 것이었고, 자신보다 높은 상대에게는 됨됨이에 상관없이 일방적·절대적으로 존댓말과 '님'이라는 호칭과 고개와 허리를 수그렸다.
다시 말해서 공자와 유교는 지극히 사소하고 당연할 수밖에 없는 차이들(신분, 지위, 나이, 성별 등)을 좁쌀처럼 구분해 놓고 과다한 의미와 격식(공경, 존칭, 높임말, 인사 등)을 부여했다.
그래서 신분과 지위와 나이가 낮고 작고 적은 사람은 갈수록 나약해지고 추해지고 비굴해졌고, 수단·방법과 염치·체면을 가리지 않고 아부·아첨했다. 그로 인해서 일방적으로 당한 사람들은 반감을 지니거나, 중상모략하는 비인간적이고 비민주적인 악행과 악습이 생겨나서 악화했다.

10.
어른 공경 문화의 실상

① 우리 역사와 문화와 자유민주주의를 망친 주적은 '어른 공경'

어른 공경은 '생각의 자유'와 '표현의 자유'와 '상호 평등'과 '인권' 등 자유민주주의와는 정반대다.

그래서 북한은 극단적인 아부·아첨으로 우상화도 신격화도 독재 세습도 먹혀들었고, 남북한 모두 체제를 극복하는 능력과 자기를 정화하는 기능이 상실되었다.

② 공경과 존경은 자발적으로 우러나는 진심이어야

첫째, 공경심과 존경심은 자발적으로 우러나오는 각자의 진심이어야 한다.

자신이 누군가를 왜 얼마나 어떻게 공경할 것인지 모든 판단과 선택과 정도와 행동은 스스로 우러나는 진심을 바탕으로 자율적으로 이루어져야 한다.

그런데 어른 공경은 모두에게 일률적·획일적·일방적으로 적용된다는 점에서 전체주의적인 강요와 주입과 세뇌이고, 민주주의(생각의 자유, 표현의 자유, 자유롭고 평등한 관계, 존엄성 등)의 토양과 뿌리를 말살하고 방해하고 저해하는 주범이다.

둘째, 공경과 존경은 반드시 상대의 업적과 행실을 고려해야 한다.

공경과 존경은 당연히 상대방의 업적과 행실이 고려되어야 한다. 반대로 신분과 지위와 나이와 행실에 대한 공경은 서로의 존엄성과 잠재력과 가능성을 해치는 것은 물론 공정도 평등도 인권도 자유도 모두 역행하고 짓밟는 짓이다.

실제로 어른 공경으로 인해서 굽실거리는 아부·아첨과 비굴한 뇌물·선물·향응 접대와 과도한 처세와 끈끈하고 돈독한 인간관계와 갑질 등 비인간적이고 비민주적인 현상과 부작용들은 쉽게 헤아릴 수 없을 정도다.

셋째, 공경과 존경에서는 반드시 긍정적인 효과들이 생겨나야 하고, 부작용(불평등, 불공정, 불편함, 부당함, 눈치 보기 등)은 없거나, 최소한에 그쳐야 한다.

대한민국은 자유민주주의 국가이고, 헌법이 최고권위를 갖는다.

그런데 어른 공경과 조상 모시기는 민주주의 헌법에 위배다. 하지만 국민은 헌법보다 문화와 관행의 영향을 훨씬 더 강하게 받아 왔고, 국민은 자유민주주의에 올인을 할 수 없었다.

③ 어른 공경은 소심한 졸장부들을 양성해 내는 문화

어른 공경은

아랫사람들이 윗사람들에게 일방적으로 맞춰 줌으로써 하수인들 배출 문화다.

지위나 권한이나 나이나 기회가 생기면 자신을 제일·최고·존경받는 줄로 착각하거나, 횡포·거드름·군림·설쳐 대거나, 특혜를 누리고, 두고두고 특권까지 보장받으려는 안하무인의 망나니들 양성 문화다.

자기 위에는 가져다 바치고, 자기 아래를 상대로는 얻어먹고 화풀이하고 부려 먹고 갈퀴질하는 소인배·양아치·도둑놈 문화다.

잘못하지 않았음에도 한두 마디 말씨와 어투와 눈빛까지 신경 쓰고 조심해야 하고, 약자들에게 생트집을 잡아서 괴롭힐 정도로 인간성과 국민성이 소심해지고 야비해지는 소인배·졸장부 문화다.

부당한 꼴들을 당한 사람들은 악감정이 심해지고, 타고난 선심조차 잃어 가면서 흉보고 비난하고 칼부림까지 한다. 그런데도 반성도 점검도 하지 않는 채 세상을 원망하고, 세태를 한탄하는 등 지극히 무책임·무기력한 문화다.

서로의 존엄성과 솔직한 표현과 자유로운 관계와 합리적인 사회의식과 장래 가능성을 뿌리부터 꺾어 버리고 짓밟아 버리고 아예 뽑아 버리는 말살 문화다.

그로 인해서 우리는 더 크고 깊고 높고 넓은 세상(대자연)으로 나아가지 못했고, 위아래와 관계에 막히고 빠져서 서로를 힘들게 하고 괴롭히는 답답한 민족성과 역사의 연속이었다.

현대인들도 직장에서 "일보다 인간관계가 너무 어렵다."라고 푸념하고, 그런데도 지위가 올라가고 나이가 많아지면 개구리 올챙이 시절 모른 채 대접받고, 또 다른 올챙이들이 똑같은 악순환을 반복해 왔다.

이에 대해서 "우리는 민주주의 역사가 짧아서"라는 사람도 있지만 사실은 인간 됨됨이가 문제이고, 됨됨이는 민족성이 원인이고, 민족성은 문화가 원인이고, 문화는 중국(공자·유교)의 영향이고, 영향은 사대주의가 원인이고, 사대주의 또한 인간 됨됨이가 원인이다.

④ 어른 공경 문화의 실효성

현대인들은 매시 매사에 시간적·경제적·정신적·실질적인 이익과 합리성과 효율성을 따진다.
그렇다면 우리가 미덕으로 여겨 왔던 어른 공경이 얼마나 실효성 있는지 따져 보자.

첫째, 높임(존대)말의 실효성
'밥 먹자'와 '진지 잡수세요'의 차이점과 실효성은 무엇인가?
"잡수세요."라고 하면 영양이 풍부해지는가? 밥맛이 좋아지는가? 소화가 잘되고 위장병이 치료되는가? 변비가 안 생기고 대변이 잘 나오는가? 죽어도 썩지 않고 윤기가 흐르는가?

둘째, '님'의 실효성
'님'을 붙여 주거나, 붙이지 않으면 어떠한 효과와 문제가 생기는가?
인품이 고매해지거나 추해지는가?

앞길이 열리거나 막히는가?
혀와 치아와 잇몸이 깨끗해지거나 충치와 염증이 생기는가?

셋째, 고개 숙이는 인사의 실효성
고개와 허리를 숙이면 목과 허리가 튼튼해지는가? 디스크에 걸리지 않는가?
머리를 숙인 덕분에 땅에서 돈이라도 줍게 되는가?
어린이들과 하급자들이 정말 선생과 어른과 상급자를 공경(존경)해서 고개를 숙이는가?
단순한 습관적인 습성과 기분에 불과하지 않은가?

북한에서 최악의 사기꾼·독재자·반인륜인권범죄자·망나니 양아치 패륜아 김일성·정일·정은에게 절대 충성하고 절대복종해서 스스로 노예와 감옥과 죽음과 지옥으로 전락한 것이 어른 공경의 참상이고,
자유민주주의 체제인 대한민국에서 자유와 평등과 정의와 인권과 복지 혜택을 받고 살아온 고위직들과 지식인들과 대통령들조차 김정은과 공산·사회주의를 찬양·흠모하고, 90도로 허리와 머리까지 숙여서 큰절하면서 받들어 모시는 것이 어른 공경의 대참상이다.

11.
홍익인간(弘益人間)에 담긴 위선과 모순

아마도 재세이화(在世理化, 세상을 도리(이치)로 교화한다)의 '홍익인간'을 모르는 국민은 없을 것이다.

실제로도 홍익인간(弘益人間)은 대한민국의 건국이념 겸 교육이념이다. 이는 부연(설명)할 필요 없이 좋은 의미다. 반면에 구태여 들먹일 필요조차 없는 당연한 이야기다.

그런데 '홍익인간'은 너무 추상적이고 이상적이어서 황당한 이야기일 수도 있다.

차라리 홍익(弘益, 큰 이익, 널리 이롭게)을 弘翊(크게 도움이 되는, 크게 도와주는)으로 바꾸는 것을 검토해 볼 필요도 있다.

여기서는 홍익인간에 가려진 문제점을 살펴본다.

황당할 정도로 이상적인 '홍익인간'

결론부터 말하면 '홍익인간'에 관한 기존의 인식이 바로잡아지지 않으면 대한민국은 동해물과 백두산이 마르고 닳도록 홍해인간(弘害人

間)들이 설쳐 댈 것이다.

첫째, 무엇이 홍익이고, 무엇은 홍익이 아닌지 구체(체계)적으로 정리된 것이 없고, 정리하고 싶어도 정리할 수 없다. 왜냐면 앞에서처럼 포지티브 방식·문화에 불과하기 때문이다.

둘째, '홍익인간'은 각자 알아서 이해할 수밖에 없다. 그래서 '홍익인간'은 다수가 함께 지향하고 협력해서 실현해야 할 공동의 목표와 의식과 자질과는 정반대다. 왜냐면 모두가 홍익을 목표하면 공통의 지향점을 설정할 수 없고, 자칫하면 중공처럼 저질 문화의 연속(판박이)이기 때문이다.

셋째, 실제로 우리 역사 역시 '홍익인간'과 정반대로 참담했으며, 문화는 아부·아첨과 권모술수로 엉망이었다.

넷째, '홍익인간'이라는 용어가 부끄러울 정도로 조상(양반, 상놈)들은 비참한 삶, 갖은 차별, 비인간적인 서열과 권위, 폐쇄적인 봉건주의, 악랄한 착취·학대를 주고받았고, 고개를 조아리는 등 비굴하고 비열하고 비겁한 사건들과 인물들과 모습들이 훨씬 더 많았다. 역시 관료사회는 탐관오리들의 권모술수와 중상모략과 당파 싸움과 주색잡기 등으로 망국의 연속이었다.

다섯째, 반만년 역사에서 과연 누가 '홍익인간'인지 본보기가 없고, 앞으로도 나올 것이라고 장담하기 어렵고, 5천 년 동안 '홍익인간'은 장식용·가식용·합리화용 의미와 구호였다.

홍익인간에 영향받아서 형성된 민족(국민)성

사람이 '홍익인간'이라는 의미를 처음으로 접할 때 '자신이 홍익인간' 인 사람은 없다. 그래서 자신이 '홍익인간이 되어야 한다'라고 의무처럼 여기거나, '홍익인간이 되겠다'라고 무리하거나, '홍익인간이 되고 싶다'라고 분수 이상으로 욕심을 갖게 된다.

다시 말해서 '홍익인간'을 접함과 동시에 의식과 무의식과 인생에 부담을 지니거나, 무리하기 시작하거나, 비교·경쟁하거나, 열등감과 우월의식으로 연결되기 쉽다.

첫째, 자신이 '홍익인간'이 되어야 한다고 생각하는 경우 무의식부터 부담을 지니게 된다.

자신이 잘되어야 한다거나, 훌륭한 사람이 되어야 한다고 생각하기 때문이다. 그만큼 자신(참모습, 분수, 주제, 진심, 실체, 내면)의 발견·진심·충실보다는 장래와 외양과 외형(큰사람, 난사람, 든사람 등)을 의식하게 된다.

특히 삼국지(무협지) 문화권의 남자들은 더 많은 부담을 지닌다. 왜냐면 사내대장부, 입신양명, 부귀영화, 영웅호걸, 천하통일, 치국평천하 등에 영향을 받은 상태이고, 더욱 자기강화로 치닫거나, 그렇지 못하면 열등의식이 심해지기 때문이다.

그래서 열등의식의 반작용으로 여자를 무시하고 차별하거나, 적극적으로 존중하지 않았다. 역시 '홍익인간'을 자랑스럽게 여김과 동시에 자신이 잘 되려고 하거나, 위로 올라가려고 하거나, 접대와 향응과 뇌물을 당연하게 여기기도 했다.

둘째, 남자들이 '홍익인간이 되겠다'라고 생각하게 되면 자잘한 것을 따져서 무시하게 된다. 그래서 자기 가정과 가족에 소홀·무관심해진다. 홍익인간이 되기 위해서 어쩔 수 없다고 생각하거나, 홍익인간이 되면 훨씬 더 잘할 수 있다고 착각·합리화한다. 역시 뻥튀기된 미래(자신)에 관심이 쏠리면서 현실에 소홀해진다. 심지어 과거 선비들은 손에 흙과 물을 묻히지 않았다. 농사일은 상놈들 몫이었으며, 부엌일은 자잘한 짓으로 여겼다.

몇십 년 전만 해도 남편이 집에서 손가락 하나 까딱하지 않거나, 배우자와 자녀들을 당연히 심부름(재떨이, 담배, 물컵 등)시켜 먹었다. 자신(홍익인간)은 소소한 일에 신경 쓰면 안 되는 것처럼, 늦게 귀가하는 것이 당연한 것처럼 행세했다.

셋째, '홍익인간'이 되기 위해서는 현실적으로 그만한 조건(능력)을 갖춰야 한다고 생각한다. 하지만 조건(능력)을 갖추기가 쉽지 않다. 그런데도 홍익인간이 되고 싶은 욕심으로 외부로부터 뭔가(지식, 학벌, 연줄, 뇌물 등)를 가져다가 채우거나, 부모에 의존한다. 역시 배경과 인맥과 처세를 중시하거나, 출세와 권력을 욕심내거나, 접대와 뇌물과 상납 등 비인간적인 짓들을 저지른다.

넷째, 인간은 '홍익인간'이라는 의미처럼 크고, 훌륭하고, 위대하고, 잘나고, 잘되고, 된사람, 난사람, 든사람을 의식(목표)하면 오히려 무의식(밑바닥)이 부실해지고, 현실에 충실할 수 없으며, 갖가지 문제들을 감당하기 어렵다. 특히 당면한 문제들을 서로 껴안아서 협력하고 수고하는 등 앞장서지 않으면 '홍익인간'은 불가능하고, 이것이 서양과의 현저한 차이다.

다섯째, '홍익인간'으로 인해서 오히려 순수한 인간미를 잃어 가거나, 경쟁·달성 과정에서 상식을 벗어나거나, 외양으로 빗나가는 등 복합(다중)인격을 지니게 된다. 현실에서의 부조화와 스트레스로 인해서 열등감, 우월감, 비교의식, 경쟁의식, 좌절감, 무기력, 우울증, 화병, 자살에 이를 수도 있다.

여섯째, 세상(대자연)의 다양한 이치와 복잡다단한 현실(사회·문제)에 깊이 파고들기 어렵고, 집중력을 발휘할 수 없다. 왜냐면 자기 삶에 충실하지 못한 만큼 비교와 경쟁과 소유와 돈과 답습과 모방과 겉모습 꾸미기와 통속적인 유행으로 대신할 수밖에 없고, 개척적이고 창의적인 인생(도전, 탐험, 개척 등)과 인간관계에 소홀해지고 멀어지기 때문이다.

일곱째, '홍익인간'이 불가능하다고 생각되는 사람들은 아첨과 처세와 인맥과 뇌물 등 비굴한 행위로 빗나간다. 자기 자리를 보존하기 위해서나, 불이익을 피하기 위해서 인맥(연줄)을 형성하거나, 끼리끼리(유유상종) 문화를 만들어 간다.

그로 인해서 사돈네 논밭 사면 배 아픈 심리나, 아부·아첨이나, 권모·술수나, 당쟁·당파나, 뇌물·접대나, 부정·비리를 저지르고 묵인한다.

여덟째, 현실 감당 능력을 잃어 간다.

심각한 문제들이 터져도 자신의 역할과 책임을 훗날로 넘기거나, 남에게 미룬다. 왜냐면 개인 목표(홍익인간)를 더 중요시하기 때문이다.

차라리 '소익'(小益, 小翊, 작은 도움을 주는)으로 바꿔야

만일 생활 속에서 최선을 다하거나, 작은 이로움을 주는 소익을 중시하면 어떨까?

이는 부족한 자신이나마 도움이 되도록 내놓거나, 힘든 과정(생활, 관계, 인생)을 자처하는 것을 뜻한다.

아마도 서로가 자기 앞에 있는 일과 사람과 상황에 최선을 다하게 될 것이다. 크고 작은 것을 가리지 않고 현실과 관계에 충실할 것이고, 열등감과 비교·경쟁이 대폭 줄어들 것이다. 사회 곳곳에서 잘하는 사람들이 두각을 나타낼 것이고, 리더로 인정될 것이며, 존경받는 지도자들이 많이 나올 것이다. 왜냐하면 출세와 성공과 신분과 학벌과 인연과 돈보다도 바로 눈앞에 충실하고 진실해짐으로써 잡것들이 끼어들 여백과 기회가 없을 것이고, 건전하고 순수한 사람들이 오순도순 협력하고 함께할 것이기 때문이다.

그렇게 된다면 사회도 문화도 국민성도 미담들로 넘쳐날 것이다. 특히 소익 인간들이 열심히 노력하고 협조하는 동안에 참다운 지도자의 자질과 자격과 능력을 충분히 갖추게 될 것이고, 검증될 것이다.

한국은 밑바닥부터 샅샅이 다시 점검해서 손질해야

인간에게는 크고 작고, 높고 낮고, 넓고 좁고, 깊고 얕다 등 '크기'로 '비교'하는 상대적인 잣대를 들이대면 안 된다. 인간은 예외 없이 어리석고 미약하고, 현명해지더라도 오랜 세월과 많은 시행착오가 필요하다. 하지만 결국에는 존엄해질 수 있고, 더욱 발전해 갈 수 있다.

그런데도 우리는 존엄해질 수 있었던 소익(백성)들을 아랫것들(부하, 상놈, 백정, 천민, 머슴 등)로 구분·전락시켜 놓고, 멸시하고 짓밟는 홍해인간(弘害人間)들이 설쳤다.

첫째, 이제는 '홍익인간'을 없애거나, 소익을 훨씬 더 중요하게 다루거나, 반드시 소익을 통해서 홍익으로 나아가도록 의식구조와 출세 방법과 사회 구조를 체계적으로 바꿔 가야 한다.

둘째, 소익·홍익을 인간(자신, 상대방)이 잘되는 것보다는 실천적인 행동과 협조적인 관계와 모범적인 결과로 만들어야 한다.

12.
등에 짊어진
'과거'라는 무거운 보따리

죽마고우인 두 친구가 인생 공부와 세상 경험을 위해서 함께 길을 떠났다. 얼마 후 갈림길에서 각자 다른 길로 헤어지기로 했다.

갑식: 기왕에 길을 나섰으니 우리가 헤어져서 공부하는 것이 어떻겠나.
을식: 나도 그렇게 생각했네. (두 사람은 10년 후 이 시간에 다시 만나기로 했다.)
갑식: 그래. 건강하게 다시 만나세.

(어느덧 10년이 흘러서 두 사람이 만났고, 왔던 길을 되돌아가고 있었다. 그러던 중 장대비가 쏟아졌고, 급물살이 흘러가는 강물이 나타났다. 두 사람은 잠깐 쉬었다 건너기로 했다. 휴식이 끝날 무렵 예쁘장한 여인네가 물가로 다가왔다. 얇은 모시 적삼 옷을 입은 여인은 비에 흠뻑 젖어서 하얀 속살이 거의 드러난 상태였다. 이윽고 여인이 두 사람에게 말을 건넸다.)

여인: 저 좀 도와주시지요.

갑식: 저 위쪽은 물이 깊지 않으니 조금 더 올라가서 건너세요.

을식: (일어나면서) 우리도 건널 겁니다. 제가 도와드릴 테니 저의 등에 업히겠습니까? (엉거주춤 등을 내밀자)

여인: (약간 당황하는 기색으로 얼굴이 붉어지면서 어쩔 수 없다는 듯이) 감사합니다.

(여인이 을식이의 등에 업혔다. 거의 속살이 드러난 여자의 앞가슴이 을식이의 등에 찰싹 달라붙어서인지 밀려 터질 듯이 옆으로 부풀어 올랐다. 여인은 불어난 물이 무서운지 을식이의 등을 힘껏 안았다. 갑식이는 친구 을식이와 여인을 보면서 마음이 편치 않았다. 그렇게 세 사람은 강을 건넜다. 여인은 연신 감사함을 표하면서 이름과 연락처를 부탁했다. 을식이는 친절하게 가르쳐 주었다. 그러나 갑식이는 친구 을식이를 이해할 수 없었다. 원래부터 을식이는 여자를 좋아했고 여자들도 을식이를 잘 따랐다. 그런데 10년이나 도를 닦고도 여자를 경계하기는 커녕 반겨서 받아들인 것이다. 해가 산등성이에 걸치자 두 사람은 주막에 짐을 풀었다. 갑식이가 이런 생각에 잠겨 있는데 을식이가 말을 건넸다.)

을식: 어이 갑식이. 그간 어떻게 지냈는가. 자네가 둘러본 세상은 어떻던가?

갑식: 자네는 어떠했는가.

을식: 나는 많은 깨우침을 얻었네. 정말 좋은 경험이었고 소중한 시간이었네.

갑식: 그런데 이야기에 들어가기 전에 묻고 싶은 것이 있네. 혹시라도 섭섭하게 듣지는 말게나. 자네는 옛날에도 여자를 좋아하지 않았는가. 그런데 10년이나 도를 닦고도 여자를 반기니 좀 걱정스러웠네.

을식: (잠시 침묵이 흐른 뒤) 어이. 갑식이. 나는 그 여인을 강가에서 업었다가 강을 건너서 내려 줬네. 그런데 자네는 그 여인을 나와 함께 업었다가 지금까지 업고 있었구먼.

갑식: …….

이런 내용은 선방에서 흔히 들을 수 있는 이야기다. 여기서 필자의 방식으로 좀 더 추가한다.

을식: 자네가 방금 나에게 말한 내용에 대해서 내 생각을 말해 보겠네. 자네와 나는 10년이나 만나지 못했잖은가? 우리는 오래 헤어졌다가 오늘 만났네. 그런데 자네는 나를 만나서부터 지금까지 자네 스스로 과거에 붙들려 있고, 나까지 자네의 과거에 묶어 놓았네.

자네의 무의식에는 내가 10년 전과 똑같거나, 오히려 그때보다 더 못하다는 불신과 무시까지 내포되어 있네. 자네는 10년을 수행했지만 나는 과거와 똑같거나, 오히려 타락했다는 이야기와도 같네.

자네는 도움을 청하는 사람을 적극적으로 도와주지 않았고, 엉뚱하게도 이성(여자)으로 취급했네. 그리고는 멀리 돌아가라고 말할 정도로 자네 방식(성질, 편이)대로 상황을 처리했네. 누군가가 도움이 필요한 상황에서 자네는 도움이 되어 주지 못한 것이네. 그 여인이 처한 어려움에 아랑곳하지 않았고, 함께 있는 친구의 의견과 반응은 존중하지 않았네. 자네의 생각으로 시작(접근)해서 자네 입장으로 표현하고, 자네 방식으로 처리했네. 자네는 나와 만났던 순간부터 지금까지 자네의 판단과 결론에 붙들어 놓고 있었네.

이는 일련의 상황에 자네가 맞춰 준 것이 아니라 모든 것을 자네에게 가져다 맞춘 것이네. 만일 오늘 하루가 우리의 일생이었다면 자네는 꼼짝달싹하지 않고 인생을 생각과 말로만 살면서 자네 위주로 마음대로 했고, 너무 쉽게 남을 오판하고 무시한 것이네.

더 분명한 것은 나를 자네 이상으로 존중해 주거나, 믿어 주거나, 물어보려는 마음(적극성)이 없었다는 점이네.

지금 내 이야기 또한 똑같은 오류를 범하는 것은 아닌가 싶네. 만일 그렇게 된다면 우리는 미래를 적극적으로 함께 할 수 없게 되네. 왜냐하면 우리의 생각과 행동과 인생이 과거에 붙들려 있고, 과거나 자신을 위주로 상황과 관계를 속단하는 연속이기 때문이네.

이는 신뢰 속에서 적극적인 미래를 함께해 가기 어렵다는 이야기네. 내가 원리를 말하려는 것이니만큼 비약했더라도 이해하게나.

(잠시 친구에게 기회를 주듯이 침묵이 흐르다가 다시 을식이가 말을 이어 갔다.)

어이. 갑식이. 그간에 내가 깨우친 바를 말해 보겠네.

세상의 진리는 무한하고 끝이 없어서 내 개인의 상상이나 능력으로는 깨닫기 어려웠고, 사실은 접근도 힘들었네. 그렇게 복잡하고 어려운 이치를 우리처럼 제각각 깨우치겠다고 사람들이 현실을 등지면 세상은 어떻게 되고, 복잡다단한 현실은 누가 감당하면서 꾸려 가겠는가. 아마 세상은 이기적인 사람들로 가득할 것이고, 시대는 원시나 고대나 비슷할 것이며, 나쁜 사람들이 더욱 활개 칠 것이고, 우리는 계속 당하고 살거나, 빼앗고 빼앗기거나, 죽기 살기로 싸워야 할 것이네.

우리는 그간에 어마어마한 우주와 대자연과 인류 역사를 쉽게 판단했고, 초라한 개인의 목적(득도, 해탈, 구원, 지식 등)으로 상대했으며, 내가 그간에 얼마나 황당했는지 절실히 깨달았네. 그간에 나는 인생도 세상도 전혀 이해하지 못했었고, 사람들이 수천 년 반복해 왔던 이치와 방법(생각, 행동, 진리, 믿음, 관계, 습성)들을 막연히 따라다녔음도 깨달았네. 허무맹랑한 것에 심취되어서 너무 많은 시간과 소중한 인생을 허비했다고 생각했네. 내가 세상 이치를 모두 깨달아 본들 과연 무엇에, 누구에게, 얼마나 실질적으로 도움이 될 것인지, 그래서 무엇이 어떻다는 것인지 너무나 어리석고 무의미함을 깨달았네. 이제 자네 이야기를 듣고 싶네.

갑식: 나는 우리가 헤어진 10년 동안 풀지 못한 화두와 실마리들을 방금 자네 이야기를 들으면서 겨우 깨달았네. 내가 감히 표현할 수 없을 정도로 자네가 대단하네. 너무 많이 배웠고, 앞으로 더 많이 배우고 반성하겠네.

을식: 우리는 아직도 갈 길이 멀지 않은가. 이제는 말뚝처럼 변함없

는 과거(사건, 인물, 줄거리)나 진리(말씀, 이치)는 놓아두세. 우리는 한참이나 잘못 걸어왔던 그간의 어리석음을 벗겨 내야 하고, 무엇보다 자신에게 진실해지고 현실에 충실해야 할 것 같네. 순진했던 철부지 시절에 붙들었던 절대불변의 진리나 도에 연연하지 말고 세상을 순수하게 바라보고 서로를 존중하면서 진실하고 화통하고 의연하게 살았으면 하네.

(두 사람은 밤새도록 10년 세월을 나눴다.)

제2장.

우리 현대사의 이해와 반성

1.
필자와 운명 철학자(A)의 대화
(대통령 당선에 대한)

　필자는 대통령 선거기간에 꽤 유명하다는 운명 철학자와 대통령 당선에 관해서 대화할 기회가 있었다.
　(※ 때는 제17대(이명박, 정동영, 이회창) 대통령 선거운동 기간)

　A: 이번에 정동영이 당선됩니다.
필자: 정동영이요? 왜 정동영이 당선된다고 생각합니까?

　A: 당선을 생각하는 것이 아니라 당선됩니다.
필자: 아. 정동영이 무조건 당선된다고요? 정말 대단하십니다. 왜 정동영이 당선됩니까?

　A: 세 사람 중에 정동영의 사주가 가장 좋기 때문입니다.
필자: 선생님. 국민이 독재에 환멸을 느껴서 민주화를 밀어주지 않았습니까? 그런데 김영삼도 김대중도 노무현도 참담하게 실패했고, 오히려 훨씬 더 힘들어졌습니다.

당시에 우리 국민(광주·호남) 중에서 야당 성향이 강하거나, 다혈질인 사람들은 "김대중과 노무현을 찍어 줬던 자기 손목이나 손가락을 잘라 버리고 싶다."라고 한탄할 정도로 속상해했고, 민주화 세력에도 극도로 실망했습니다. 이런 상황에서 또다시 정동영이 당선될 것이라고 말하는 선생님을 이해할 수 없습니다. 내 생각으로는 한나라당에서 이명박이 아닌 다른 인물을 내놔도 당선될 것으로 생각합니다.

A: 아닙니다. 남은 기간에 무슨 사건이 터지든 아니면 돌발변수가 생겨서든 정동영이 당선될 것입니다.

필자: 정말 세 사람 중에 정동영의 운이 가장 좋습니까?

A: 그렇습니다.

필자: 그렇다면 정동영이는 떨어지는 것이 맞습니다.

A: 예? 그게 무슨 말입니까?

필자: 대한민국에는 대통령들이 성공할 수 없는 실패의 대로와 악순환의 전철이 이미 육해공(지하와 하늘과 바다)으로 거대하게 뚫려 있습니다. 그래서 대통령이 될 사람은 자유민주주의에 합당하도록 국민들의 의식 수준을 획기적으로 끌어올려야 하고, 국민을 자유민주주의의 주체로 앞세워서 총체적으로 개혁해야 실패를 면하고, 성공을 기대할 수 있습니다.

대통령에 누가 당선되든지 대한민국에 넓고 깊게 뚫린 육해공의 대로를 대신할 수 있는 새롭고도 획기적인 통로를 만들지 못하면 아차 순간에 실패의 대로와 악순환의 전철로 끌려 들어갈 수밖에 없습니다.

다시 말해서 실패와 악순환의 대로가 이미 거대하게 뚫려 있고, 반드시 국민이 나아갈 수 있는 새로운 통로를 만들어야 하고, 대통령 선거를 전후로 국민에게 광범위하게 지지받아서 명분과 대세를 확보해야 하고, 그래야 총체적으로 개혁을 추진할 수 있습니다.

그간에 우리는 모든 면에서 자유민주주의에 무관하거나 반대였고, 너와 나를 따질 것조차 없이 온 국민이 성장환경과 문화와 민족성에서 똑같은 수준이었습니다.

그래서 우리 대통령들이 참담했던 민족성과 역사와 문화와 관행들로 인한 잘못과 책임을 몽땅 떠안고 비운을 맞을 수밖에 없었습니다. 이번 선거에서도 운이 가장 나쁜 사람이 대통령에 당선될 것입니다. 그런데 정동영의 운이 가장 좋다면 당연히 떨어질 수밖에 없고, 말년의 비극은 피해 갈 것입니다.

A: (감히 대답할 엄두를 내지 못하고 오히려 뭔가 깨우침을 얻은 표정과 난감한 상황을 모면하려는 듯한 표정을 동시에 지음. 옆에 앉아서 분위기를 띄워 주던 제자 겸 일행도 당황한 표정으로 침묵)

필자: 세 사람 중에서 누가 당선되든 어차피 성공 불가능하고, 비극적인 말년도 피할 수 없습니다. 그래서 정동영이는 떨어지면 운이 좋은 것이고, 당선되는 이명박에게는 불행입니다. 왜냐면 이명박은 대한민국의 잘못된 역사와 열등한 문화와 열악한 환

경과 비정상적인 관행들과 한심한 국민성과 소모적인 인간관계를 바로잡기 위한 피나는 과정이 전혀 없었고, 오히려 위·불·편법과 부정부패 관행들에 편승해서 승승장구하면서 탄탄대로를 걸어왔던 대표적인 인물이라고 해도 과언이 아닙니다.

이처럼 이명박의 인생은 진정한 자유민주주의에 반대였고, 소박한 삶도 아니었으며, 나라와 국민을 이끌어 가면서 대폭 업그레이드시켜야 할 권한과 사명과 책임을 완수할 자질과 능력과 무관하게 살아왔습니다. 그래서 절대 또 절대 성공이 불가능하고, 실패는 받아 놓은 밥상입니다. 이명박이 아닌 누가 되더라도 마찬가지이고, 앞으로 당선될 대통령들도 마찬가지입니다.

그런데 내가 특히 정동영을 반대하는 이유가 있습니다.

만일 정동영이 대통령에 당선되면 국민의 눈에는 6개월 안에 '어이쿠 대한민국 큰일 났구나', '나라가 조만간 망하겠구나'라는 것이 훤히 보일 것입니다. 하지만 이명박은 실패해서 개인적으로 불행을 당해도 나라를 망해 먹지는 않습니다.

정동영이 나라를 망해 먹을 수밖에 없는 이유는 간단합니다. 해방 이후 지금의 야당(대통합민주신당)도 수준 높은 민주주의에 합당한 자질과 자체 역량을 외면했고, 오직 정권의 잘못(독재, 실정, 비리 사건들)에만 기생해서 허구한 날 비난과 공격과 투쟁으로 일관했으며, 이처럼 야비한 수준과 방식을 되풀이했기 때문입니다. 그런데 대통령이 되어 본들 무슨 방법으로 성공할 것이며, 어떻게 실패와 악순환에서 벗어나겠습니까.

나의 결론으로는 이명박이 당선될 것이고, 누가 당선되든 현재까지의 연장선에서는 절대 성공할 수 없으며, 비극적인 말년은 받아 놓은 밥상이라는 이야기입니다.

A: ······.

정리) 사주팔자란 사시사철(4차원의 시공간)이 순환되는 이치와 관계를 풀이하는 것 이상도 이하도 아니다. 다시 말해서 그러한 조건과 삶은 동물들에게도 적용되고, 그러한 생로병사와 길흉화복과 입신양명과 부귀영화의 관계와 결과는 허무함뿐이어서 말짱 꽝이다. 그래서 우리도 중국도 유달리 수복강녕과 권력과 부의 축적에 집착이 심했다.

반면에 인간은 생각함으로써 5차원 이상의 존재여서 적극적으로 세상(대자연)에 개입하고, 서로 협력하면 얼마든지 삶을 변화시킬 수 있고, 전혀 다른 차원의 사회문화와 역사를 만들어 갈 수 있으며, 이러한 사회문화와 역사와 인생은 사시사철이 막연히 흘러가면서 반복되는 자연의 섭리(원리, 질서, 이치)로는 절대 만들어질 수 없다.

그래서 자유민주주의에 필요한 자질과 지도력과 성공을 음양의 이치(사주팔자)로 풀어내는 것은 호미와 쟁기로 경운기와 트랙터를 상대하려는 것과 같다.

그래서 호미와 쟁기에 익숙한 사람들이 대통령에 당선되면 자유민주주의라는 차원이 다르면서도 버거운 시스템을 감당하지 못한 채 정반대로 운명이 바뀌어 버린다.

2.
비운의 대통령들과
말짱 도루묵인 대한민국

(※ 여기 주제는 필자가 제17대 대통령 선거기간(2008. 6. 24)에 이명박 후보와 정동영 후보와 문국현 후보의 홈페이지에 올린 내용이다.

'말짱 도루묵'이란 대통령(후보)들이 매번 똑같은 방식의 선거운동과 말잔치를 반복했고, 이는 대통령(후보)들이 참담했던 대한민국의 실상과 국민의 실체를 전혀 깨닫지 못한 이유 겸 증거이며, 실패와 비운으로 대가와 죗값들을 치를 수밖에 없었고, 결국에 대한민국은 '꽝', '허탕'이라는 뜻이다.)

도도하고 건방진 대통령 후보들

대통령(예비) 후보들의 표정과 태도와 선거 방법을 보면 이미 실패해 버린 과거 대통령들과 차이가 거의 없다. 후보들이 겉으로는 자신만만하게 보인다. 하지만 실제로는 독선적이고 교만한 안하무인에 불과할 뿐 월등한 철학과 방안은 없다.

그래서 교만하고 독선적인 것과는 정반대로 길거리와 시장바닥을 웃고 돌아다니면서 표를 구걸하는 앵벌이와 호객꾼 노릇을 답습·반복할 수밖에 없고, 결국은 실패와 불명예와 비극적인 말년이다.

대통령을 꿈꾸는 인물들에게 상식적인 질문을 던져 본다.

첫째, 5천 년 역사와 현대사에서 국민 모두에게 진심으로 존경받는 대통령이 있었는가?

둘째, 자신은 대통령으로 존경받거나, 성공할 것으로 생각하는가?

셋째, 지금 자신과 함께하고 있거나, 자신을 둘러싼 측근들이 당신을 성공으로 이끌어 주거나, 존경받게 해 줄 것으로 생각하는가?

실제로 대한민국은 어떤 인물이 대통령에 당선되어도 참담한 실패와 비참한 말년은 받아 놓은 밥상과 같다.

이승만, 윤보선, 박정희, 전두환, 노태우, 김영삼, 김대중, 노무현은 성공과 존경과 아예 관계가 없고, 임기 중에 쫓겨나고, 부하에게 피살되고, 감옥에 가고, 자살하고, 자식들과 형까지 부정과 비리로 감옥에 가고, 민족의 비극(분단)을 악용해서 명예(노벨상)를 탐하고, 적을 도와주고, 독재하고, 무능하고, 부패하고, 민주주의에 역행하고, 나라와 국민에 역적 짓들을 저질렀다.

(※ 당시는 17대 대통령 선거기간)

좀 더 솔직하게 표현하면 나라와 국민을 바르게 이끌어 가야 할 대통령들이 결국에는 자신이 평생 지녔던 자기 이름 석 자도 제대로 관리·유지하지 못할 정도로 실패와 불명예와 비운과 죄인들로 마감했으며, 독재 세력도 민주화 세력도 모두 자유민주주의 정착에 실패했다.

피박에 독박까지 썼던 대통령들

한국은 실패할 때마다 대통령이 피박에 독박까지 썼고, 측근들은 비겁하게 배신해서 대통령을 사지로 처박거나, 기어코 살아남기에 급급했다. 이에 따라서 현대사 내내 실패와 악순환과 비열한 책임 전가로 일관하는 비겁한 정치인들이 정치생명을 연장했고, 참신한 인물들과 유능한 인재들이 빛을 볼 수 없었으며, 대한민국은 잠재력도 신선함도 건전함도 잃어 갔다.

친일파 청산도 비열하기는 마찬가지

우리는 일본에 나라를 빼앗겼음에도 국가적이고 국민적인 접근과 분석과 반성과 대책은 세우지 않았고, 또다시 우리끼리 잔악한 짓들(친일파 청산, 친일 인명사전 제작)을 저질렀다.

당시에 우리는 조정이 어떤 상황이었고, 우리 민족의 관심사는 무엇이었으며, 왜 그토록 우리가 허약했고, 나라까지 망해 먹고 빼앗겼는지 최소한의 원인 분석도 반성도 하지 않았고, 몽땅 이완용과 극소수 친일파에게 독박을 씌워 버릴 정도로 야비했으며, 그것도 정치적인 목적과 경쟁 세력 제거와 나라를 장악하려고 국민 정서를 왜곡·악용했다.

우리의 실체와 분수도 파악하지 못하는 대통령(후보)들

우리는 역사 내내 심한 차별과 착취와 학대로 엉망진창이었고, 현대사에서도 독재와 민주화(비난과 시위)와 투쟁으로 일관하는 등 우리끼리 혼란해지고 대립하고 적대시하고 분열했다.

그런데 대통령 예비후보들은 '선진국 실현'도, '경제도약'도, '국민통합'도, '개혁'도 거침없이 장담했고, 저능아인지 사기꾼인지 망국의 역적인지 구분할 수 없는 연속이었다.

현재 언론에 부각 된 대통령(예비) 후보들이 역대 대통령들의 실패를 분석한 흔적은 없고, 참담한 우리 역사와 문화와 민족성에 대한 실체는 물론 자기 자신의 주제와 분수도 파악하지 못했다.

대통령의 실패를 미리 '호언장담'한다.

'차기(17대) 대통령에게 이승만 대통령부터 현 노무현 대통령까지의 모든 권한과 장점과 능력까지 한꺼번에 부여해 줘도 99.5% 성공할 수 없다'라고 호언장담한다.

(※ 이후에 이명박과 박근혜와 문재인이 대통령에 당선되었다. 하지만 실패에 대한 필자의 확신과 경고는 정확했다. 차기(20대) 대통령도 지금까지의 연장선에서 대통령직을 수행하면 실패는 받아 놓은 밥상과 같다.)

필자는 김대중의 취임 전에 95% 실패'를 예고·경고했고, 노무현(후보)에게는 개혁안을 직접 손에 건넸음에도 무용지물이었으며, 99% 실패를 경고했다.

(※ 이후 내용 증명으로 이명박의 99.98% 실패를, 박근혜의 3,000% 성공 불가능을 3차례나 경고·발송했다. 문재인은 망국의 대역 죄인은 물론이고 인간적으로 부족함도 잘못도 부끄러움조차 모르는 파렴치한 인간으로 전락할 수밖에 없다.)

이는 대통령들이 출생 환경, 부모 영향, 성장 과정, 인연 관계, 인생

여정을 모두 고려했을 때 지극히 열악하고 열등하고 무지하고 어리석기는 마찬가지였기 때문이다.

이토록 열악·열등함 속에서 선배 대통령들이 감히 어떻게 처방전을 마련해서 성공할 수 있었겠는가?

- 대한민국의 국운은 민족성과 문화와 무의식과 인간성과 인간관계가 종합되어서 결정된다. 그런데 우리는 인류사에서 가장 수준 높은 자유민주주의에 모든 면에서 역부족이었고, 현대사 내내 실패와 악순환과 수많은 희생으로 대가도 죗값도 치러야 했다.
- 이를 똑바로 깨닫지 못한 채 개인적으로 승승장구하면서 출세해 버린 사람들은 우리의 허약하고 부실한 실체와 상처받은 환부를 똑바로 이해해야 한다. 물론 개천에서 용 나오길 바라는 것과 같다.

3.
반성과 원인 분석에 소홀했던
우리의 실체(과거, 실상)

바다에서 얼음은 8/9이 수면 아래에 감춰져 있다고 한다.

이를 몰랐던 시대에는 얼음을 살짝 비껴가려던 배들의 충돌·침몰 사고가 잦았다.

이때 수면 위의 얼음(1/9)은 해류(수면 아래 8/9)에 의해 움직인다.

얼음의 원리를 인간에게 적용하면

- 인간의 신체와 외모는 눈에 보이는 얼음(1/9)에 해당하고, 내면(본능, 감각, 감정, 생각)은 보이지 않는 8/9에 해당한다.
- 자신이 태어나서 개인적으로 보고 듣고 배우고 경험하고 관계하는 것은 인생의 1/9에 해당하고, 8/9은 자신도 모르는 무의식(역사, 문화, 사회, 환경, 인연, 관행, 습성, 분위기)의 영향으로 진행·결정된다.
- 인간(자신)이 8/9인 내면·무의식에 무지·외면·소홀하면 복잡다단한 현실을 감당·대처·극복·향상·도약하기 힘들어지고, 갖가지 변수들

과 천재지변과 부작용과 불행과 고통과 위기에 휘말리기 쉽다.
- 인간이 눈에 보이는 현실·유행·시류(1/9)로 살아가면 외양과 겉모습에 민감해지고, 8/9(존엄성, 자율성, 질적 가치 등)에 소홀해지기 쉽고, 거시적·장기적·미래지향적인 목표와 방향감각을 잃을 수도 있다.

얼음의 원리를 우리 현대사에 맞춰 보면

우리 현대사의 1/9은 서양에서 모방한 민주주의(법, 제도, 정부, 공무원)와 자본주의(경제, 기업, 사업)와 학교 교육과 직업과 지위라고 할 수 있다.

우리 현대사의 8/9은 우리가 절대적으로 영향받아 왔던 과거이며, 헤아릴 수 없이 많다.

혈·지·학연, 봉건제도, 가부장제, 권위, 가난, 전쟁, 식민지배, 피해의식(탐관오리들의 착취, 양반·상놈 제도), 차별(신분, 직업, 지역, 남녀, 며느리, 아들·딸, 장남·차남), 불합리한 관행, 상부상조(애경사), 어른 공경, 조상 모시기, 상명하복, 즉흥적인 정서(냄비·망각 증세), 당파 싸움, 중상모략, 아부·아첨, 약육강식, 부정부패(뇌물·상납·접대·리베이트), 위·불·편법, 특권·기득권 의식, 갑질 등이라고 할 수 있다.

그로 인해서 우리의 실체와 실상인 8/9을 방치·고수한 채 1/9(법, 문명, 지식, 학문, 산업, 유행, 소유, 학벌 등)에 급급했고, 1/9에서 거둔 결실의 상당 부분을 8/9을 위해서 사용했다.

그나마 다행이고, 결국은 또 마찬가지였던 점

다행인 점은 해방과 6.25 남침으로 우리의 8/9(역사, 문화, 민족성)이 실질적으로 기능하지 못했다는 사실이다. 덕분에 우리 현대사는 모방(1/9)일지라도 100% 서양(민주주의, 자본주의, 법, 제도 등)을 받아들일 수밖에 없었다. 그래서 1/9일지라도 8/9(과거)과 관계없이 완전히 다른 모습으로 시작·변화·발전했다.

더욱 다행은 서양을 모방했던 1/9(민주주의, 자본주의) 중에서도 자본주의 시스템은 우리 것이 아예 없었다. 그래서 제대로 효과를 보았고, 획기적으로 성공했다.

그런데 자본주의가 어느 정도 궤도에 오르자 또다시 과거의 것들이 개입되고 섞어졌고, 부작용과 병폐들을 쏟아 내는 등 긍정·부정과 장단점이 동시에 진행되었다.

민주주의는 더 큰 한계들에 봉착

민주주의는 시작부터 지금까지 비민주적·비인간적이었던 우리가 개입될 수밖에 없었고, 자본주의(부, 부정, 비리)가 추가되면서 파란만장하게 전개되었다.

이처럼 우리는 지식과 학문과 문명과 자유민주주의와 자본주의를 실시했지만 8/9(서양의 밑바탕)인 진지한 과정(휴머니즘·존엄성·자유의 구현·질적 가치 추구·공통의 지향점 등)이 결핍되었고, 결국은 8/9(후진성)을 반성·극복하지 못했으며, 이러한 연장선에서는 수준 높은 자유민주주의는 불가능에 가깝다.

우리가 인정하고 명심해야 할 점

　우리의 뿌리는 지주·소작농들이었고, 양반·상놈들이었으며, 탐관오리나 머슴들이었고, 수천 년을 우리끼리 차별·착취·학대했던 조상들과 후진 문화였다.
　이는 우리가 가해자와 피해자라는 입장만 다를 뿐 보고 듣고 자라고 영향받은 무의식(문화, 관행, 인간관계 형태와 방식 등)이 똑같다는 이야기다.
　어쨌든 우리는 갑자기 가방을 들고 학교에 다니게 되었고, 머리로 서양의 지식을 암기해서 순위와 당락을 경쟁했으며, 사회로 배출되어서 열심히 일했고, 잘살게 되었다.
　불과 몇 년 만에 누군가는 최고 수준의 자유민주주의를 이끌어 가야 할 대통령이 되었고, 또 다른 사람들도 국무총리, 장·차관, 고위공직자, 국회의원, 지식인, 언론인, 법조인, 전문가들, 기업가들로 외양이 바뀌었다.
　이처럼 우리는 껍데기(1/9)를 서양(양복, 넥타이)으로 바꿔 입었고, 흉내 냈지만 실제로 우리의 뿌리는 근본적으로 달라지지 않았다.

　첫째, 우리는 역사와 현대사에서 존엄성과 자율성 등 밑바탕(8/9)이 부실했고, 생소한 자유민주주의를 흉내 내는 것도 버거웠다.
　둘째, 급격한 변화에 너무 힘들고, 바쁘고, 지치고, 쫓겨 다니느라고 다른 것을 생각할 겨를이 없었다.
　셋째, 단기간에 참담했던 과거(8/9)에서 외관과 외형(1/9)일지라도 완전히 달라질 정도로 변화·발전했다.

넷째, 눈에 보이는 1/9에 혈안이고 만족하고 안주하다가 또다시 서로를 원망·질시·혐오·투쟁·공격·끌어내리는 참담한 역사(8/9)를 재현했다.

다섯째, 갈수록 부작용과 병폐와 문제를 쏟아 냈고, 더는 버텨 낼 수 없을 정도로 총체적인 한계와 위기와 위험에 직면했다.

여섯째, 이제라도 엉망이었던 진짜 요인들(8/9)을 분석하고 반성하고 정리해서 인물과 인재를 발굴하고, 참신한 아이디어를 찾아내고, 획기적인 전환점을 만들어야 한다.

일곱째, 한동안이라도 종교든 과거든 잘못이든 최대한 내려놓아야 하고, 오직 '대한민국의 자유민주주의 정착과 그를 위한 국민의 의식 향상'에 전념해야 한다.

여덟째, 서로에 대한 포용·승화·용서·화합을 전제로 처벌해야 하고, 다시는 불순·방해 세력이 꿈틀거리지 못하도록 완벽하게 조치·정리하고, 남북통일에 심혈을 기울여서 국제사회에 진 빚을 갚으면서 모두 함께 더 나은 세상과 미래로 나아가야 한다.

아홉째, 이는 우리 모두의 잘못과 책임과 의무와 권리와 사명과 숙명이고, 국민의 의식 향상과 국가적인 대전환점 마련이 유일무이한 대안이고 지름길이다.

열째, 대한민국의 국운은 대기만성형이며, 우리 역사와 현대사는 찬란한 국운을 맞이하는 데 필요한 산전수전·백병전·악전고투의 과정이었고, 이를 거역하는 사람과 세력은 급격히 몰락할 것이며, 만일 앞으로도 우리 국민이 반성하지 않거나, 대대적인 전환점을 만들어 내지 못하면 국내외적으로는 물론 인류사적으로도 훨씬 더 참담한 죗값(전쟁 등)을 치르면서 희생양으로의 전락을 각오해야 한다.

4.
비운의 제19대 대통령에게
(대통령 선거 전날 작성)

(※ 필자가 '가소로운 제19대 대통령에게'라는 제목으로 대통령 선거 전날 (2017.5.8.) 작성해서 블로그에 올려놓았던 내용을 그대로 소개한다. 물론 필자는 문재인의 당선을 예상하고 답답한 심정을 피력했는데 결국에는 절대 당선되면 안 되는 문재인이 당선되었고, 내용에 대한 평가는 각자에게 맡긴다.)

대한민국의 제19대 대통령 당선인에게 축하를 보낸다

'축하'라는 표현은 의례에 불과하고, 사실은 걱정이 99%다. 왜냐면 누가 대통령에 당선되든 어떤 식으로 임기를 시작할지, 어떠한 상황들이 전개될지, 그에 따라 어떤 문제들이 초래될지, 어떻게 실패할지 두 눈에 선하기 때문이다.

대한민국의 국운과 국민의 안전과 행복과 후손의 장래까지 곧 당선될 대통령과 측근들에 의해서 좌우되는 만큼 냉정하게 표현할 것이며, 대통령과 가족과 측근들은 훨씬 더 냉정하고 진지하게 받아들여야 한다.

대통령과 측근들이 자각하고 명심할 점

첫째, 여러분은 양반 놈들과 상놈들의 후손들에 불과하다.
대통령이든 핵심 측근이든 기껏해야 역사에서 나라를 망해 먹고, 빼앗기고, 머리를 조아리고, 허리를 굽실거리면서 우리 앞가림도 못했던 봉건왕조·양반·관리들과 상놈들의 후손들에 불과함을 명심해야 한다.

둘째, 건방지면 절대 안 돼
여러분보다 훨씬 더 유능하고 똑똑하고 막강했던 역대 대통령들이 전부 실패했다.

그런데 여러분은 이미 실패해 버린 역대 대통령들의 연장선에서 당선되었거나, 선배 대통령들을 등에 업고 정치하고 출마해서 당선되었다. 다시 말해서 여러분도 실패와 악순환에서 벗어날 수 있는 적극적인 방안이 없고, 선배들이 부패와 무능과 독선으로 나라를 망쳤던 요인들에 대한 분석 역시 까막눈에 가깝다.

이는 여러분도 자유민주주의에 역행하고 무관했던 독재와 민주화, 이념('보수와 진보') 갈등과 분열 구도의 잔여 세력에 불과하다는 이야기다. 좀 더 솔직하게 표현하면 여러분이 바로 대한민국의 현대사와 국민의 인간다운 삶을 망쳤거나, 방해했거나, 방조했거나, 도움이 되지 못했던 주역(주범)들이다.

따라서 지금부터 석고대죄·대오각성·개과천선해야 하고, 그래도 턱없이 부족할 수밖에 없다.

이런 점들을 명심해서 대통령 당선과 동시에 축제 분위기를 연출해 내거나, 안하무인으로 도도해지고 건방져지면 안 된다.

셋째, 여러분은 실패는 물론 비참한 말로는 받아 놓은 밥상

지금 여러분의 생각, 관계, 방법들은 거의 100% 실패의 대로와 악순환의 전철을 되밟을 수밖에 없음을 깨달아야 한다.

여러분이 실패와 악순환에서 벗어나려면 지금의 생각과 관계와 방법을 최대한 버려야 한다는 이야기다.

반대로 적극적으로 국민에게 물어보고, 의견을 수렴하고 존중하고 종합하면 참담한 실패(확률)를 조금씩 줄여 갈 수는 있다.

넷째, 대한민국은 특이하고 특별한 나라

대한민국은 전 세계 국가들에서 쉽게 찾아볼 수 없을 정도로 특이하고 특별한 나라다. 역사 내내 우리는

- 합리적인 세계관과 인생관과 가치관의 부재로 공통의 지향점을 만들지 못했고, 자중지란에 빠져서 앞가림하지 못했으며, 모래알처럼 각자도생인 채 내부 분열로 대립과 위기와 혼란과 망국을 자초해 왔다.
- 우리는 수천 년을 거대한 중국으로부터 무수한 침략과 괴롭힘을 당했다. 하지만 중국의 속국으로 흡수되지 않았고, 독창적인 언어와 문화를 유지하면서 버텨 냈다. (우리가 중국보다 훨씬 더 대단한 나라)
- 우리는 일본에도 무수히 침략당하다가 나라까지 빼앗겼지만 결국은 전 세계가 놀라고 인정해 줄 정도로 발전과 번영을 이뤄 냈다.
- 더욱 기적적인 것은 지구 반대편의 초강대국인 미국과 동맹이 맺어졌고, 덕분에 거대한 중국과 침략적인 일본과 대등한 관계를 유

지해 왔다.
- 우리는 참담했던 역사와 민족성은 물론 혼란했던 현대사와 국민성을 적극적으로 반성해야 했고, 반성해도 부족한 상황이었다. 왜냐면 역사에서 우리끼리 차별·착취·학대하면서 민족성과 문화가 망가졌고, 현대사에서는 우리끼리 대립과 분열과 위기와 혼란 속에서 서로를 적대시했기 때문이다.
- 우리는 75년째 독재와 민주화에서 투쟁과 혼란과 위기를 반복했고, 그런데도 최단기간에 기적적인 발전을 이뤘으며, 국민의 삶이 양적·질적으로 몰라보게 좋아졌고, 힘들게나마 자유민주주의 체제를 유지해 왔다.
- 그뿐 아니라 다른 나라들이 깜짝 놀라거나, 부러워할 정도로 각 분야에서 두각을 나타내면서 무한히 발전할 수 있는 저력과 잠재력을 축적해 가는 중이다.

이처럼 우리는 대내외적으로 숱한 위기와 고난을 겪었지만, 발전된 오늘날에 이르렀고, 대통령과 측근들은 이를 명심해서 섣부른 짓은 절대 하지 말아야 한다.

다섯째, 포용 정치와 용서 정치를 적극적으로 펼치되 보복과 대립과 분열 정치는 임기도 채우기 어려워

대한민국은 역사도 현대사도 심각한 문제들로 가득하다. 여러분도 개인 위주의 호의호식과 입신양명과 부귀영화의 연장선에서 수신제가와 치국평천하와 영웅호걸이라는 출세 일변도와 권력 지상주의로 살아왔거나, 지금도 이러한 것들을 강력하게 소원하거나, 크고 작은 영향들을 받아 왔다.

그래서 누구보다 여러분이 망국의 원인이고, 개혁 대상이고, 청산 대상이며, 성공은 감히 꿈도 꿀 수 없는 수준들이다.

따라서 여러분은 누군가를 비난하고 공격하고 분노할 자격이 없다.

이는 도토리 키 재기에 불과한 우리 모두를 여러분이 적극적으로 포용하고 승화하고 용서하고 화합하는 등 큰마음이지만 사실은 당연한 마음으로 나아가야 한다는 이야기다. 그렇지 않으면 제대로 임기도 채우지 못하고 망치거나, 무너질 수밖에 없다.

여섯째, 추한 짓들과 더러운 꼴들을 그만 보여야 한다.

어떻든 우리 국민은 오늘의 대한민국이 있기까지 열심히 일했고, 죽기 살기로 노력했으며, 치열하게 경쟁했다. 하지만 기업들은 술 접대와 골프 접대와 리베이트까지 제공했고, 밑바닥 서민들은 불행과 고통을 부담해 왔다.

하지만 이러한 문제들을 근본적으로 바로잡아야 할 대통령들이 실패를 반복했고, 정치인들과 언론인들과 지식인들은 부정·비리와 유유상종의 관계 문화에 젖어서 추한 모습들을 연출해 냈으며, 국민은 꼴사나운 사람들과 모습들을 수없이 지켜보면서 실망과 좌절이 깊어졌다.

실제로 권력과 정치는 매번 실패했으며, 대통령마다 권력욕에 눈먼 것처럼 일회용 정당들을 급조해 냈다.

이승만(자유당), 윤보선(민주당), 박정희(민주공화당), 전두환(민주정의당), 노태우(민주자유당), 김영삼(신한국당), 김대중(새천년민주당), 노무현(열린우리당), 이명박(한나라당), 박근혜(새누리당), 지금은 더불어민주당과 자유한국당과 국민의당과 바른정당과 정의당이 있다.

이는 우리 국민과 대통령들이 국가의 정통성 확립과 국민적인 명분을 확보하지 못했던 증거들이고, 정치 철학과 미래 비전과 추구할 지향점이 없었기 때문이며, 단지 대통령 당선을 위해서 국민을 기만하고 이용했고, 국민이 계속 놀아나고 휘말렸다는 이야기다.

심지어 그간에 생겨났던 정당들이 모두 망해서 없어졌음에도 대통령(후보)들은 이미 실패해 버린 대통령들을 등에 업고서야 어렵사리 당선될 정도로 한심했고, '이념'(보수·진보) 구도와 지역 정서(갈등)를 이용해서 당선되었다.

사실 이는 지도자의 자격과 자질을 언급할 필요조차 없이 인간적으로도 상식적으로도 용납될 수 없는 참담한 수준이었다.

일곱째, 대통령은 대한민국을 선진 복지로, 국민을 선진 의식으로 도약시켜서 영웅이 되든지 아니면 나라도 국민도 망치는 역적이 되든지 하나만을 선택해라.

만일 대통령이 나라와 국민을 선진국으로 안내하는 영웅이 돼 보려고 최선을 다한다면 실패의 대로와 악순환의 전철에서 겨우 벗어날 수는 있다. 그렇더라도 국민에게 박수와 찬사와 존경을 받기는 어렵다.

왜냐면 우리 국민은 누군가를 자기 이상으로 존중하거나, 신뢰하거나, 밀어주는 것에 너무 인색하기 때문이다. 특히 우리는 누군가를 존경해 주는 적극적인 DNA(인간미, 사회 분위기, 인자, 형질, 경험, 기억)가 희박하거나, 오래전에 말살되어 버렸다.

그로 인해서 수천 년 동안 왕권주의, 봉건주의, 신분제도, 차별과 착취, 부정부패 등 후진적인 문화와 민족성과 인간관계를 개선하지 못했고, 체제 극복 능력과 자기 정화 능력이 상실되었으며, 변명과 원망과 책임 전가에 익숙해졌고, 그로 인해서 지도자로서의 통솔력과 자유민주주의 정착과 선진 복지국가 실현에 실패한 채 대가와 죗값들을 치르고 있다.

따라서 여러분이 대통령직을 영웅처럼 잘 수행하더라도 진정한 평가는 미래(후대)로 넘겨 두고, 실패와 악순환에서라도 벗어나기 위해서 죽기 살기로 최선을 다해야 한다.

여덟째, 대한민국은 헌법과 지위와 경력으로 해결 불가능하다.

그간에 대한민국은 헌법과 정책과 정부와 지위와 지식과 경력과 경험으로 나라와 국민을 이끌었다. 하지만 오랜 세월 누적된 문제들과 부작용들과 병폐들도 제대로 해결해 내지 못했고, 지금도 똑같다.

따라서 대통령이 실패하지 않기 위해서나 성공하기 위해서는 그간에 눈에 보이지 않았고, 눈으로는 볼 수 없었던 후진적인 문화와 국민성과 인간관계와 무의식을 바로잡아 가야 한다.

아홉째, 제19대 대통령과 핵심 측근들은 이러한 내용을 통달해야 한다.

만일 여러분이 누군가(세력, 정당, 인물 등)를 죽이려고 하면 여러분이 먼저 죽고 다치거나, 결국은 모두 함께 죽고 다칠 것이다.

따라서 남을 해칠 여유와 여력이 있으면 대한민국을 총체적으로 끌어안고 고민하고 연구하고 반성해서 적극적인 해결 방안과 근본적인 원인 분석을 진행해야 한다.

여러분이 또다시 추한 꼴들과 더러운 꼴들을 자행한다면 대한민국의 신성한 국운과 화난 국민이 당신들을 절대 용납·용서하지 않을 것이라는 점을 명심해서 끝까지 긴장의 끈을 놓지 말아야 한다.

문재인의 '한반도 운전자론'에 대한 의혹과 의구심

(※ 문재인이 대통령일 때 작성한 내용을 그대로 소개한다.)

문재인은 대통령에 당선된 이후 언행이 과거와 심하게 달라졌고, 오히려 반인륜·반인권·반민족적인 인간 말종 짓과 역적 짓들을 자행하고 있다. 다시 말해서 전략적으로 북한의 독재 세습 정권에게 저자세를 취하는 것이 아니라 북한의 독재 세습 정권과 중공의 시진핑(황제) 정권에 직간접으로 깊이 연관되어 있지 않고서는 도저히 보일 수 없는 짓들로 일관하고 있다.

아마도 문재인은 북한과 중공과의 연계(개입, 지원, 조작 등)로 대통령에 당선되었고, 당연히 임기 시작부터 북한과 중공에 진 신세를 의식할 수밖에 없었을 것으로 생각한다. 그렇지 않다면 저토록 저자세로 비굴하지는 않았을 것이다.

그래서 문재인은 북한과 중공에 맞춰 주고, 신세를 갚아야 하지만 현실적으로 쉽지 않고, 대한민국을 이끌어 가고 책임지는 대통령으로서의 소임을 다해야 함에도 그것도 쉽지 않은 이중의 딜레마를 안고 임기를 시작했다고 생각한다.

실제로 문재인은 대통령에 당선되기 전과 후가 180도 달라졌고, 상식과 양심을 조금이라도 지닌 사람들은 이해도 상상도 할 수 없는 몰상식한 사기 쇼와 역적 짓들로 뻔뻔하게 당당한 모습까지 연출해 가면서 버텨 가고 있다.

이러한 이야기가 사실이라면 문재인은 북한과 중공(시진핑과 공산당)에는 대통령 당선(지원)에 대한 빚을 갚아야 하는 부담은 물론이고 빚을 갚지 못했을 때 시달릴 협박과 무례와 폭로에 의한 위험을 예상·의식할 수밖에 없었을 것이다. 그래서 문재인 일당은 아예 임기 시작부터 북한 정권과 중공에 충성·협조하든지 아니면 눈속임이라도 하려는 사기와 생색내기 전략 전술로 주도권(한반도 운전자론)을 쥐고 위기와 위험을 모면하면서 임기를 보장받으려고 했을 수도 있다.

그래서 문재인은 자신의 대명사처럼 사용해 왔던 '인권'을 내던진 것은 물론 상식과 양심과 자존심과 체면도 팽개쳤고, 마치 독재 세습 정권을 위해서 별별 것을 다 해 줄 것처럼 적극적인 생색내기 말장난과 국제사회를 상대로 기만용 사기 쇼를 조작해 냈다.

실제로도 문재인 일당은 '한반도의 비핵지대화'라는 북한(김일성)의 주장을 마치 '북한의 비핵화'처럼 사기 쇼를 연출해 냈고(트럼프도 당했고), 올림픽에서 평화 쇼를 조작해서 김정은 띄워 주기에 혈안이었으며, 백두칭송위원회를 통해서 김정은 정권의 비위 맞추기에 안달이었고, 실현 불가능한 금강산 관광과 개성공단 재가동과 철도개발사업과 일방적인 퍼 주기 발표와 굴종적인 하수인 외교, 반인륜 범죄자·세습 독재자인 망나니·철부지 김정은의 대변인이라는 국제사회의 비난 감수, 김여정의 지시를 적극적으로 따르는 하수인 노릇에 충실했다.

하지만 문재인으로 인해서 가장 치명적으로 피해 입은 머저리는 김정은이고, 이어서 문재인의 측근들과 종북좌파·주사파·중공몽 세력이며, 이어서 절대다수 국민이고, 마지막으로 문재인 본인과 가족이다. 왜냐면 문재인은 양심도 상식도 수치심도 없이 끝까지 뻔뻔함을 유지할 것이고, 함께했던 일당들을 모두 망쳐 놓은 이후에 비참한 말로에 도달할 것이기 때문이다.

문재인은 초기부터 지금까지는 김정은에게 실제로 충성하지 못한 이유와 책임을 미국과 국제사회의 대북 제재 탓으로 돌릴 수 있었다. 하지만 이제부터는 그러한 술수와 거짓말이 먹히지 않을 것이고, 그에 의한 국내외적인 죗값은 문재인과 그 일당의 몫이 될 것이다.

문재인의 독재 실패와 종북좌파·주사파·중공몽 사대주의자들의 급격한 몰락과 붕괴

문재인과 종북좌파·주사파·중공몽 사대주의 세력은 교활한 사기 쇼와 노골적인 역적 짓들을 지능적이고 저돌적으로 취해 나갔다. 그러한 배경과 동기에는 아마도

첫째, 북한과 중공에 코가 꿰인 것을 적극적인 태도로 숨겨야 하고,

둘째, 임기 내내 북한과 중공의 도움을 받아야 하고,

셋째, 남한의 권력기관과 언론을 장악해서 장기 집권과 영구 집권을 도모하고,

넷째, 여론(조사)까지 장악하고, 중공과 북한과 연계해서 여론의 안정적인 지지율을 유지해 가려고 했던 것이 아닌가 의심된다.

하지만 중공과 북한이 우리보다 더 극한의 위험으로 전락 중이며, 중공과 북한과 최소한의 협력관계도 유지하기 어렵고, 국내에서는 가장 중요한 검찰을 완전하게 장악하지 못했으며, 갈수록 정권 내부의 추악함과 비리가 불거지고, 신뢰가 끝없이 추락 중이며, 가까운 핵심 중 쓸 만한 인간은커녕 망가진 사람들로 가득하다.

아마도 지지율이 60%를 유지했다면 고려연방제든 적화통일이든 종전 선언이든 미군 철수든 당당하게 몰아붙였을 것이다.

하지만 그러한 야욕과 무지와 무능과 불법과 조작과 역적 짓들이 계속 드러났고, 코로나바이러스에 의존해서 실정과 실패를 눈가림하는 지경으로 전락했으며, 이제 참담한 실패와 비참한 말로와 종말이 본격화되는 지경이다.

어떻든 지금까지는 그럭저럭 버텨 왔다.
그럼 문재인이 현재의 여세를 몰아서 독재에 성공하고, 장기·영구 집권이 가능할 것인가? 아니면 문재인이 자신의 주군인 김정은과 시진핑까지 끌어안고 급격히 몰락할 것인가? 동시에 '진보'로 위장했던 종북좌파·주사파·친중·반미세력이 와르르 몰락하지 않을까?
물론 거의 모든 면에서 문재인과 그 일당의 미래가 순탄치 않다는 것은 삼척동자도 알 수 있다. 하지만 이러한 모든 가능성은 전적으로 건전 다수 국민 의식 수준에 의해서 결정되고 좌우된다.
아마도 대한민국의 현대사와 역사를 망라해서 문재인처럼 거짓말을 밥 먹듯이 해 버린 저질·악질은 없었을 것이다.
그러면 문재인은 왜 거짓말을 밥 먹듯이 했을까? 이에 대한 이유에 대해서 필자는 두 가지라고 생각한다.
하나는 문재인의 인간성이 출생도 성장 과정도 거짓과 위선과 가식과 말장난과 조작과 궤변과 저질 공산주의자이기 때문이고, 다른 하나는 독재 세습 정권과 중공의 시황제 독재 권력에 코가 꿰이고, 빚을 졌기 때문이라고 생각한다.
만일 문재인이 진정한 자유민주주의자로서 북한과 중공을 함정에 빠뜨리려는 고도의 전략·전술이었다면 국민에게 최고로 존경받는 대통령이 되고 있을 것이고, 국제사회에서도 훌륭한 지도자로 평가받을 것이다. 하지만 머잖아서 대통령으로서의 예우 박탈은 물론 남은 인생의 대부분을 감옥에서 썩게 될 가능성이 농후하다.

문재인의 몰락과 종북좌파와 주사파와 친중·반미세력의 붕괴는 독재(이승만, 박정희, 전두환) 세력과 민주화(김영삼, 김대중) 세력과 진보(노무현, 386) 세력과 보수(이명박, 박근혜)세력과 잔챙이 보수(황교안, 김종인 등)세력의 몰락에 이어서 오히려 대한민국은 획기적인 전환점으로 연결될 절호의 기회다.

미국에서 문재인의 친미적인 발언들(위장·사기·연막)

갑자기 문재인이 미국에서 했던 친미적 발언들은 잠시만 생각해도 끔찍하다.

또 다른 위장술과 속임수와 연막이거나, 엉큼한 흉계를 꾸미면서 숨기려는 반증일 가능성이 농후하기 때문이다. 문재인과 그 일당은 대통령 선거기간과 대통령 취임식 때도 대외적으로 했던 이야기와 180도로 달라졌고, 사실은 사기꾼들과 공산주의자들보다 훨씬 더 망가졌으며, 호락호락 쉽게 물러나지 않을 것이 자명하다.

설사 문재인 정권이 끝날지라도 이미 엄청난 재정 지출과 이권 개입 등 천문학적인 축재를 했을 수 있고, 이대로 조용히만 끝나면 무조건 이익(?)과 횡재(?)일 것이다.

실제로 문재인 정권이 끝나더라도 현재의 연장선에서는 보수(세력, 지지층)가 너무나 지리멸렬해서 저들이 탕진하고 축재한 막대한 자금을 신속하게 환수할 가능성은 극히 희박하다.

보수와는 반대로 저들은 과거(일제, 6.25)까지 모두 끌어내서 끝까지 애국지사들을 수렁에 몰아넣는 악질들이다. 이제 우리 국민은 지구 끝까지든 지옥까지라도 기어코 추적해서 모두 토해 내도록 만들어야 하고, 다시는 인간 말종들이 머리를 내밀지 못하도록 철저하게 조치해야 한다.

5.
안철수와 홍준표와 유승민에게 분개·통탄을
(19대 대통령 선거기간에 작성)

(※ 여기 내용은 제19대 대통령 선거기간에 문재인의 당선을 확신한 필자가 애타는 마음으로 '여권의 후보 단일화'를 학수고대하면서 정리한 내용이다.)

만일 당시에 홍유안(홍준표·유승민·안철수)이 문재인의 대통령 당선이 나라와 국민에게 얼마나 치명적인지조차 몰랐다면 '지도자의 자격'에 현저히 미달이었고, 알면서도 단일화에 목숨 걸지 않았다면 권력욕에 눈이 멀어서 나라를 역적 놈에게 넘겨준 나쁜 놈들에 불과했으며, 참으로 통탄할 지경이 아닐 수 없었다.

결국은 문재인이 당선되었고, 예상대로 망국의 역적 짓들로 일관했으며, 보수도 중도도 국민도 문재인을 끌어내리지 못했고, 문재인 일당을 강력하게 억제하고 견제할 건전 다수의 애국 세력도 규합하지 못했으며, 어떠한 고무적인 현상도 없이 지금에 이르렀다. (여론 조사든, 여론 조사 기관이든 제대로 상대하지 못한 것이 보수·우파의 실체와 실상이었다.)

이처럼 보수세력과 후보들조차 분열·무능·무기력해서 문재인을 당선시킨 무지와 무능과 무책임에 대한 죄책감으로 지금쯤은 자연인으로 돌아갔어야 할 홍유안이 또다시 재기를 노리거나, 배후에서 암약(조정)하는 지경이다.

한 가지 명확한 사실은 4년 내내 수심으로 가득했던 우리 국민과 지극히 위험해진 대한민국인데도 홍유안은 최소한의 반성조차 하지 않았고, 적극적인 대안 마련에도 무관심하며, 원인 분석과 나아갈 지향점도 제시하지 못한다는 사실이다.

이에 홍유안은 물론이고 생각과 말만 애국자인 무능한 보수 지지자들과 도대체 뭐가 뭔지 모른 채 결과와 껍데기만 보고 뒤늦게 성화인 우리 국민성에 대해서 통탄하지 않을 수 없다.

이어서 당시에 정리한 글의 핵심을 소개한다.

(2017.4.23. 작성, 대통령 선거일은 5월 9일)

안철수와 홍준표와 유승민이 살길은 후보 단일화뿐

나라와 국민이 위태로워지는 최악의 상황에서 벗어남과 동시에 획기적인 전환점을 위해 너무나도 시급한 내용을 언급한다.

보수·진보의 권력 이동
독재(이승만, 박정희, 전두환)에 신물 난 국민이 저항·투쟁했던 민주화(김영삼, 김대중, 노무현)를 연거푸 지지했다. 그런데 저항과 투쟁과 비난으로 일관해 왔던 세 명이 계속 실패했고, 환멸을 느낀 국민은 이승만과 박정희에 대한 향수와 함께 그들의 인물됨과 업적을 이해·인정하게 되었다.

그래서 다시 보수(이명박, 박근혜)를 대통령으로 뽑았다. 그런데 보수 역시 실패해서 무너졌고, 정권은 다시 진보로 넘어가는 상황이다.

오락가락하던 국민이 나라를 망칠 위기

국민의 기대가 다시 진보로 이동하면서 위험한 문재인을 지지해 주는 위기 상황이다.

이는 구한말에 나라가 위태로울 때 상놈들이 (아무런 반성도 대안도 고민도 없이) 양반으로 둔갑했고, 조정과 양반들에 이어서 백성들까지 망국에 가세했던 짓이 또다시 재현되는 상황이다.

심지어 중도 계층도 보수에 환멸을 느낀 나머지 "보수는 안 된다."라는 보수 기피 현상이 노골화·기정사실화되었다. 이는 난국에 우리끼리 더욱더 분열해서 기어코 망국을 앞당겼던 것과 똑같은 맥락이다. (사실은 문재인이 부정선거로 당선된 점도 배제할 수 없다. 이는 관계 기관 대부분이 이미 포섭·장악되었다고 볼 수도 있고, 이 또한 그대로가 망국적인 역사와 민족성과 관행을 판박이로 재현하는 셈이다.)

세(안철수, 홍준표, 유승민) 후보에 대한 지지자들의 생각

그럼 세 후보를 지지하는 국민의 심정은 어떨까.

첫째, 안철수와 홍준표와 유승민을 지지하는 유권자들 대부분이 실제로는 적극적인 지지자들이 아니다. 자신이 지지하는 후보에 대해서 별로 신뢰도 기대도 하지 않음에도 마땅한 인물이 없어서 울며 겨자 먹기로 지지한다는 이야기다.

둘째, 세 후보를 지지하는 보수 성향의 지지자들도 문재인이 당선되면 안 된다는 사실에는 이견이 없다.

셋째, 세 명의 후보도 문재인이 당선되면 얼마나 위험한지 알고 있고, 실제로도 문재인을 비난하고 있다. 역시 제각각 대통령 당선을 장담하고 큰소리(허풍)치는 것과는 달리 마음속에서는 문재인의 당선이 유력·확실하다는 것도 알고 있다.

넷째, 그간에 대한민국은 독재뿐만 아니라 보수·진보라는 진부한 이념 구도에 의존해서 당선되었던 대통령들이 참담하게 실패했고, 낡아빠진 이념과 분열 구도로는 대한민국을 조금도 해결할 수 없고, 망국으로 치달을 뿐이다.

문재인보다 더 위험한 후보가 사실은 안철수와 홍준표와 유승민

문재인이 대통령에 당선되어서 나라를 망치기도 전에 먼저 나라와 국민을 위험에 빠뜨리는 것은 세(안철수, 홍준표, 유승민) 후보다. 왜냐면 보수 적통을 주장하거나, 여기저기 양다리 걸친 세 후보가 보수 지지자들을 세 조각으로 쪼개 놓고 있기 때문이다.

세 명이든 네 명이든 대통령 후보로 나올 수는 있어

첫째, 만일 보수가 성공해서 인기가 높았을 때 세 명이 나선다면 어느 정도는 이해할 수 있다.

둘째, 반대로 보수가 너무나 엉망이어서 세 명이 나선 것도 얼마든지 이해할 수 있다.

셋째, 역시 문재인이 나라와 국민에게 위험하지 않거나, 친북·종북 세력과 아예 무관하다면 세 명이 보수 지지층을 쪼개든 말든 관계없고, 문재인이 당선되어도 관계없고, 보수가 실패한 뒤끝이기 때문에 당연히 문재인이 당선되어야 마땅하다.

하지만 문재인이 대통령에 당선되면 나라도 국민도 지극히 위태롭다는 것을 너무나 잘 알고 있다. 그리고 보수를 지지하는 국민은 문재인의 당선을 가장 크게 우려하고 있다.

그런데도 세 후보는 국민이 무엇을 중요하게 여기는지, 국민이 무엇을 걱정하는지 안중에 없고, 개인적인 태도들을 취하고 있다.

이처럼 세 후보 모두 자신을 지지해 주는 국민의 마음과 걱정조차 헤아리지 못한다면 사실은 대통령으로서 자격과 자질에 미달인 것은 물론이고 지지자들에 대한 예의가 아니고, 표를 구걸할 자격도 없다.

정말 문재인이 대통령에 당선된다면 세 후보 모두 정계에서 떠나라

만일 이런 상태로 일관하다가 문재인이 대통령에 당선된다면 <u>대한민국을 위기로 몰아넣어 버렸거나, 위기를 방치해 버린 가장 큰 주범들이 바로 안철수와 홍준표와 유승민이다.</u>

따라서 대통령 선거에서 낙선과 동시에 현실정치에서 완전히 손을 떼고 은퇴해서 남은 인생을 죄 닦는 죄인 심정으로 살아가야 한다.

세 후보가 만나서 협의해라

상식이 있는 국민이라면 세 후보 모두 아니 다섯 후보(문재인·심상정) 모두에 대한 신뢰도와 기대감이 형편없이 미약하다. 다시 말해서 누가 되든 성공은 불가능에 가깝다는 것을 국민이 잘 알면서도 그래도 덜 나쁘다고 생각하는 후보를 지지해 주는 상황이다.

따라서 세 후보는 즉각 만나서 단일화를 합의하고 이행해야 한다. 물론 현재로서는 단일화가 불가능에 가깝고, 만나더라도 단일화가 쉽지 않을 것이다.

차라리 제비뽑기라도 해라

문재인이 대통령에 당선될 바에는 세 후보가 차라리 제비뽑기라도 해 버릴 각오로 만나야 하고, 단일화에 실패하면 죽음도 불사한다는 각오로 기어코 단일화해야 한다. 어차피 대통령에 떨어져도 죄인이고, 단일화에 실패해도 죄인이고, 만나서 단일화조차 시도하지 않으면 진짜 죄인들이다.

물론 대한민국의 대통령을 제비뽑기한다는 발상이 유치하기 그지없다. 하지만 그간에 정치는 차라리 제비뽑기만도 못할 정도로 엉망이었고, 위험한 인물을 대통령에 당선시키는 것보다는 백 번 더 용감하고 현명한 결정과 처사가 될 것이다. 정상적인 단일화 논의와 협의와 결과까지는 많은 시간과 걸림돌이 있을 수밖에 없다. 그래서 차라리 제비뽑기가 이것저것에 신경 쓰지 않고, 오직 하늘에 맡기고 승부를 낼 수 있는 가장 쉽고 공평한 방법일 수도 있다.

(※ 필자는 선거 막바지에 후보 단일화가 너무 다급하고 초조해서 차라리 "세 후보가 온 국민이 지켜보는 TV 생중계를 통해서 '가위바위보'로 후보를 결정해 버려야 한다."라고도 주장했다.)

반드시 단서(전제 조건)가 있어야 만남도 협의도 단일화도 가능해

지금 세 후보가 가지고 있는 방안들과 방법들은 대단한 것이 없고, 당선도 힘들고, 당선되더라도 성공은 불가능에 가깝다. (…중략…)

어차피 현재 상태로는 누가 대통령에 당선되든 결과는 뻔하다

첫째, 문재인보다 백 배 더 월등한 인물이 대통령에 당선되어도 성공 불가능하다.

둘째, 문재인이 대통령에 당선되면 그의 독선과 독주를 세 후보는 견제할 수 없다.

셋째, 문재인이 엉망이 되면 곧바로 적극적인 대안과 대안 세력이 필요하다. 하지만 쪼개진 세 후보들은 자기 앞가림도 불안해서 위기 해결도, 대안 마련도, 대안 세력도 모두 불가능하다.

국민이 보여 줄 태도

적어도 한 번은 국민이 기적의 발판을 만들어 내야 한다는 각오로 세 후보를 압박해야 한다.

첫째, 만일 만남을 거부하는 후보가 있다면 국민이 과감하고 단호하게 그에 대해 지지를 철회해야 한다. 동시에 적극적으로 만남을 약속하고 이행해서 단일화를 추진하는 사람에게 표를 몰아줘야 한다.

둘째, 만남 이후에 단일화에 실패하면 제비뽑기라도 각오했던 후보가 있다면 그에게 표를 몰아줘야 한다. 제비뽑기를 거절하는 후보는 어차피 더 이상의 미래가 없도록 국민이 적극적이어야 한다.

셋째, 그렇더라도 공개적으로 제비뽑기하는 모양새가 되거나, 그러한 모습들이 노출되면 안 된다. 따라서 오직 세 사람만이 만나서 후한(뒤끝) 없이 적극적으로 단일화하도록 세 후보에게 모든 권리를 부여해야 한다. 그리고 단일화 과정과 내용들에 대해서는 일체 묻고 따지지 않아야 한다.

'세 후보를 욕하지 않을 수 없다'(2017.4.27. 작성)

(…중략…)

욕지거리가 목구멍까지 넘어올 정도
욕이 목구멍까지 넘어오는 상황이다. 그 대상은 오직 대통령 출마에만 올인을 해 버린 채 안하무인으로 일관 중인 안철수와 홍준표와 유승민이다.
우리 국민도 여기 내용을 정말 절실하고 뼈아프게 받아들이길 바란다.

진보 지지자들이 한없이 안타깝지만 내가 비난하지 않는 이유
나는 문재인을 알아보지 못하고, 지지해 주는 진보 지지자들이 한없이 안타깝다. 하지만 지지자들을 단 한 번도 비난하지 않았다. 왜냐하면

첫째, 보수세력(이명박·박근혜 대통령)이 참담하게 실패했기 때문이다. 그래서 당연히 진보(대통령 후보)가 당선되는 것이 순서이고, 일부 보수 지지자들이 진보 지지로 돌아선 것 역시 당연하고 옳다.
실제로도 이명박과 박근혜로 인해서 국민이 계속 실망했고, 불행해지고 고통스러워졌다. 따라서 양대 구도로 계속된다면 진보 세력에게

또다시 나라를 떠맡길 수밖에 없는 것은 너무나 당연하다. 그래서 문재인에 대한 지지율은 좀처럼 떨어지기 어렵다.

둘째, 그런데도 나는 문재인이 정말 위험하고 무능하고 독선적이라고 생각한다. 그래서 그런 점들에 대해서 다양한 각도로 분석해서 문재인은 대통령으로서 심각한 결손과 하자라고 주장해 왔다.

지금처럼 사안과 상황이 첨예하고 민감한데도 내가 갖가지 이야기들과 주장들을 피력했지만 단 한 번도 비난받은 일은 없었다. 왜냐면 국민과 국가의 입장에서 오직 인간적이고 상식적으로 분석해 놓았고, 실질적인 대안과 구체적인 방법들까지 제시해 놓았기 때문이다.

셋째, 보수 지지자들도 한동안 보수세력에 극도로 실망했고, 과감하고 단호하게 보수에 대해 지지를 철회했었다. 따라서 지금 진보 지지자들이 문재인을 지지하는 것을 비난하면 안 된다. 역시 보수 지지자들은 나이가 지긋해서 북한의 실체와 위험성을 잘 알고 있고, 심각하게 받아들이고 있다.

하지만 진보 지지자들은 비교적 젊은 층이어서 역사성보다는 현실적인 안목이 클 수밖에 없다. 그래서 당연히 사건의 잘잘못과 책임을 위주로 지지자를 선택한다.

어떻든 중도와 보수의 지지자들은 문재인의 당선 가능성이 커지자 나라 운명까지 걱정해야 할 지경이 되었다. 그래서 일부는 어쩔 수 없이 보수로 다시 돌아섰거나, 엄청난 갈등 속에서 고민이 깊다.

물론 문재인은 대통령이 되더라도 그간에 자신이 깊이 파 놓았던 대립과 분열과 분노의 저주스러운 구도로 인해서 성공 불가능하며, 비열한 대가와 죗값을 치를 수밖에 없다.

보수의 지도자였던 박근혜 대통령이 문재인(진보 세력) 당선에 일등 공신

어떻든 나라와 국민을 대표하고 책임져야 하는 대통령 박근혜가 문재인의 당선에 일등 공신이다. 왜냐면 10%대에 불과했던 문재인의 지지율을 40%대로 급상승시켜 준 것은 어떻든 대통령인 박근혜(허약함)이기 때문이다.

문재인을 대통령으로 확실하게 당선시켜 준 것 역시 보수세력

지금 당장 문제는 문재인이 아니라 안철수와 홍준표와 유승민 세 후보다. 왜냐면 세 후보 모두 단일화를 시도하지 않기 때문이다.

안철수와 홍준표와 유승민은 어떻든 보수세력과 보수 지지자들을 세 개로 쪼개 놓았다. 이것이야말로 문재인의 대통령 당선을 직접적으로 (끝까지, 확실하게) 도와준 최고의 나눔 구도이고 최고의 은인들이다.

안철수와 홍준표와 유승민이 문재인보다 먼저 나라를 망친 죄인과 역적

사실은 문재인보다 먼저 나라를 망치는 죄인과 역적이 안철수와 홍준표와 유승민이다. 왜냐면 누구보다 세 후보가 문재인을 비난하고 공격했음에도 유권자들을 나눠 먹고 있기 때문이다. 따라서

첫째, 문재인이 당선된 것은 오직 안철수와 홍준표와 유승민의 책임이다. 실제로 문재인이 당선되면 세 후보가 모든 책임을 지고 정치에서

완전히 손을 떼야 한다. 나라를 위험에 빠뜨렸기 때문이다.

둘째, 문재인이 성공하지 못하거나, 대북 정책을 완전히 뒤집거나, 조기 레임덕에 빠져서 나라가 불안해지거나, 김정은 세습 독재정권이 살아남거나, 오히려 강해지면 문재인은 물론이고 안철수와 홍준표와 유승민도 책임을 지고 완전히 정치에서 떠나야 한다.

대한민국의 대통령은 성공해서 영웅이 되든지, 실패해서 죄인과 비참한 말년을 맞든지 둘 중에서 하나에만 해당할 수밖에 없고, 하나만을 선택해야 한다. 그런데 문재인이 성공해서 영웅이 되겠는가?

역시 안철수도 홍준표도 유승민도 문재인과 함께 수렁으로 빨려들 수밖에 없다.

(※ 이후에 국민도 보수도 중도도 대한민국을 구제할 대안이 없었고, 세 사람 모두 여전히 당당하다.)

안철수와 홍준표와 유승민의 자질과 의식 수준

도대체 왜 세 사람은 자기밖에 모르는가?

대한민국에서는 공부만 잘하면 제일로 여겨졌고, 자신이 최고인 줄 알았다. 심지어 지금 대학생들도 공부(학점 관리) 잘하고, 동호회와 봉사 활동 좀 잘하고, 스펙 좀 쌓고, 잘 놀 줄 알면 최고로 여기거나, 누구에게도 꿇리지 않는 분위기다.

이는 자기 인생과 바람직한 사회·문화와 국제사회와 인류 미래를 위한 자기만의 가치와 목표가 없거나, 정반대로 소아적이고 자기중심적이고 이기적이라는 이야기다.

따라서 세 사람 모두 남들보다 우월하게 생각해 왔고, 실제로도 부러움을 받았고, 나름대로 승승장구하고 살았고, 지금도 마찬가지다. 다시 말해서 대한민국과 국민을 위해서 대통령이 되려고 해야 함에도 자신이 대통령이 되어야만 대한민국과 국민이 좋아진다고 착각 증세 겸 과대망상 증세를 지니고 있다.

이처럼 모든 것에 항상 자기 자신이 개입되어 있고, 우선되어 있다. 그래서 대한민국이 어떻게 되든, 국민이 무슨 걱정을 하든, 문재인이 대통령에 당선되든 모두 자기 셈법이 우선이다.

지금 세 후보가 취하고 있는 의식과 태도들이 바로 국민을 도탄에 빠뜨리고, 나라까지 망해 먹고, 현실에 무책임했던 양반들과 탐관오리들과 후진적인 국민성의 판박이다.

세 후보에 관한 이야기는 일단 간단하게 끝낸다. 하지만 이후에도 적극적인 변화도 노력도 없으면 정말 살벌하게 비난할 수도 있다. 만약 세 명의 후보가 단일화에 실패한다면 아마도 국민에게 똥 묻은 막대 정도로 혐오 대상이 될 수밖에 없다.

(※ 결국은 필자의 걱정은 물 건너간 넋두리로 끝났다.)

6.
귀담아들어야 할
우리 국민성에 대한 비판

존 위컴 주한 미군 사령관

"한국의 국민성은 들쥐와 같아서 누가 지도자가 되든지 그 지도자를 따라갈 것이다. 한국인에게는 민주주의가 적합하지 않다."라고 발언했다. (1980년 8월 8일)

필자도 나이가 들수록, 우리 민족과 역사와 문화와 사회를 알아 갈수록, 이런저런 일들을 겪어 볼수록 우리에 대한 그의 통찰력과 평가와 비판과 선견지명에 적극적으로 동감한다.

물론 우리가 단점만 있는 것은 아니고 장점과 우수한 점도 많다. 하지만 지금은 장점과 우수한 점을 운운할 단계가 아니다.

(※ 들쥐는 '레밍'(일명 '나그네쥐')이란 종으로 이들은 원인불명의 대이동을 하는데 무리가 선두를 따라나서면 갈수록 거대한 무리가 되어서 선두가 바다에 빠져도 줄줄이 따라 들어가서 모두 죽는 것으로 막을 내린다는 의미다.

최근의 예를 들면 '레밍 쥐의 떼거리 근성'은 최고의 악질인 김정은에게 무작정 복종하고 충성하는 사람들이나, 문재인과 종북좌파·주사파·친중·반미 세력이 나라를 망쳐도 그대로 따라가는 사람들이나, 이익과 기득권을 좇아서 두둔해 주는 일명 '대깨문'들이나, 이를 속수무책으로 방치하고 끌려다닌 채 일방적으로 당하고 지켜보는 사람들에 비교할 수 있다.)

동양의 보편적 가치를 거론한 빌 클린턴 대통령

서양의 학자들과 정가는 "동양에서는 자유민주주의가 보편적 가치가 되기 어렵다."라는 견해를 가지고 있었다.

왜냐면 개발도상국들이 민주주의(법과 제도)를 모방해 놓고 독재와 민주화(시위, 투쟁, 대립, 분열, 혼란)에 머물렀기 때문이다.

그러던 중 김대중이 대통령에 당선되었다.

그때 빌 클린턴 대통령은 "동양에서도 자유민주주의가 보편적 가치가 될 수 있다는 사실을 입증해 준 사건"이라고 대한민국의 민주화 대통령 당선에 대해서 놀라움과 반가움과 기대감을 동시에 표현했다.

국제인권단체

김대중 정부가 출범한 1년 만에 국제인권단체는 "저항과 투쟁(민주화)으로 대통령에 당선되어서 민주주의에 성공(적합)한 인물은 만델라(남아프리카공화국)뿐"이라고 발표했다.

당시에 민주화(저항, 투쟁) 대통령은 김영삼, 바웬사(폴란드), 만델라, 김대중 네 사람이었다.

김대중의 적극적인 지지자였던 필자가 극도로 실망한 이유

김대중이 대통령에 당선되었을 당시 우리 국민은 장기간 독재에 시달린 상태였고, 자유민주주의 지도자를 간절히 염원했으며, 처절했던 민주화 과정을 거치면서 희미하게나마 자유민주주의에 합당한 국민 의식을 인식하면서 더욱더 확보·확대되길 염원하고 기대했다.

먼저 당선된 김영삼은 군부 세력(하나회)을 과감하게 끊어 냈고, 금융 실명제를 실시해서 차명으로 숨겨 놓은 비자금들을 동결시켰다. 하지만 그것으로 그만이었고, 결국은 IMF를 초래해서 엄청난 민폐를 끼쳤다.

김대중은 대통령 당선을 기회로 대한민국의 자유민주주의 정착은 물론 독재와 민주화에서 위축되고 망가진 것들을 끌어안아서 새롭게 도약할 수 있는 절호의 기회와 권리와 의무가 있었다.

하지만 평생 저항과 투쟁으로 일관해 버린 김대중(출생 환경, 성장 과정, 정치 여정, 정치 철학, 자질과 의지)은 자유민주주의에 현저히 미달이었고, 참다운 지도자로서도 결격이었다. 그로 인해서 태생적 열등감에 기인한 우월감(영웅 심리, 명예욕, 노벨상)에 사로잡혔고, 남북 회담을 극비리에 부정하게(뒷거래로) 추진했으며, 거의 다 망한 북한의 독재 세습 정권을 살려 놓았고, 자신을 살려 준 미국과 키워 준 대한민국에 역적 짓들을 자행함으로써 은혜를 독약으로 갚았다.

이후부터 우리 국민은 정치인과 민주화에 극도로 실망했고, 차라리 노동당(권영길 등)을 지원했으며, 이정희와 이석기를 국회의원에 당선시켰고, 일부는 아예 노골적으로 종북으로 빗나갔으며, 좌경화된 대통령들(노무현, 문재인)은 '김대중의 통치 행위'라는 위선과 밀약의 연장선에서 무수한 소모전과 역적 짓들을 반복하게 되었다.

우리는 역사와 독재에 이어서 민주화 때도 이런 수준의 대통령들과 측근들과 국민들로 가득했고, 사실은 지금도 근본적·적극적으로 달라진 것이 없으며, 망국의 초읽기가 시작되는 불안감을 감추는 국민이 급격히 늘어나고 있다.

대통령들만의 문제가 아니라는 점에서 심각해

특히 대통령들의 측근들은 합리적인 국가관과 세계관과 인생관과 가치관이 제대로 형성되어 있는지조차 알 수 없는 하수인(역사에서 상놈)들에 불과했고, 단지 개인적으로 대통령들을 따라다니면서 지위와 출세와 잇속과 부를 도모하고 탐하는 떼거리(레밍 쥐 떼)에 불과하거나, 실제로도 부정·비리와 유착과 청탁과 압력 등 범죄자들이 부지기수다.

그간에 측근들은 장기간 대통령과 함께했으면서도 대통령이 실패해서 나라를 힘들게 하고 망쳤던 것에 대해서는 인간적으로도, 도의적으로도, 양심적으로도 책임지지 않았고, 살아남아서 정치생명을 연장하기에 급급했다. 그래서 비열한 가신들의 야비한 모습들과 배신행위를 계속해서 목격했던 국민은 환멸을 느꼈고, 오히려 모든 책임과 처벌을 몽땅 뒤집어쓴 정호용이 국민의 눈에 멋지고 인간답고 사내답게 보일 정도였다.

이는 특히 민주화 대통령들(김영삼, 김대중, 노무현)의 측근들이 너무나도 비열했고, 그때 이미 대한민국은 총체적인 밑천이 드러나서 한계에 빠졌다. 하지만 냄비 증세와 망각 증세가 극심한 국민은 눈앞에서 펼쳐지는 이념과 양비론과 흑백논리와 지역 정서에 의존하는 한심한 세력과 대통령들에게 계속 이용만 당해 왔다.

더구나 그간에 비열한 일들이 오래 반복되면서 상당수의 국민도 실패와 비난과 무책임에 익숙해졌고, 국민이 독재 세력에게도 그랬듯이 지금은 문재인의 독선과 독주를 소극적으로 지켜보고 있다.

이처럼 문재인의 측근들 역시 실패의 책임을 외면하고 오히려 책임을 전가할 것이다. 이미 이들은 허약하고 부실한 대한민국 체제를 장악했고, 비인간적인 짓들을 당연하게 여기고 승승장구해 왔으며, 초법적인 만행들을 자행하면서도 적반하장의 궤변과 조작과 선동으로 무장하고 있다.

이것이 바로 역사를 망친 민족성이었고, 북한의 참담한 실상이며, 현대사에서의 국민성이었고, 평소에 우리의 인간성과 인간관계하고 출세하는 비정상적인 방식이었다.

아마도 과거 시대였다면 이처럼 비열한 측근들은 왕권이 바뀔 때마다 모두 사약을 받았거나, 능지처참을 당했을 것이다.

7.
레밍 쥐 떼와는
정반대인 현상들

문재인 일당을 무시해 버리는 대다수 국민

문재인 일당은 대한민국의 권력기관도, 언론들도, 독재 세력도, 민주화 세력도, 보수세력도, 진보 세력도 하나도 두렵지 않게 생각할 것이다. 장기 집권과 영구 집권을 위해서는 어차피 독재할 수밖에 없다고 생각할 것이기 때문이다. 그래서 국제사회도 국제 여론도 전혀 개의치 않는다.

그런데 이들이 정말 무서운 것이 있다. 그것은 바로 국민이다.

문재인이 야단법석을 떨고, 북장구를 치고, 호들갑을 떨고, 사기 쇼를 저지르고, 역적 짓들을 일삼아도 국민이 꼼짝달싹도 하지 않는다. 왜냐면 국민으로서는 그간에 대통령들을, 독재를, 민주화를, 보수를, 진보를, 정치인들을, 언론인들을, 지식인들을, 정치인들을, 공직자들을, 시민 단체들을, 노동자들과 노동조합을, 전교조 교사들을, 종교인들까지도 믿어 봤고, 밀어줬고, 실망해 봤기 때문이다. 그래서 웬만해서는 국민이 믿지도 기대하지도 의식도 하지 않는다.

문재인 일당의 두려움

그래서 문재인 일당은 요지부동인 국민을 어떻게 할 수가 없고, 국민의 속내와 저력을 정확하게 꿰뚫기 어렵고, 그들의 눈에 쉽게 드러나지 않은 대한민국의 밑바닥(저력, 국운)과 숨겨지고 가려진 국민의 속내는 가늠도 하지 못한다. 왜냐면 그간에 정국 운영과 여론과 통계를 갖가지로 조작했고, 친위대들과 홍위병들을 동원했으며, 순진한 국민을 포퓰리즘으로 속이면서 민심과 국운과 너무나 많이 오래 멀어졌기 때문이다.

물론 지금까지는 국민의 귀와 눈과 입을 가리면서 왜곡하고 호도해 왔고, 지금도 여차하면 누구든지 때려잡을 각오와 준비 정도는 되어 있다.

그런데 국민은 누군가가 정치해도 획기적으로 성공하기 어렵다는 사실을 잘 알고 있고, 설사 정치가 엉망이어도 완전히 망하지 않는다는 점을 알고 있다.

그래서 국민은 쉽게 손뼉을 치지는 않지만 그렇다고 쉽게 싫은 내색도 하지 않고 기다리면서 지켜보는 것에 익숙하다.

산전수전 백병전까지 두루 겪어 본 국민

이처럼 우리 국민(백성)은 극심한 가난과 차별은 물론이고 무능한 왕들과 무자비한 탐관오리들과 얄팍한 대통령들과 독재자들과 위정자들과 특권 세력이 수없이 무너지는 것에 익숙해졌고, 국민이 처절하고 열악한 역사와 문화와 인생을 버텨 냈으며, 그리고도 결국에는 나라를 지켜 내고 구해 내기도 했다.

이처럼 국민은 갖은 불행과 고초와 불의에도 결국에는 살아났고, 잘못된 것들은 기어코 엎어 버리는 근성이 무의식과 문화와 정서에 동시에 뿌리 깊이 박혀 있다.

그래서 대한민국은 국민이 위기와 혼란의 원인이기도 하면서 동시에 곧 저력이고, 희망이고, 미래다.

그로 인해서 자기 발 등에 스스로 도끼질해 대면서 거짓말과 위선과 위장과 위조와 조작과 쇼와 선전·선동과 적반하장의 궤변으로 일관해 온 문재인 일당은 본전이 떨어졌고, 밑바닥이 거의 드러났으며, 그들이 먼저 허약해졌고, 몰락 중이다.

하지만 국민은 갈수록 부진을 털어 버리고, 저력을 믿고, 희망을 위하고, 미래를 향해서 점점 살아나고 강해지게 될 것이다.

8.
대한민국의 오늘날을 상징적으로 표현하면

　5천 년의 우리 역사와 77년 현대사가 총 집약된 결과로 생겨난 것이 대한민국의 오늘날이다.
　대한민국의 현대사와 오늘날을 함축·요약해 보자.
　해방 후로 우리는 참담했던 과거와 한심한 실체부터 점검하고 반성하고 손질해야 당연했다. 하지만 한편으로는 자유민주주의와 자본주의라는 버겁고도 새로운 체제와 질서를 배우고 적응하느라고 우리를 점검하고 반성할 겨를이 없었다.
　그로 인해서 어떤 인물과 세력도 처음부터 자유민주주의에 성공할 수 없었고, 대통령들의 실패와 악순환 속에서 자유민주주의(현대사) 77년 만에 망국을 걱정하는 지경이다.
　이러한 오늘날을 상징적으로 표현하면 외통수 처지이고, 외나무다리이며, 막다른 골목이고, 총평해서 대기만성의 국운으로 인한 산전수전의 과정이라고 할 수 있다.

　- '외통수 처지'란 절묘한 수를 찾지 못하면 내리막으로 급격히 추락

할 위험이 있고,
- '막다른 골목'이란 마주한 위기와 위협을 회피·원망·비난·걱정하기보다 똑바로 마주해서 과감하게 극복할 수밖에 없고,
- '외나무다리'란 당장은 하나의(자유민주주의라는) 목표만을 위해서 집중력을 발휘해야 하고,
- 대기만성의 국운으로 인한 산전수전의 과정'이란 잘못된 문제들과 사람들을 총체적으로 끌어안고 적극적으로 해결함으로써 대도약의 전환점을 만들어 낼 수 있는 최고·최상의 기회라는 이야기다.

아마도 머잖아서 개발도상국들과 공산·독재국들이 대한민국과 우리 국민 덕분에 단 한 번도 경험해 보지 못했던 좋은 마음씨들을 적극적으로 본받아서 발휘해 보고, 진정한 자유민주주의를 통해서 향상·변화·발전·번영을 누리는 기회와 행운으로 연결되길 바란다.

제3장.

우리의 대표였던 대통령들이 상징해 주는 바

1.
우리 국민과 나라의 대표인
대통령들이 상징해 주는 바

극심한 빈국이었던 대한민국은 해방 후로 천상의 자유민주주의를 공짜로 얻어서 모방·흉내 내는 것으로 현대사를 시작했다.

하지만 현대사 77년 중 42년은 독재였고, 30년은 민주화였으며, 5년은 망국을 걱정할 정도로 위험했다.

사실상 민주주의는 인류사에서 가장 고난도의 사상과 법과 제도이고, 자유와 평등과 정의와 인권과 복지 등 최고 수준의 형이상학적인 고급개념들로 뒷받침된다.

그런데 우리는 역사 내내 비민주적·차별적·후진적인 문화와 민족성과 관행들과 인간관계와 인연과 정분의 연속이었고, 남녀노소와 지위고하와 빈부와 유·무식에 상관없이 자유민주주의(밑바탕, 경험)에 무지했으며, 자질도 수준도 현저히 미달이었다.

그로 인해서 비인간적·비민주적인 사람들과 사건들이 수두룩하게 많았고, 이를 일방적으로 비난·공격하는 사람들이 정의와 투사와 열사와 지도자로 인정받았다.

그간에 12명의 대통령과 다양한 인물들이 활약했지만 모든 면에서 자유민주주의에 역부족이었고, 전면에 나섰던 대통령들이 동네북처럼 일방적으로 비난받거나, 비극적인 운명으로 대가를 치렀다.

이를 가장 잘 함축·증명해 주는 대통령들을 상징적으로 정리해 보자.

2. 이승만이 상징해 주는 바

해방 당시에 우리 국민은 교육받지 못했고, 대부분 무지·무식했다. 그래서 미국의 명문대에서 정치학 박사 학위를 받은 이승만이라도 있었던 것이 천만다행이었고, 미국과 이승만 덕분에 대한민국은 천상의 민주주의와 자본주의를 모방으로나마 횡재하는 기적이 가능했다.

이는 소련과 중공과 김일성으로 인해서 최악의 독재 세습으로 몰락한 북한과 비교해도 우리가 얼마나 행운이었는지 실감할 수 있다.

잠시 이승만을 정리하면

첫째, 이승만이 태어나서 보고 듣고 성장하면서 형성된 무의식에 가장 큰 영향을 주었던 밑바탕은 후진적인 문화와 관습과 관행 등 봉건왕조에서의 요소들이다.

둘째, 민주주의 지도자의 자질과 자격과 시민의식은 유학 생활이나, 학문(정치학)이나, 박사 학위 등 화려한 배경과 경력과는 직접적으로 상관관계가 없다는 교훈을 주고 있다.

셋째, 실제로 세계 곳곳의 독재국들과 개발도상국들에도 미국에서 유학하고, 학위를 받은 사람들이 많다.

　이는 남들이 오랜 세월 처절한 대가와 과정을 치르면서 힘겹게 이뤄 놓은 자유민주주의를 개인적으로 한동안 보고 듣고 배우고 머리로 이해하는 방식으로는 제대로 배울 수 없고, 쉽게 모방하더라도 실현 불가능함을 알 수 있다.

　왜냐면 그런 수준과 방식으로는 인간도 사회도 문화도 근본적으로 개선할 수 없고, 생활환경과 생활 방식이 달라져도 원래의 밑바탕은 없애기 힘들며, 참다운 지도자의 자격과 자질과는 거의·전혀 관계없음을 말해 준다.

　지금도 우리는 교육열과 교육 수준이 세계에서 가장 높고, 지식인들과 전문가들로 넘쳐 난다. 하지만 현대사 내내 독재와 민주화에서 터덕거렸고, 아직도 획기적인 전환점을 마련하지 못하고 있으며, 이는 외양(지식, 경력)의 변화로는 진정한 자유민주주의와 참다운 지도자의 자질과 성공에 역부족이라는 증거다.

만일 이승만이 이런 대통령이었다면 어땠을까?

　국민 여러분. 여러분도 아시다시피 나는 미국에서 공부했습니다. 하지만 박사 학위에도 불구하고 수준 높은 자유민주주의와 자본주의가 만들어졌던 밑바탕과 존엄성의 과정을 체계적으로 밟지 못했고, 우리 국민도 마찬가지입니다. 이런 내가 우리 대한민국과 국민을 위해서 과연 무엇을 어떻게 얼마나 해낼지 걱정이 앞섭니다.

　나의 박사 학위와 대통령 당선보다 더 중요한 것은 우리 과거가 너무나 엉망이었다는 사실이고, 그러한 우리를 계속 고수해서는 안 된다는 사실입니다. 그래서 지금부터 우리는 적극적으로 변화해야 하고, 그간에 익숙해진 문화와 사고방식과 습성들을 최대한 버리고 바꿔야 하며, 그래야 자유민주주의라는 월등한 체제와 질서에 적응해 갈 수 있습니다.

국민 여러분

우리는 좁은 땅덩이에서 많은 사람이 모여 살고 있습니다. 그래서 우리는 서로를 이해하고 화합하고 도와줘야 하고, 그렇지 못하면 서로를 미워하고 시기하고 싸우고 분열할 수밖에 없는 매우 극단적인 역사적·문화적 환경입니다.

더구나 우리는 대륙과 해양을 끼고 있는 반도 국가입니다. 그래서 역사 내내 우리를 괴롭혔던 중국과 일본이 자리하고, 동족 전쟁의 범죄자인 김일성 공산당으로부터 위협을 받고 있습니다.

그래서 우리가 분열해서 싸우면 또다시 비극적인 희생과 운명이 계속될 것이며, 반드시 서로 협력해서 부강한 나라를 만들어 가야 하고, 그래야 중국과 일본보다 발전할 수 있으며, 당당하게 국제사회로 진출할 수 있습니다.

여기서 잠시 우리가 살아오고 겪어 왔던 지난날을 되돌아봅시다.

우리는 역사에서 사소한 차이들을 따져 놓고 서로를 차별하고 학대하고 착취했습니다. 이에 따라서 우리는 한없이 허약해졌고, 끼니 해결도 힘들 정도로 처절하게 살아왔습니다. 역시 약자들은 강자들과 윗사람들에게 무작정 굽실거리면서 비위를 맞춰야 했습니다.

우리는 '단일 민족'을 자랑하면서도 권모술수와 중상모략과 당파 싸움과 세력 다툼의 연속이었습니다. 백성들은 조정(국가)으로부터 보호받지 못한 채 착취 대상이었습니다.

설상가상으로 이웃 나라들까지 우리를 수없이 침략하고 괴롭혔고, 조공을 바쳐야 했으며, 급기야 나라까지 빼앗겼습니다.

그러던 중 천만다행으로 우리는 미국과 국제사회의 도움과 희생으로 해방되었습니다. 하지만 또다시 6.25 남침 전쟁으로 나라를 거의 빼앗겼다가 되찾았고, 무상 원조 덕분에 기아와 빈곤에서 가까스로 벗어나고 있습니다.

솔직히 우리는 세상에 인간으로 태어나서 당하고 싶지 않은 온갖 일들을 모두 겪어 본 시대와 나라와 국민이고, 가난과 차별과 나라 잃은 설움과 전쟁과 가족과의 생이별과 피난살이 등 참으로 비극적인 세대일 것입니다.

이처럼 우리는 역사적으로도, 세계사적으로도, 국가적으로도, 개인적으로도 험난한 여정을 거쳤고, 죽지 못해서 살아왔거나, 죽기 아니면 살기로 몸부림칠 수밖에 없었습니다. 하지만 이처럼 처절하고 후진적인 역사와 민족성과 문화와 관행과 체제로는 적극적으로 변화하고 발전해 왔던 자유민주주의 선진국들과는 국제사회에서 어깨를 나란히 하기 어렵습니다.

국민 여러분

우리는 또다시 비극을 되풀이하거나, 암울했던 과거를 후세에 대물림해 주면 안 됩니다.

이미 선진국들은 화합하고 협력해서 살기 좋은 사회문화를 만들어 왔으며, 모든 면에서 우리가 상상하지 못할 정도로 발전하면서 앞서가고 있습니다.

이제 우리도 과거의 부진을 딛고 도약해야 합니다. 선진국들에는 빚과 은혜도 갚아야 합니다. 우리와 같은 처지의 나라들도 도와줘야 합니다.

하지만 우리가 당장 선진국을 목표하는 것은 무리이고 욕심입니다. 그래서 성급하게 서두르지 말고 우리가 우리였던 원인을 살펴서 버리고 바꾸고 반성할 것들부터 찾아야 합니다. 그래야만 우리가 역사 내내 반복되었던 허약함과 비극에서 벗어날 수 있고, 우리 자녀들과 후손들에게 아름다운 사회문화와 국가를 물려줄 수 있습니다.

이제부터 우리는 환골탈태해서 나라다운 나라, 살기 좋은 대한민국을 만들어 갑시다.

이를 위해서 우리의 가슴 속 깊은 곳에 뿌리박힌 원한, 미움, 적대감을 벗겨 냅시다. 엉망이었던 역사에서 우리에게 전해지고 남겨진 암울한 잔재들과 얼룩들을 모두 지워 버리고, 잊어버리고, 훌훌 털어 버리고, 아름다운 미래를 만들어 갑시다.

우리가 큰마음으로 한 걸음 또 한 걸음 내디디면 짧은 시간에 몰라보게 좋아질 것입니다. 그간에 움츠러든 우리의 역량과 숨겨진 잠재력을 모두 끌어내서 지구상에서 가장 살기 좋은 부강한 대한민국으로 만들어 갑시다.

대한민국의 초대 대통령인 내가 안내자로서 방향을 잡아 가면 국민 여러분이 주인의 역할과 주인공의 사명을 맡아 주길 바랍니다.

3.
윤보선이
상징해 주는 바

대한민국은 이승만 독재가 무너지고 민간 정부가 들어섰지만 역시나 무능할 수밖에 없었다. 이는 윤보선도, 정치인들도, 지식인들도, 법조인들도, 언론인들도, 일반 국민도 최고 수준의 민주주의에 합당한 밑바탕과 자질과 자격에 미달이었음을 상징해 준다.

4.
박정희가 상징해 주는 바

박정희는 무능(윤보선) 정권을 무너뜨린 무신정권이다. 하지만 또다시 독재했고, 이는 막강한 힘과 권력과 군부도 자유민주주의 지도자로서 자격과 자질에 무관하고 역부족이었음을 상징해 준다.

물론 박정희는 경제 개발 계획에 성공했고, 덕분에 가장 시급했던 빈곤 퇴치와 간절했던 빵이 동시에 해결되었으며, 대한민국의 5천 년 역사에서 가장 큰 변화를 가져다주었고, 이처럼 획기적인 변화와 발전은 세계사에서도 찾아보기 힘들 정도로 찬란한 업적이다.

역시 박정희는 '쿠데타'와 '독재자'라는 오점도 동시에 지닌다.

이런 점에서 박정희에 대한 평가는 다시 진행되어야 한다.

만일 박정희가 이런 대통령이었다면 어땠을까?

박정희 대통령에 대한 평가는 총체적인 관점과 상황을 고려해서 다시 진행되어야 하고, 여기서는 생략한다.

5.
김영삼·김대중이 상징해 주는 바

저항과 투쟁으로 일관한 김영삼과 김대중을 잉태해 준 산모는 일당독재(이승만)이고, 민주화 투사로 키워 낸 아버지는 군사독재(박정희)라 할 수 있다.

물론 김영삼과 김대중도 민주주의에 반대되는 봉건적인 텃밭(역사, 문화, 무의식)에서 태어났고, 후진적인 환경(시대, 사회, 인연)에서 열악하고 삐딱하게 성장했으며, 당연히 부모(이승만, 박정희)에게 반항하는 불효자식들이 되었고, 결국은 가정(나라)까지 위험에 빠뜨렸다.

김영삼과 김대중이 상징해 주는 바는

두 사람 모두 평생 반항아(독재에 대한 저항과 투쟁)로 성장했고, 그로 인해서 수준 높은 민주주의에 적합한 환경과 밑바탕과 자질과 자격과 리더십을 갖출 기회가 없었다.

실제로 김영삼과 김대중은 장기 독재로 인한 갖가지 문제들과 국민의 상처(아픔, 사기 저하)를 치유하는 능력과 자질과 준비가 없었다.

다시 말해서 두 사람 모두 대한민국의 자유민주주의 정착과 선진 복지국가 실현과 국민의 의식 향상과 후진 문화에 대한 점검과 반성과 개선은 안중에 없었고, 평생을 권력에 대한 야욕으로 일관했으며, 극한의 감옥에서 노예로 전락한 인민(동족)을 방치했고, 오히려 북한의 독재 세습을 연장·강화시켜 놓았을 정도로 참담했다.

암울했던 역사와 독재에서의 불합리한 관행들과 위·불·편법들을 바로잡으려고 시도하지 않았다. 그래도 김영삼은 하나회 척결과 금융실명제를 과감하게 시행했다.

김영삼과 김대중의 자식들이 모두 부정·비리로 감옥에 드나들 정도로 부도덕했고, 두 사람이 참다운 지도자였다면 절대 있을 수 없는 일이었고, 일반인도 좀처럼 저지르지 않는 부패 비리였다.

자유민주주의는 저항(투쟁, 시위, 비난, 반대, 공격)으로는 성공 불가능함을 보여 줬다.

물론 김영삼과 김대중은 대통령으로서가 아닌 민주화의 공로는 일부 인정받아야 한다. 하지만 그마저도 대한민국의 자유민주주의에 반해서 자신들의 정치적 목적에 민주화를 이용했으며, 그에 의한 잘못과 후유증과 국민적인 피해가 갈수록 심각해지고 있다.

따라서 과연 김영삼과 김대중이 대한민국의 민주화를 제대로 했던 것인지 다시 확인해야 한다.

만일 김영삼이 이런 대통령이었다면 어땠을까?

국민 여러분. 나는 죽음을 무릅쓰고 독재에 맞섰습니다. 하지만 저항과 투쟁이라는 초라한 경력으로는 대한민국을 바로잡는 데 역부족이었으며, 민주주의 지도자의 자질에도 미달이었고, 평생을 저항과 투쟁으로만 일관해 왔던 한계가 모든 면에서 뚜렷했습니다. 실제로도 순수한 나의 역량으로는 그동안 대통령에 당선되지 못했습니다.

하지만 내 한 몸을 희생해서라도 대한민국에서 기어코 독재를 종식하고 부정부패를 뿌리 뽑고 싶었습니다. 그래서 야합이라는 비난을 감수하면서까지 3당 합당을 감행했고, 내 나름대로는 감히 호랑이 굴로 들어갔습니다.

그렇게 해서 대한민국의 14대 대통령이 되었고, 이렇게 국민 앞에 서게 되었습니다. 하지만 사실은 대통령인 지금이 참으로 아이러니한 상황이라는 점을 국민 여러분에게 솔직하게 고백하면서 협조를 구합니다.

솔직히 나는 평생 저항과 투쟁으로 살아왔던 나머지 수준 높은 민주주의 자질과 지도자로서 지도력을 갖출 기회가 없었습니다.

더구나 우리 역사와 문화는 민주주의와는 정반대였고, 우리가 성장했던 사회 환경도 엉망이었습니다.

따라서 내가 일당 독재와 군사독재를 신랄하게 비난하고 공격했지만 나 역시도 대통령으로서 부족함이 많다는 점을 고백하지 않을 수 없습니다.

어떻든 나는 대한민국의 대통령으로서 국가와 국민을 위해서 다양한 대책들을 마련하고 추진해야 합니다. 무엇보다 나는 군부와의 연결 고리를 끊음으로써 군사독재를 확실하게 종식할 것입니다. 역시 부정부패와 비자금 조성의 뿌리를 차단할 것입니다.

만일 김대중이 이런 대통령이었다면 어땠을까?

국민 여러분. 나는 파란만장한 인생역정을 두루 거쳤으며, 기어코 대통령에 당선되었습니다. 내가 기어코 대통령을 결심한 이유는 그간에 우리가 겪고 당했던 갖가지 차별과 탄압과 후진적인 문화와 관행들을 바로잡고, 대한민국이 자유민주주의 선진 복지국가로 도약하도록 확고하게 밑바탕을 구축하기 위해서입니다.

하지만 우리 현대사에서 저항과 투쟁의 대가(몫)로는 김영삼 대통령으로도 충분했다는 심경을 토로하지 않을 수 없습니다. 그런데 나까지 '민주화'를 등에 업고 대통령에 당선되었고, 한편으로는 국가와 국민을 위해 일할 수 있게 된 점을 영광으로 생각합니다.

그런 의미에서 나는

첫째, 임기 동안 일신의 영화와 개인의 명예를 탐하지 않을 것을 약속하겠습니다.

둘째, 나는 암울했던 역사와 후진 문화와 불합리한 관행과 비효율적인 사회 구조는 물론이고 국민의 아픔과 울분과 고통을 최대한 껴안을 것입니다.

셋째, 껴안아서 치료할 것과 어루만질 것과 위로할 것과 존중할 것과 밀어줄 것과 조심할 것과 따끔히 충고할 것과 버리고 바꿀 것을 체계적으로 추진하겠습니다.

넷째, 젊고 유능한 인재들과 인물들이 대한민국을 선진국으로 이끌어 가도록 임기 동안에 확실한 디딤돌과 튼튼한 버팀목을 마련할 것이며, 이를 남은 인생의 사명과 의무로 여기겠습니다.

다섯째, 우리 민족의 최대 과제이고 숙원인 남북통일에 대비해서

- 밑바탕을 닦을 것이고, 탈북민들의 소중한 의견과 지혜를 모아서 종합하겠습니다.
- 중차대한 남북관계(대화, 교류, 지원, 통일)가 졸속으로 급조되거나, 분란과 시비와 잡음이 발생하지 않도록 만반에 대비하겠습니다.
- 대한민국이 남북으로 쪼개진 동안은 절대 정상일 수 없으며, 통일이 이뤄져야 비로소 정상이 될 것입니다.

따라서 우리 국민 중에서 분열된(비정상인) 남북 관계를 악용해서나, 독재 세습 정권과의 물밑 거래를 통해서나 개인의 명예와 출세와 이익을 도모하는 시도들과 인물들을 용납하지 않을 것입니다.

이런 취지에서 나는 민족의 숙원사업인 남북통일이 완료될 때까지 어떤 사람도 공과 명예를 차지하지 못하도록 방안을 마련할 것이고, 잔칫상을 즐기려는 엄두조차 낼 수 없도록 조치할 것입니다.

다섯째, 대한민국에서 부정부패와 인연 놀음이 계속되지 않도록 대통령인 나부터 평생 동지들과 자식들을 철저하게 단속하겠으며, 제도적으로도 장치하겠습니다.

국민 여러분

우리는 역사 내내 봉건주의와 양반·상놈 차별과 외세침략과 식민 교육·근성과 동족 전쟁과 지역 갈등으로 나라도 민족성도 허약해졌습니다. 역시 현대사에서도 일당 독재와 군사독재와 부정부패와 IMF를 거치면서 나라의 이미지가 실추되고, 경쟁력이 약화했으며, 국민의 자긍심과 사기가 위축되었습니다.

이제 나는 그간에 무너지고 망가진 인간성과 존엄성과 국민성과 민족성을 자유민주주의 시민으로서의 자질을 확보하도록 국가적 역량을 모아서 최선을 다할 것입니다. 특히 서민들의 고통을 덜어 주기 위해서 악덕 고리대금업자들을 철저히 단속할 것이며, 서민들이 이용하는 모든 금융 거래의 법정 최고 이율을 대폭 하향 조정하겠습니다.

이는 그간에 어려운 여건에서도 나라를 지켜 주고, 손해와 고통을 감당·감내해 왔던 국민에 대한 대통령으로서의 최소한의 의무와 도리라고 생각합니다. 이를 위해서 나에게로 전달되는 모든 눈과 귀와 문호를 개방해 놓겠으며, 국민과 함께하면서 물어보고 호소하고 소통하면서 따끔한 훈계와 조언을 아낌없이 주고받겠습니다.

그간에 우리의 우수성과 경쟁력은 충분히 입증되었습니다. 그래서 우리의 후진적인 의식과 관행들을 점검해서 반성하고 변화해 가면 머잖아서 선진국에 합류할 것이라고 확신합니다.

6.
노무현이 상징해 주는 바

노무현은 이승만(단독 정부 수립)과 박정희(자본주의 경제 계획 성공)와 김영삼·김대중(민주화 기여)에 비해서 우리 현대사에서의 희생이나 세워 놓은 업적이 아예 없었다. 더구나 노무현은 태어난 이후 대한민국에서 일방적으로 배우고 얻고 출세하는 등 혜택받는 연속이었고, 나라와 국민에게 빼앗기고 당하고 잃은 것이 전혀 없었다.

그래서 노무현은 가해자·피해자, 독재·민주화를 두루 초월·포용·승화해서 총체적으로 접근해야 했다. 왜냐하면 그간에 노무현보다 훨씬 더 대단하고 막강(쟁쟁)했던 인물들이 자유민주주의에 성공하지 못했고, 대한민국에는 이미 실패의 대로와 악순환의 전철이 크게 뚫려 있었으며, 무난한 임기는 불가능한 상태였기 때문이다.

따라서 노무현이 대한민국을 총체적으로 포용해서 접근하고 호소해야만 모든(국가적·역사적·국민적·민족적·시대적·민주적·인간적인) 면에서 거국적인 명분과 대세와 정통성을 확립할 자격을 확보할 수 있었고, 이어서 능력을 마음껏 발휘할 수 있었으며, 존경을 한 몸에 받을 수도 있었고, 대통령 중에서 가장 유리한 입장이고 절호의 기회였다.

하지만 노무현은 열등감에서 기인한 우월감(출세욕, 도도함, 교만함)으로 가득했고, 대통령 당선과 동시에 자신의 주제를 착각하고 분수에서 벗어났으며, 불과 몇 년 후의 자기 인생(말년, 비극)조차 예상하지 못했을 정도로 답답하고 어리석었다.

심지어 집권해서 화합과 통합이 절실할 때 몇 년 차이에 불과한 선배들을 퇴물로 취급해서 공직에서 내쫓았고, 나라 분위기를 과거(친일파 청산)로 역행했으며, 마치 자신이 개혁의 주체와 주인공처럼 검찰을 개혁 대상(희생양)으로 삼아서 영웅 행세하는 등 안하무인으로 행세하면서 말장난과 교만으로 치달았다.

사실상 노무현은 선배들의 무능과 실패에 기생해서 출세했던 것이고, 선배들의 실패 덕분에 대통령을 거저주웠으며, 자유민주주의 지도자로서 부적격은 물론 인간적으로도 형편없었고, 임기 시작과 동시에 참담한 실패와 죗값이 예견되고 확정된 상태였다.

필자가 노무현에게 강력하게 경고했던 이유

- 필자는 노무현의 대통령 후보 시절에 '개혁안'을 직접 손에 건네줬고, 정권 인수 위원회의 세미나들에 참석하는 등 나름대로 적극적으로 지지하고 지원해 주면서 열과 성을 다했다.
- 하지만 무용지물이었고, 어쩔 수 없이 핵심 측근들을 찾아다니면서 또다시 개혁안을 전달해 주고, 호소했다.
- 하지만 생각도 뇌도 없는 식물 종자들에 불과함을 두 눈과 가슴으로 뼈가 저리도록 실감했다. 노무현도 측근들도 분위기도 마치 철부지들로 보일 정도로 엉망이었고, 결국은 망나니짓과 역적 짓 외

에는 할 것이 없을 것이라는 확신과 실망과 분노가 치밀었으며, 급기야 노무현의 비극적인 운명을 예언하고 경고하기 시작했다.
- 당시에 필자는 "나는 요구사항을 내걸지 않고 일방적으로 내 콧대만 걸어 놓겠다. 만일 노무현이 임기 1년을 무사히 넘기면 내 콧대를 부러뜨려도 좋다."라고 장담했다. 그런데 실제로 1년도 제대로 버티지 못했고, "대통령 노릇을 못 해 먹겠다."라는 등 경솔한 말장난과 무능으로 탄핵 소추 당했다.

하지만 노무현도, 핵심 측근도, 진보(386) 세력도, 보수세력도 아무 반응이 없었다.

그때부터 필자는 대한민국과 우리 국민을 다시 생각하게 되었고, 기존에 살아왔던 모든 것을 중단했으며, 맨 밑바닥에서부터 힘겨운 노동자(용역)부터 인생을 다시 시작했다. 한편으로는 인간이 '응애' 하고 세상에 태어나는 순간부터 동서양의 차이와 형성된 문화와 민족성과 인간성 등의 저변과 원인과 영향을 연구·분석하는 등 180도 다른 관점과 자세로 살아왔다.

만일 노무현이 이런 대통령이었다면 어땠을까?

국민 여러분. 나는 독재 투쟁에 평생을 몸 바친 것이 아니고, 목숨이 위태로웠던 적도 없었습니다. 역시 나는 김영삼·김대중 두 분 대통령의 오랜 투쟁과 고초와 나이로 본다면 너무 빨리 쉽게 대통령에 당선되었습니다. 이에 현시점에서 먼저 두 분 대통령을 떠올리지 않을 수 없습니다. 여러분도 잘 아시다시피 두 분 대통령은 노무현의 오늘이 있기까지 낳아 주고 키워 준 부모님과 같습니다. 따라서 나는 다음 사항에 역점을 둘 것입니다.

첫째, 선진 복지국가를 실현해 내겠습니다.

나는 김영삼·김대중 대통령의 희생은 물론 그간에 대통령들이 이루지 못했던 뜻을 받들어서 대한민국의 개혁과 민주주의 정착과 선진 복지국가 실현에 여생을 바치겠습니다.

둘째, 기준과 원칙이 통용되는 사회가 되도록 하겠습니다.

그간에 우리 사회는 부정과 특권과 편법과 비리가 판쳤습니다. 그로 인해서 기준과 원칙이 제대로 기능하지 못하고 있으며, 뇌물과 청탁과 인연과 연줄이 활개 치는 연속입니다. 이에 나는 시대에 뒤떨어진 기준과 원칙에 의존하지 않겠으며, 낡아 빠진 규정들을 폐지·축소·보완함으로써 기준과 원칙이 통용되는 사회를 만들어 가겠습니다.

셋째, 화합과 통합을 이뤄 내겠습니다.

그간에 나는 정치권의 분열과 대립을 지켜보거나, 중심에 서 있거나, 쫓겨 다녔습니다. 이는 당쟁과 중상모략과 음해를 일삼던 암울한 역사의 재현이라고 생각합니다. 따라서 나는 나라와 국민을 화합과 통합으로 유도할 것입니다. 그간에 나이 몇 살을 따져서 세대를 차별·분열시키거나, 바로 위의 선배들을 퇴물로 취급해서 내쫓았던 야비한 관행들과 저속한 나라 분위기를 바로잡겠습니다. 잘했든 못했든 평생 몸담았던 직장과 자리에서 한순간에 쫓겨나거나, 그것도 부족해서 퇴물로 취급당하는 비인간적인 만행들이 대한민국에서 다시는 반복되지 않도록 최선을 다할 것입니다.

국민 여러분

나는 불안정한 시기에 대통령에 당선되었습니다. IMF에 뒤이어 대학생들에게 신용카드가 남발되었으며, 악덕 고리대금업자들까지 양성화되었습니다. 이에 따라서 서민들은 연대 보증 채무를 짊어지고 카드 돌려 막기로 근근이 버텨 가는 등 서민 경제와 민생 파탄이 심각해지고 있습니다. 그야말로 많은 국민이 죽을 지경이고, 중소기업과 자영업자들의 연쇄 부도로 파산과 자살과 이혼이 걷잡을 수 없는 상황입니다. 따라서 나는 단계적으로 국민의 고통과 불행을 구해 낼 것이며, 민생과 민심을 수습해 나갈 것입니다.

7.
이명박이 상징해 주는 바

　이명박은 비교적 어려운 환경에서 태어나고 성장했고, 고려대 학생회장 시절에 6.3 사건(한일국교정상화를 추진하는 박정희 정권에 대한 항의·반대 운동)의 주동자였고, 6개월 만에 출소했다. 이후 이명박은 현대에 지원했으나, 6.3 사건에서의 전과로 인해서 취업하지 못했고, 박정희에게 항의문을 제출했으며, 그것을 계기로 이명박은 현대건설에 취업할 수 있었고, 현대그룹(10개 사) 대표 이사 겸 회장을 거쳐서 서울시장에 당선되었으며, 대통령까지 당선되었다.

　따라서 이명박은 대한민국 국민이라면 누구나 부러워할 정도로 입지전적인 인물이 분명하다. 그런데도 대통령이 되어서는 무참하게 실패했고, 말년에 불명예와 감옥살이는 물론 패가망신하는 지경으로 전락했다.

　한편으로 이명박은 대한민국의 부정·비리와 정경 유착과 위·불·편법과 인맥·연줄 등 망국적인 관행들을 개인의 출세와 부귀영화를 위해서 적극적으로 이용해 온 선두 주자라고 해도 과언이 아니다.

그래서 이명박이 상징하는 바는 인생 내내 불합리한 관행에 편승해서 오직 출세(성공)로 내달린 인물이고, 그러한 경력으로는 해결할 일이 산적한 대한민국의 지도자로서 부적합함을 보여 준다.

이는 이명박이 탐관오리와 양반·상놈의 비민주적이고 비인간적인 문화와 관행의 연장선에서 대통령까지 당선된 셈이고, 대한민국을 총체적으로 판단·대처할 수 있는 통찰력과 포용력과 통솔력에 미달·반대였으며, 자신이 승승장구해 왔던 대한민국이 사실은 얼마나 엉망이었는지 심각성을 이해하지 못한 채 대통령이 되었고, 결국 말년의 불운으로 대가를 치르게 되었음을 의미한다.

설사 이명박이 문재인 좌파 독재 세력에게 부당하게 당했든, 가혹하게 보복당했든 마찬가지다.

만일 이명박이 이런 대통령이었다면 어땠을까?

국민 여러분. 나는 명문 대학과 대기업 회장과 서울시장을 거쳐서 대통령에까지 당선되었습니다. 아마도 우리 국민의 상당수는 나의 인생과 성공 과정을 부러워할 것으로 생각합니다. 이제 나는 그간의 화려한 경력과 성공을 바탕으로 대통령에도 성공할 것입니다. 하지만 지금 나는 '성공에 대한 확신'과 '참담한 실패 가능성'과 '지극히 회의적인 시각'이라는 세 가지 상황에 직면해 있다는 점을 말씀드립니다.

첫째, '성공에 대한 확신'입니다.

그간에 나의 화려한 경력과 성공한 경험들로 보면 대통령에도 당연히 성공할 것이라고 확신하고 싶습니다. 만일 내가 실패한다면 대한민국에서 어떤 인물도 성공하지 못할 것입니다. 왜냐면 나는 그간에 대통령 중에서 나름대로 정상적이고 안정적인 과정을 밟아 왔고, 그러한 연장선에서 대통령에 당선되었기 때문입니다.

둘째, '참담하게 실패할 것'이라는 비관적인 전망(관점)입니다.

나는 그간에 목표와 경쟁과 성공을 위해서라면 활용할 수 있는 모든 수단과 방법을 총동원해서 살아왔습니다. 우리에게 익숙해져 있는 처세, 뇌물, 인맥, 청탁, 편법, 로비 등 부정과 비리도 총동원했습니다. 돌이켜 보면 내가 바르고 정직하고 순수했다면 지금의 나는 불가능했을 것입니다.

그런 의미에서 그간에 나는 개인적인 출세에 집착해서 우리 사회에 부정·비리와 병폐들을 확산시킨 주범이라고도 할 수 있습니다. 이렇게 보면 내가 그간에 이용해 왔던 부정·비리와 나쁜 관행들로는 대통령이라는 월등한 직분을 감당해 내지 못할 것이며, 그간에 선배 대통령들이 실패했던 전철을 되밟거나, 대통령에 실패해서 대가(죗값)를 치러야 할지도 모릅니다.

따라서 그간에 내가 살아왔던 방식으로는 대통령에 부적합할 것이며, 순수한 나의 자질과 능력으로는 대통령에 성공하지 못할 것이고, 참담하게 실패할 수도 있다는 비관적인 걱정이 지배적입니다.

셋째, '지극히 회의적인 시각'입니다.

그간에 나는 다양한 경쟁자들을 상대로 승리했으며, 누구도 부럽지 않을 정도로 출세 가도를 달려왔습니다. 그래서 나의 상대편에는 항상 실패자들과 낙오자들과 희생자들과 탈락자들이 있었습니다.

하지만 지금부터는 누구와도 경쟁할 수 없게 되었고, 모두를 끌어안고 함께 가야 합니다.

이는 지금까지와는 전혀 다른 포용력과 통솔력과 통찰력이 필요하고, 그간에 살아왔던 성공 방식과 출세 방식과는 반대입니다.

따라서 그간에 내가 걸어왔던 방식들로는 대통령에 성공하기 어렵다는 점을 고백하지 않을 수 없습니다.

어쨌든 나는 인생이 얼마 남지 않았고, 여러분은 나보다 훨씬 더 오래 살아야 합니다. 다시 말해서 나는 그간에 계속 성공해 왔고, 최고 정점에 도달했습니다. 그래서 개인적으로는 더 이상의 성공도 실패도 특별할 것이 없습니다. 하지만 내가 실패하면 국민 여러분은 불행과 고통을 감당하게 되는 등 치명적인 타격을 입을 수도 있습니다. 그보다 더 중요한 사실은 나라의 주인은 국민이고, 주권도 국민인 여러분에게 있다는 점입니다.

그래서 지금부터 나는 여러분을 적극적으로 존중할 것이며, 최대한 묻고 소통하고 수렴하는 자세로 국정을 수행해 갈 것입니다.

부디 국민 여러분께서 출세 일변도로 살아왔던 나의 단점을 보완해 주고, 독단과 독선에 대해서는 과감하게 질타해 주길 바랍니다. 지금부터 대한민국이 당당하게 선진국에 진입하고, 최상의 모범 국가로 도약할 수 있도록 온 마음을 일치시켜 주길 당부합니다.

8.
박근혜가
상징해 주는 바

    박근혜는 박정희의 업적(경제 발전)과 오점(독재와 민주주의 역행) 중에서 업적은 놓아두고, 아버지가 나라와 국민에 빚진(독재한) 오점만을 갚기 위해서 정치를 시작해야 했고, 대통령직을 수행했어야 했다. 그랬다면 성공은 어렵더라도 참담한 실패와 보수의 몰락과 대한민국의 망국적인 위기는 모두 피할 수 있었다.

    박근혜는 아버지(박정희)가 나라와 국민에게 진 빚을 갚겠다는 각오로 총체적인 개혁을 단행하는 방법으로 정치를 시작하고, 대통령 임기도 시작했어야 한다.

    하지만 박근혜는 종북 세력(김대중·노무현)의 실패를 기회로 정치에 진출했고, 후보 경선에서 이명박에게 빼앗길 정도로 적극적인 대안과 대세 장악 능력이 부족했으며, 이는 박정희의 업적을 등에 업고 대통령에 당선되었음을 입증해 낸 셈이었고, 대통령으로서 성공은 애당초 불가능에 가까웠다. (필자가 3,000% 성공 불가능을 세 번이나 내용 증명으로 경고한 이유다.)

    박근혜는 70년여 엉클어진 우리 현대사 내내 누적·고착되었던 병폐들(후진성, 부정부패, 특권 의식, 정경 유착, 좌파 세력 등)을 하나도 해결하지 못했고, 오히려 박정희의 업적까지 훼손·무너뜨린 꼴이 되었으며, 보수세력과 지지층이 붕괴·몰락했고, 심지어 문재인의 대통령 당선에 일등 공신이 되고 말았다.

(※ 결과적으로는 박근혜의 몰락이 원인이 되어서 문재인과 그 일당이 김정은·시진핑의 하수인들에 불과했음이 만천하에 드러났고, 그 일당의 저속한 실체와 참담한 실상이 속속들이 드러났으며, 대한민국은 내부의 주적과 악질들이 자기들 발등에 스스로 도끼질해 대면서 몰락하는 행운의 기회와 전환점을 맞이하게 되었다.

그래서 필자가 "망할수록 나라와 국민에게 행운인 기묘한 대한민국, 대기만성의 국운을 위해서 산전수전을 겪는 과정"이라고 주장하는 이유다.)

필자가 박근혜에게 강력하게 경고했던 이유

(※ 아래 내용은 박근혜 대통령 임기 초에 정리한 내용이다.
필자의 저서. '사랑하는 선 순 아에게' 1/4권. 제1~2장의 일부 내용과 이후에 실패를 경고하면서 내용 증명을 발송한 일부를 소개한다.)

- "박근혜는 아버지(박정희 대통령) 덕분에 정치에 입문하고, 국회의원이 되고, 당 대표가 되고, 대통령까지 당선되었다. 하지만 박근혜는 온 국민과 국제사회가 훤히 알고 있는 아버지의 공(자본주의 체제와 경제 개발 계획 성공)은 깨끗이 내려놓고 잊어버려야 한다. 대신에 아버지가 나라와 국민과 역사에 진 빚(독재)을 적극적으로 짊어지고 갚아야 한다."

- "그렇게 해서 박근혜가 성공하면 아버지는 자본주의(경제 개발 계획)에 성공했고, 이어서 딸은 민주화의 마무리와 자유민주주의에 성공함으로써 부녀가 대한민국에서 중요한 두 개의 축을 모두 성공하는 인류사에서 전무후무한 업적으로 기록될 것이다."

(※ 북한은 김가 놈 일가가 독재와 세습과 신격화와 감옥과 지옥으로 쫄딱 망해 먹었고, 남한은 박정희·박근혜 일가족이 자본주의에 이어서 자유민주주의까지 완성하는 전무후무한 기적적인 역사가 세워지고, 나머지 국민과 각 분야는 총체적으로 반성하면서 우리를 샅샅이 점검하는 계기가 되었을 것이다.
물론 이는 박근혜에게 너무 과도한 기대와 짐을 떠맡기는 것이었고, 그만큼 대한민국의 대통령은 극단적인 운명의 기로에 처할 수밖에 없을 정도로 어깨가 무겁다는 이야기였다.)

- "대한민국의 총체적인 개혁을 위해서 '서민위원회'를 신설해서 서민들의 의식과 상호관계와 생활의 관심사 등 삶의 질을 대폭 끌어 올려야 한다."라는 등의 내용이었다.
- 필자는 박근혜가 탄핵 위기로 내몰렸을 때도 나름대로 유일무이하면서도 근본적인 해결 방안을 가지고 광주에서 상경했고, 청와대 인근에서 1박 하면서 접근을 시도했다. 물론 불가능함을 알면서도 가만있을 수 없었고, 요행이나 기적이라도 기대해 보는 간절함으로 노력은 해 봐야 한다고 생각했다.

왜냐면 60대가 코앞인 필자는 대한민국에서 투쟁과 시위로 일관했던 민주화 세대였고, 투쟁과 시위로 대한민국이 좋아질 수 있었다면 이미 오래전에 선진국에 진입했을 것이며, 최소한 민주화라도 성공했을 것이기 때문이다. 이처럼 투쟁과 시위와 비난과 공격과 분열로는 자유민주주의는커녕 민주화도 불가능하고, 오히려 혼란 속에서 망국을 재촉할 뿐이었다.

따라서 박근혜를 그처럼 야비한 방법으로 탄핵해 본들 대한민국에는 실패와 저주의 악순환이 더욱더 두터워지고 깊어질 뿐이었다.

당시에 청와대 주변을 맴돌던 필자는 이미 박근혜는 대세도 민심도 멀어졌음을 확인했고, 참담한 심정으로 내려왔으며, 배낭을 챙겨서 16개 시도에서 가장 높은 산을 매일 하나씩 등산하면서 미리 준비해 간 원고(자료)를 산 정상에 100~200부씩 놓아뒀고, 대자연과 하늘과 신성한 국운에 간절히 호소·기도했다.

물론 당시에도 참으로 어처구니없는 짓임을 누구보다 잘 알고 있었다. 하지만 대통령을 야비한 짓들로 쫓아내는 것보다는 백 배는 더 옳고 바르고 정상이라고 생각했다.

만일 박근혜가 이런 대통령이었다면 어땠을까?

국민 여러분. 그간에 나는 하고 싶은 말들을 가슴 깊이 묻어 놓고 참고 잊고 숨기고 살았으며, 한동안 세상에 없는 사람처럼 지내야 했습니다.

여러분도 아시다시피 나의 인생은 남들이 쉽게 겪어 보기 힘들 정도로 절박했으며, 두 번 다시 당하고 싶지 않고, 당할 수도 없는 충격적인 사건들을 반복해서 겪었습니다. 이처럼 힘겨운 여정과 정치적 중압감 속에서도 여기까지 올 수 있었던 것은 오직 국민 여러분의 보살핌과 기대 덕분이며, 진심으로 감사 말씀드립니다.

　나는 지금 대통령이 되었음에도 여전히 진심을 표현하기가 쉽지 않고, 오히려 이제는 개인적인 차원을 뛰어넘어야 하는 신분과 입장이 되었습니다. 이뿐만 아니라 나는 대한민국의 현대사에서 중요한 책임자로서 난국을 헤쳐 나갈 수 있는 용기와 지혜가 필요하고, 국민에게 밝은 희망과 비전도 제시해야 합니다.

　하지만 지금 우리는 해묵은 이념 논쟁과 대립 구도를 극복해 내기도 쉽지 않습니다. 따라서 우리가 밝은 미래로 향하기 위해서는 해묵은 과거 청산과 민생·국정 안정과 미래 도약이라는 세 마리 토끼를 동시에 잡아야 합니다.

　이를 위해서 몇 가지 짚어 보겠습니다.

　우리 현대사에서 대한민국의 민주주의는 저의 부친인 박정희 대통령도 실패했으며, 지금까지 '민주화'에 머물고 있습니다. 누가 보더라도 연륜에서 나보다 훨씬 더 월등한 선배 대통령들도 민주주의는 물론 민주화에도 성공하지 못했습니다.

　그런데 감히 내가 성공을 장담한다면 이는 박정희 대통령과 다른 대통령들에 대한 무시와 모독일 수 있다고 생각합니다.

　이처럼 출중한 선배 대통령들도 성공해 내지 못한 대한민국을 내가 감히 어떻게 성공한다고 장담하겠습니까?

　만일 대한민국의 선진국 실현이 간단한 일이었다면 이미 선배 대통령들이 성공했을 것입니다. 역시 유능한 학자들과 법조인들과 비평가들과 각계 전문가들이 이뤄 냈을 것입니다. 그랬다면 우리는 이미 선진국이 되어 있거나, 최소한 우리 눈앞에 선진국이 펼쳐져 있을 것이고, 나는 대통령에 당선될 수도 없었을 것입니다.

국민 여러분

대한민국에 시급한 단기 목표와 중기 목표와 장기 목표가 하나씩 있다면 나는 민생 안정과 과거 정리(청산)를 통한 우리 국민의 존엄성 확보·신장과 국민 의식(사회의식) 향상을 통한 선진국 진입이라고 생각합니다.

이를 위해서는 우리가 서두르지 말고 진지하면서도 철저하게 후진성부터 바로잡아 가는 것이 중요하다는 점을 말씀드립니다. 따라서 대통령으로서 나는 아래 사항들을 완수하도록 최선을 다하겠습니다.

첫째, 그간의 선배 대통령들을 제대로 이해하고 존중하는 것이 도리이며, 실패까지 모두 껴안아서 바로잡아 갈 것입니다. 왜냐면 그간에 대통령들도 모두 잘해 보려고 노력했을 것이고, 다른 나라의 독재자들처럼 해외로 도피했던 대통령은 없었기 때문입니다.

그런데도 어떻든 국정 결과와 대통령들의 말년이 좋지 못했습니다.

이는 엉망이었던 우리 역사와 문화와 민족성과 인간관계 등에 대한 원인 분석도 없이 이미 실패했던 관행들(법, 정부, 정책, 정치, 조직, 재정 등)을 의존·답습했기 때문이라고 생각합니다.

따라서 나는 기존의 방법들(법, 정책, 인물, 재정)은 물론이고 국민에게 숨겨진 방안과 지혜와 의견들을 모두 듣고 모아서 종합할 것입니다.

둘째, 우리 대한민국은 인물이나, 배움이나, 경력이나, 빈부나, 지위가 어떻든 상관없이 대통령이 성공하기 힘든 실패의 대로가 저변(무의식 관념, 사회적 관행, 문화적 전통, 국민의 관심사, 인간관계 형태 등)에 광범위하게 깔려 있습니다. 이는 무의식 밑바닥에 깊이 숨겨진 채 우리를 좌우하는 실패와 악순환의 원인입니다. 이러한 구조와 구도와 분위기에서는 부정·비리와 후진성 하나도 바로잡을 수 없습니다.

그래서 나는 나라와 국민을 이끌어 가고 책임지는 대통령으로서 법과 정책보다 훨씬 더 근본적인 밑바닥(관행, 문화, 무의식)을 샅샅이 점검하고 분석해서 총체적인 개혁을 시도하겠습니다.

셋째, 우리가 실패의 대로와 악순환의 전철에서 벗어남과 동시에 선진국까지 수월하게 진입하려면 전혀 다른 안목과 정책들을 병행해야 합니다.

이에 나는 정부와 기업은 물론 우리 국민도 각자 획기적인 전환점을 만들어야 한다고 생각합니다. 이러한 점들을 고려해서 5년 임기를 크게 두 단계로 나누겠습니다.

제1~2단계 방안

지금부터 1년을 1단계로, 1년 전후를 2단계로 나눌 것입니다.

그간에 선배 대통령들은 당선과 동시에 축제 분위기 속에서 당연한 절차대로 출범했습니다. 하지만 인사(검증 부족 등) 문제, 측근들의 부정·비리를 시작으로 도덕성에 상처를 입었고, 지도자의 자질 부족을 드러냈으며, 개혁다운 개혁은 꿈도 꾸지 못했습니다.

역시 문제 당사자(인물)들을 교체해도 마찬가지였고, 그대로 고수해도 화를 키우기 일쑤였습니다. 따라서 임기 1년 만에 '혹시나 대통령'에서 '역시나 대통령'으로 곤두박질쳤으며, 레임덕에 빠져서 겨우 버텼습니다.

그래서 1단계는 그동안 나를 믿고 함께 했던 동료들은 물론이고 각계각층의 지식인들과 전문가들을 망라해서 유능한 인물들을 기용할 것이며, 국가 재정을 집중적으로 투입해서 총력을 기울이겠습니다. 물론이는 과거 정권들과 비슷한 방법입니다.

하지만 1단계가 신통치 않다고 판단되면 과감하게 2단계로 전환할 것입니다. 왜냐면 그간의 정권들에서는 실정과 무능으로 국민의 원성이 빗발쳤음에도 임기응변과 졸속 처방과 눈가림으로 버티다가 레임덕을 시작으로 급속도로 무너졌기 때문입니다.

따라서 나는 1단계가 지지부진할 경우 과감하게 2단계로 전환할 것이며, 전체 국민과 분야들을 상대로 획기적인 방안들을 수렴하는 등 대대적으로 개혁을 단행할 것입니다.

우리 국민에게 숨겨진 역량들을 존중해서 새로운 동력과 잠재력을 총동원함으로써 범국가적이고 범국민적인 새 역사를 시작한다는 각오로 남은 임기 동안 모든 역량을 쏟아부을 것입니다.

(※ 우리 국민 중에서 누가 이러한 내용들을 생각하고 발송하고 법석을 떨겠는가?

이를 대통령들에게 일관되게 발송해 왔던 누군가가 있다면 아마도 황당한 정신 이상자거나 아니면 남모를 뭔가가 있을 것이다. 사실은 대한민국의 대통령들이 자기 생각과 방법 이상으로 열심히 묻고 듣고 찾아도 성공이 쉽지 않다. 그런데 필자는 그간에 단 한 사람과도 구체적인 논의도, 진지한 대화와 질문도 주고받아 보지 못했고, 대통령들은 실패와 비운의 연속이었다. 이를 어떻게 이해하고 해석하려는가? 필자는 투명 인간인가?)

9.
문재인(노무현)이
상징해 주는 바

김영삼과 김대중은 반독재 투쟁에 목숨을 내놓다시피 저항했다. 그래서 두 사람은 당연히 독재를 상대로 투쟁하고 시위하고 반대하고 비난하고 공격할 자격이 있었다.

물론 훗날 대통령이 되었을 때는 그러한 투쟁경력은 대통령의 자격과 자질에 현저히 미달이었고, 오히려 실패의 원인이었다.

문재인(노무현)은 대한민국의 현대사에서 실질적인 업적이 아예 없고, 반독재 투쟁에 목숨을 내건 것도 아니다.

그래서 문재인은 선배 대통령들의 계속된 실패와 국민의 실망을 껴안아서 바로 잡아야 했다. 하지만 문재인은 국민 정서와 나라 분위기를 분노와 적대감과 적개심으로 유도(선전·선동, 여론 조작)해서 대통령에 당선되었다.

더구나 문재인은 노무현의 무능과 독선과 비리와 실패와 자살에 무관하지 않으며, 사실은 막중한 책임자이고, 한편으로는 나라와 국민은 물론이고 친구(노무현)와 역사 앞에 커다란 빚을 진 죄인(공범 겸 주범)이다.

이는 앞선 대통령들처럼 문재인도 자유민주주의 철학, 현대사에서의 업적, 합리적인 세계관과 인생관과 가치관의 결핍, 성장 과정에서의 진지하고 충실했던 자기 과정의 결손 등 똑바른 뭔가를 내놓기 어려울 정도로 초라하다는 이야기다. 당연히 문재인은 첨예하고 민감한 대외 변수들을 감당·극복해 낼 능력과 경험이 없었고, 아집과 독선과 독주로 아예 망치기로 작정한 것이나 다름없었다.

문재인과 그 일당을 보면 떠오르는 점들

문재인 일당이 상식과 양심에 어긋나는 적반하장의 궤변들을 늘어놓을 때 기이하게도 자멸 중인 시진핑과 김정은은 물론이고 감옥과 패가망신의 그림자들이 어른거리는 것은 무슨 일일까?

- 문재인 일당은 어차피 감옥행이어서 스크럼을 짠 채 최후의 발악하면서 헤어날 수 없는 수렁으로 더욱 깊이 빨려드는 중이기 때문일까?
- 문재인 일당은 양심도 상식도 체면도 자존심도 수치심도 내팽개친 채 망발이나, 적반하장의 궤변을 거리낌 없이 늘어놓는다. 그때마다 절벽 끝에서 겨우 버텨 가는 김정은과 시진핑의 그림자가 어른거리는 것은 또 무슨 이유일까?

'김정은과 시진핑의 그림자'란

김정은과 시진핑의 추궁·협박·재촉·폭로할 것에 대한 문재인 일당의 두려움, 조금이라도 멸망의 시한을 연장해 보려는 발버둥, 도저히 어쩔 수 없었다는 변명 겸 하소연, 여전히 절대복종한다는 충성심의 표시, 조금만 더 우리를 믿고 지원해 주라는 통사정, 조만간 대한민국을 혁명·붕괴·장악할 것으로 허세, 혹시라도 그들이 문재인 일당을 포기할 것에 대한 불안감, 우리를 믿어 주고 살려 달라는 몸부림, 끝까지 최선을 다해 보겠다는 맹세와 시늉, 더 큰 뭔가(전략, 전술, 자금, 인력 등)를 기대하는 뻔뻔함 등 '혹시나'와 간절함이 아닐까 싶다.

제4장.

노무현에
대한 집중 분석

(※ 노무현이 대통령으로 당선된 당시는 김영삼과 김대중의 연이은 실패로 국민의 실망과 불만이 극에 달한 상태였다. 그래서 국민은 비교적 나이가 젊은 노무현을 대통령으로 뽑아 줬다.

노무현은 대통령으로서 참담했던 역사와 엉클어진 나라와 분열된 국민을 적극적으로 껴안아야 했고, 종합적으로 해야 할 일과 적극적으로 할 수 있는 일들이 산적했다.

그런데 임기 시작과 동시에 검찰을 희생양 삼아서 개혁 대상으로 전락시켰고, 나라 분위기와 국민의 관심사를 100여 년이나 지난 과거(친일파 청산, 민족문제연구소)로 몰아갔다.

이는 노무현 대통령은 물론 핵심 측근들과 지지 세력이 집권과 동시부터 적극적인 대안도 미래 비전도 능력도 철학도 자질도 준비도 전혀 없었음을 스스로 자백·입증해 버린 셈이었다.

필자는 노무현을 집중적으로 분석하기 시작했고, 참담한 실패와 비극적인 운명을 확신·경고했다.

앞으로 대한민국은 물론이고 개인적으로도 가정적으로도 인간관계에서도 인류사적으로도 '친일파 청산' 같은 야비한 짓들이 없어야 하고, 이처럼 교활한 악질들에게 이용당하거나, 속아 넘어가거나, 방치하는 한심한 바보들이 있어서도 안 된다.)

(※ 필자(58년생)는 이승만 시대는 직접 겪어 보지 못했다.

학창 시절에 독재(박정희, 전두환, 노태우)를 겪으면서 독재 세력을 싫어했고, 민주화(노태우, 김영삼, 김대중, 노무현)를 겪으면서는 민주화 세력에 극도로 실망·실패를 확신·경고했으며, 독재의 후배뻘인 이명박과 독재의 자식뻘인 박근혜도 실망하고 실패를 경고했다.

심지어 김정은과 시진핑의 하수인에 불과했던 좌파 독재자(문재인) 때는 종북·좌파·주사파·중공몽 세력을 극도로 혐오·멸시했다.)

1.
'친일파들'보다 더 비열·잔악한
'친일파·적폐 청산론자들'

(※ 여기 내용은 노무현 정권 초기에 필자가 '친일파들보다 더 비열한 친일파 청산론자들'이라는 제목으로 열린우리당과 청와대 홈페이지와 언론사들에 한동안 배포하고, 저서에도 소개했던 내용이다.

그런데 23년이 지나서 또다시 '적폐 청산'과 '친일파 몰이'등 비인간적인 만행이 재현되었다.

이는 23년이나 지난 시점에서도 여야 정치권도, 보수·진보 세력과 지지층도, 일반 국민의 의식 수준도 근본에서 좋아진 것이 없었다는 명백한 증거다. 다시 말해서 우리는 5천 년 정치·문화·사회·민족성 등 변화를 몰랐듯이 우리 현대사 역시 수많은 사람이 희생당했음에도 결국은 '말짱 도루묵', '꽝'이었다는 이야기다.)

【본문】친일파들보다 비열·잔악한 친일파·적폐 청산론자들

중국의 무협지 수준인 친일파(적폐) 청산론자들

중국인들의 인간성과 문화를 가장 상징적으로 함축해 주는 것이 무협지와 무협 영화다. 무협지와 무협 영화는 엉망이었던 과거에 발생한 비극적인 개인사와 가족사에 인생을 내맡긴 채 원한과 보복과 중상모략이 정의와 의리처럼 행해진다.

이처럼 무협지와 무협 영화는 존엄해져야 할 인간이, 특히 미래를 이끌어 가야 할 젊은이들이 몸담은 현실(문제들)을 적극적으로 끌어안아서 책임지려고 하지 않고, 피비린내 나는 보복과 살육과 암투와 전쟁으로 서로를 망가뜨리고 망가지는 비인간적인 인간성과 역사 과정을 적나라하게 보여 준다.

만일 모든 인간이 무협 영화처럼 살아간다면 온 세상이 지옥으로 전락할 수밖에 없다. 왜냐면 좋은 점은 무시되고, 갈수록 나쁜 점들이 확대·재생산·뻥튀기되면서 죽고 죽이고 모략하는 지옥의 구성원 역할에 충실하기 때문이다.

무려 60년(이 글을 쓰던 시점까지) 동안 해결하지 못했던 친일(파) 청산

한일합방은 역사적·국가적 사건이다. 그래서 친일(행위)의 원인과 책임은 개인(친일파, 백성들)보다 먼저 허약한 국가(조정)와 후진적인 문화와 열등했던 민족성에서 찾아야 한다.

그래서 일본이 침략했을 때 우리 조정(나라)의 상황부터 확인해야 한다. 그리고 그 이전의 사회상과 백성들의 비참한 인생과 후진적인 의식 구조 등을 확인해야 한다. 그런 다음에 개인들의 친일 행위를 따지는 것이 순서다.

당연히 그간에 우리끼리 잘못하고, 차별하고, 허약해지고, 무가치하게 살았던 민족성과 문화와 관행과 인간관계와 사회 제도 등 거의 모든 면을 점검하고, 반성하고, 승화하고, 화합하고, 용서하고, 통합해야 한다.

왜냐면 지나 버린 과거는 그렇다 치더라도 우리 국민이 의식을 향상하고, 사회문화가 월등해지고, 도약하는 것이 중요하기 때문이다. 그래야 우리가 일본보다 강해질 수 있고, 일본을 깨우쳐 줄 수도 있으며, 일본이 나아갈 방향과 미래의 본보기가 되어 줄 수도 있다.

당시 우리의 사회 현실과 백성들의 삶을 살펴보면

우리 백성들은 일본이 침략하기 훨씬 전부터 빈곤과 차별과 불행이 극에 달해서 비참한 상태였다. 백성들은 나라(조정)로부터 보호받지 못했고, 백성의 대부분이 상놈과 천민으로 전락한 채 양반·관리들에게 학대·착취당했으며, 의지할 곳이 없었고, 국가적 자긍심도 인간의 존엄성도 없었으며, 어떻게든 각자 알아서 살아남아야 했고, 나라까지 빼앗겼다.

이런 상황에서 일본은 우리 백성들을 회유하기 시작했고, 일자리와 지위를 제공했다. 일부는 돈으로 유혹하거나, 무력으로 압박했다. 이처럼 갖가지 압력과 술책과 회유를 백성들이 이겨 낸다는 것은 차라리 죽는 것보다 더 어려웠을 수도 있다. 어쩌면 백성들로서는 일본 덕분에 차별과 굶주림에서 벗어나는 행운의 기회와 출세를 보장받는 횡재처럼 여겨졌을 수도 있다.

(※ 백성들로서는 자자손손 대우도 인정도 받아 보지 못했는데 상황이 달라지고 신세가 바뀔 수 있기 때문이다.)

당시에 우리는 국가관도 가치관도 아예 없었고, 극심한 굶주림과 빈곤에 허덕였으며, 동족으로부터 갖가지 차별과 착취와 학대에 시달렸다. 심지어 일본군(임진왜란 때는 왜군)들이 물러나면 백성(상놈)들이 양반·관리들에게 또다시 심하게 핍박당할 것을 걱정했을 정도로 우리끼리 혹독하고 악랄했다.

어떻든 백성들 대부분은 민족과 나라와 후손과 미래를 걱정할 수준도, 유혹과 협박과 회유를 버텨 낼 자존심과 국가관도 없었다.

(※ 필자는 '내가 일제에서 태어나서 살았더라면'이라고 가정해 보았다. 그런데 필자 역시 무엇을 어떻게 했을지 장담할 수 없었고, 절대 친일파가 아니었을 거라고 장담·입증할 근거도 없었다. 실제로 필자가 사회생활 할 때도 우리끼리 접대받고 얻어먹고 뜯어먹고 물어뜯고 괴롭히는 연속이었다.)

그 당시 상황을 재조명해 보면

첫째, 조정은 무능함과 탐관오리들의 부패로 극도로 허약했고, 백성은 빈곤과 착취에 방치된 채 끼니 해결도 힘들었다.

둘째, 백성들은 쇄국 정책으로 어둠에 갇힌 상태였고, "낫 놓고 기역 자도 모른다."라고 할 정도로 무지·무식했다.

셋째, 양반과 관료들은 국제사회에 무지했고, 수신제가와 치국평천하를 위해서 호의호식과 입신양명과 부귀영화의 연속선에서 높은 곳만을 위하고 향했으며, 아랫것들은 천시하면서 짓밟고 희생양 삼았다.

넷째, 남녀노소를 불문하고 차별에 멍들어 있었고, 조정과 관리들은 차라리 없는 것보다 못했다.

다섯째, 이런 지경에 나라까지 빼앗겼고, 백성들은 각자 알아서 살아남아야 했으며, 살아남는 방법도 제각각일 수밖에 없었다.

(※ 오늘날 북한 인민들이 똑같은 상황을 겪고 있다. 그런데 훗날 누군가가 어느 날 갑자기 인민들의 과거(신분, 행적)와 행위(도둑질, 밀수, 탈북, 월남, 체제 전복, 보위부 등)를 매국과 역적 행위로 내몰아서 명단을 작성하고, 처벌을 주장하면 어떻겠는가?)

친일 행위는 받아 놓은 밥상과 같아

우리처럼 내부가 부실한 상황에서 친일 행위는 받아 놓은 밥상과도 같았다. 6.25 남침 때는 남한에서 독재에 환멸을 느낀 지식인들이 월북했고, 북한에서 김일성을 겪어 본 사람들 역시 환멸을 느끼고 월남했다.

이는 우리 역사도 민족성도 시대에 상관없이 엉망이었다는 이야기다.

임진왜란 때도 빈곤과 착취와 차별에 시달리던 백성들이 양반(탐관오리)들에 대한 반발심과 보복 심리로 왜군의 침략을 수수방관했다. 심지어 왜군들이 악랄한 탐관오리들을 모조리 없애 주길 기대했다는 증거와 증언들이 전해진다.

동학 혁명에서도 조선은 백성의 반발과 저항이 극에 달했고, 당연히 백성들도 엉망이었으며, 한편으로 백성들은 노예 수준이었고, 잔악했던 양반·관리보다 훨씬 더 무지하고 잔인하고 구제 불능이기도 했다. 6.25 전쟁 때 북한에 동조해서 대창으로 양반들을 찔러 죽였던 상놈(머슴)들의 잔악성도 증거다.

이것이 우리가 다 함께 반성·포용·용서·단합해서 새롭게 시작해야 했던 이유였고, 친일파·적폐 청산론자들이 친일파들보다 훨씬 더 비인간적이고, 반민족적이고, 교활하고 악랄한 이유다.

(※ 마치 북한 인민들이 내부 변화와 개혁은 엄두 내지 못한 채 차라리 전쟁이 터지길 바라거나, 남한과 미국이 김정은과 보위부 등을 제거해 버리길 바라거나, 인민들을 제발 살려 주고 도와주길 바라는 막다른 처지와 극한의 심리와도 같다.)

따라서 친일파든 친일 행위의 근본 원인은 초라하고 허약한 조정, 후진적인 민족성, 관료들의 부패, 처참한 백성들의 삶과 무지, 봉건사회의 폐쇄성 등으로 인해서 우리를 지켜 내고 버텨 주는 국가적 자긍심도, 인간의 존엄성도, 개인의 자존심도, 합리적인 사상도, 바람직한 문화도 없었음이 원인이다.

(※ 그처럼 아픈 상처와 과거였는데도 우리는 해방되었고, 오늘날에 이르렀으며, 뒤늦게라도 제대로만 했다면 이미 자유민주주의가 정착되었을 것이다.
그런데 정반대로 살아왔던 책임이 막중한 대통령과 지식인들과 심지어 시민단체까지도 반성은커녕 또다시 우리의 아픈 상처와 기억을 후벼 파면서 역사를 거꾸로 역행했다.)

친일파는 어떤 사람들이 해당하는가?
친일파를 기어코 정의한다면 나라를 빼앗겼던 36년 동안 목숨 걸고 싸우지 않았거나, 일제의 통치 아래서 막연히 살아간 당시의 왕권, 관리, 양반, 백성, 민족성은 물론이고 허약했던 역사와 문화 그리고 이를 똑바로 정리하지 못한 후손들을 총칭하는 의미여야 한다.
이런 의미에서 우리는 친일파를 적극적인 친일파와 소극적인 친일파로 나눌 수 있다.

적극적인 친일파

적극적인 친일파는 일본의 편에 서서 나라를 팔아먹거나, 독립군들을 잡아들이거나, 독립을 방해하거나, 동족을 악랄하게 괴롭히고 착취했던 사람이라고 할 수 있다.

물론 오늘날 친일파 청산론자들의 조부모와 부모가 당시에 '적극적 친일파들'이 아니라고 장담·증명할 근거는 없다.

(※ 친일파들보다 훨씬 더 교활·비열한 윤미향과 김원웅 같은 인간들이 오늘날에도 있다는 것이 증거다.)

소극적인 친일파

소극적인 친일파는 당시에 우리 백성(양반, 상놈 등)이 모두 해당한다. 일본에 조금이라도(직접·간접으로) 협조했거나, 독립에 적극적으로 가담하지 않았던 대부분이 소극적인 친일파에 해당한다.

일본의 총칼에 겁을 먹었든, 가족의 생계를 위해서였든, 심한 차별과 억눌림을 한풀이하기 위해서였든, 단순한 심부름이었든, 일본 이름으로 바꿨든, 일본에서 공부했든, 일본으로 밀항했든, 일본인 기업에 취직했든, 일본말을 사용했든, 애국심이 부족했든, 적극적으로 대항하지 못했든 대부분이 소극적인 친일파에 해당한다.

하지만 이 역시도 실제 원인은 역사와 문화와 민족성이 열악하고 열등했던 것에서부터 찾아야 하고, 모두가 참담했던 과거에 대해서 눈물로 참회하고 반성하고 이해하고 승화하고 용서하고 포용하고 화합하면서 더 나은 사회문화와 미래로 나아가는 것이 일차적인(친일청산) 방법이다.

진정한 독립군은 누구인가?
독립군도 역시 소극적인 독립군과 적극적인 독립군으로 나눌 수 있다.

소극적인 독립군이란 일본, 일본인, 일본의 대동아 정책, 친일파에게 피해와 고통을 당해서 저항하다가 부상, 투옥, 고문, 죽임을 당한 사람이라고 할 수 있다. 이는 싸우게 된 동기가 피해와 고통을 당한 경우다.

(※ 친일파 청산론자들과 그들의 조부모와 부모들이 소극적인 독립군이라고 장담하고 보장할 근거는 없다.)

적극적인 독립군이란 조국의 해방을 위해서 목숨을 걸고 직접 투쟁하거나, 독립군에게 군자금을 제공해 준 사람이라고 할 수 있다. 이는 조국의 독립을 위해서 앞장서서 활동하거나, 위험을 무릅쓰고 협조해 준 독립투사들이다.

(※ 친일파 청산론자들과 그들의 조부모와 부모가 당시에 적극적인 독립군이라고 장담하고 보장할 근거는 없다. 설사 자기 부모와 조부모가 독립군이었다고 해도 자식들이 역사의 칼을 추켜들 권리와 자격은 없다.)

독립투사들과 그 후손들은 친일파 청산을 어떻게 생각할까?
일제(제국주의) 치하에서 조국을 위해 목숨을 바쳤던 적극적인 독립투사들은 그럭저럭 살아가던 사람들이 모두 친일파로 여겨졌거나, 준 친일파로 생각되었을지도 모른다.

또한 기왕에 친일(파) 청산에 실패했다면 후손들이 차라리 반성하고 용서하고 포용하고 화합하고 협력해서 아름다운 평화와 복지를 실현해 가길 바랐을 수도 있다.

실제로도 독립투사들은 우리가 일본보다 훨씬 더 부강하고 아름다운 나라와 진정한 선진국으로 도약해서 국제사회와 인류 평화에 공헌해 주길 바랄 것이다.

하지만 우리는 지금까지 제대로 한 것이 없었다.

심지어 후손들이 또다시 '친일파 청산'으로 나라와 국민(서민)을 망치는 역적 짓들을 자행하는 만행들을 지켜보면서 통탄할지도 모른다.

이렇게 본다면 독립투사들은 우리(후손)가 나라를 100-70년 전의 사건과 잘못으로 끌어다 놓고 분열하고 대립해서 사람만 끌어내리는 것을 지켜보면서 경악해서 무덤에서 뛰쳐나오고 싶었을지도 모른다.

과거에 친일파들의 악랄한 매국 행위는 무지하고 빈곤했기 때문이라는 변명이라도 가능하다. 하지만 오늘날처럼 안정되고 발전한 시대와 환경과 조건에서는 얼마든지 인간다운 협력을 통해서 월등한 사회문화를 이뤄 낼 수 있다. 이런 점에서 본다면 친일파 청산론은 과거 친일파들과 다를 바 없고, 오히려 훨씬 더 비열하고 잔악한 짓(발상, 인간성)이다.

친일파 청산론자들은 독립유공자들에게 언제부터 얼마나 어떻게 관심과 애정을 쏟았는지 따져 봐야!

독립유공자들과 후손(자녀)들이 비참할 정도로 어렵게 살았다는 것은 자타가 인정하는 사실이다. 그렇다면 친일파 청산론자들은 그간에 국가유공자들과 자녀들에게 얼마나 어떻게 위해 줬는지 따져 봐야 한다.

친일파 청산을 주장하거나, 친일파를 심판할 자격을 인정받으려면 독립유공자들과 그 자녀들에 대해서 평소에 쏟은 시간과 관심과 지원 사실이 명백해야 한다. 반대로 독립유공자들과 후손들의 힘겨운 삶을 방치했다면 오히려 반성할 대상이고, 청산되어야 할 대상이다.

친일(파) 청산은 어떻게 해야 하는가?

첫째, 한일합방은 일본과 조선의 국가적·역사적 사건이다. 따라서 우리가 국가적으로 왜 허약했으며, 나라까지 빼앗겼는지 원인 분석이 우선이다. 그리고 다양한 의견을 공론화하고 공감대를 조성해야 했다.

둘째, 우리 민족끼리 저지른 잘못들에 대한 역사적, 사회적, 문화적, 심리적, 인간적, 민주적 잘못(원인)들 곧 신분 차별, 빈곤, 무지, 양반의 횡포, 관리들의 착취, 폐쇄 문화, 봉건 의식, 부실한 세계관, 삐뚤어진 인생관 등에 대해서 샅샅이 확인해서 진심으로 반성하고 근본적으로 개선해야 했다.

셋째, 일본 제국주의 편에 서서 독립을 방해한 사실과 그 인물들, 악랄하게 동족을 괴롭히고 착취했던 적극적인 친일파들의 잘못을 찾아내야 한다. 그리고 최대한 반성과 용서를 병행하면서 그들에 대한 법적, 사회적 후속 조치를 진행해야 했다.

과거 청산은 반드시 전체 국민이 똑같은 입장으로 시도해야

해방 후에 우리는 매번 친일파 청산을 거론하면서 사람만 문제 삼다 실패했다. 이후 친일파와 결혼하고, 친인척이 되고, 사돈네 팔촌, 선후배 동문, 직장 상사와 동료와 부하 직원, 동업자가 되는 등 갖가지 인간관계가 형성되었다. 이들에게 고용되어서 월급을 받은 사람들도 있고, 이들을 고용해서 월급을 준 사람들도 있다. 이처럼 우리는 과거와는 전혀 다른 시대와 사회와 문화와 인연과 인간관계로 살아왔고, 살아가고 있다.

달리 생각하면 '친일(파)청산'이라는 특별한 격식과 처벌 절차 없이 서로의 부끄러운 과거와 잘못과 아픔을 조용히 묻어 버린 셈이기도 하다.

그래서 과거 친일 행위와 해방 후에 친일(파) 청산에 실패했던 잘못·책임에서 면책될 사람은 없다. 한마디로 우리 모두의 잘못이고 우리 모두의 책임이다. 그래서 특정 정당이나, 특정 단체가 불쑥 나서서 역사의 주체와 주인공처럼 행세하거나, 청산이라는 칼을 추켜드는 것은 또 하나의 반민족적·반인륜적인 범죄다.

따라서 '친일파 청산'에 앞서서 '친일 청산'부터 진행해야만 다수 국민에게 반성과 향상의 기회와 자격이 동시에 주어진다. 만일 '친일 청산'부터 시작했다면 '적극적인 독립군'을 제외하고는 친일 청산 대상에서 제외인 사람은 한 명도 없었다고 봐야 한다.

그랬다면 국민이 부끄러운 과거든, 수치스러운 자화상이든, 친일 행적이든 똑바로 정리해 갈 수 있었다. 비로소 가해자(친일 범죄자)들을 용서하든지, 찾아내든지, 처벌하든지, 환수하든지 정당성을 얻을 수도 있었다.

때문에 '과거 청산'은 반드시 전 국민이 똑같은 입장과 주체로서 서로의 과거와 잘못을 반성하고 용서하면서 밝은 미래로 향해 가는 대전제 아래서 진행되어야 한다. 역시 과거(친일 청산)를 정리해 가는 주체(세력)는 이익, 손해, 감정, 편견, 정치, 정당, 이념이 개입되지 않은 공정한 입장이어야 한다.

  만일 이후에도 다양한 연구와 국민의 의식 향상을 위한 적극적인 취지와 방안(과정)도 없이 '친일파 청산'을 주장한다면 과거 백성의 삶을 도탄으로 몰아넣은 탐관오리들의 비열한 습성과 저주를 반복하다가 그대로 후대에 대물림해 주는 것과 다름없다.

2.
참여(노무현)정부의 개혁 실패
(2003.10.13. 작성)

(※ 당시에 필자가 노무현의 내면(인간적·심리적·무의식적)을 집중 분석·정리한 내용을 소개한다.

그간에 노무현을 지지했던 사람들은 부디 읽어 보고, 누구든지 공개적인 질문·반박·토론 등을 제기하거나, 아니면 근본적으로 변화하길 진심으로 기대한다.)

노무현 대통령은 한국의 대통령 중 처음으로 "내부 동력에 의한 개혁"이란 말을 사용했다.

나(필자)는 '개혁', '부정부패'를 연구해 왔고, '아래로부터의 개혁'을 강조해 왔다. 그리고 참여 정부에 개혁의 핵심 원칙 등을 정리해 줬다. 그런 상황에서 노무현 대통령의 말(내부 동력)을 처음 접할 때 너무나 반갑고 감격스러웠다. 하지만 불과 취임 2~3개월 만에 '국민의(김대중) 정부' 내내 느꼈던 좌절감과 배신감이 또다시 뼛속으로 파고들었다.

눈이 있고 생각이 있고 양심이 있는 사람이라면 우리 역사를 장식하고 민족성을 지배해 온 아래 낱말들을 살펴보길 바란다.

왕권주의, 봉건주의, 관료주의, 신분(양반·상놈) 차별, 지역·남녀·적자서자 차별, 가족(며느리, 아들딸, 장남 차남) 차별, 당파 싸움, 식민지배, 독재, 권위, 특권 의식, 기득권 의식, 대립, 전쟁, 비난, 투쟁, 유착, 쟁취, 씨족 중심, 가부장제, 빈곤, 부정부패, 무사안일, 무소신, 청탁, 압력, 학연, 지연, 혈연, 뇌물, 위·불·편법, 개인적·비현실적인 사후세계 등이다.

이처럼 과거와 현재와 사후까지 몽땅 뒤엉켜서 엉망이 된 상황에서 변한 것은 대통령이 한 사람 바뀐 것뿐이다. 그런데 없던 '내부 동력'이 어디에서 갑자기 솟아나겠는가. 더구나 바로 직전 '국민의 정부'는 입만 가지고 껍데기 개혁을 시늉하다가 곳곳을 망쳐 놓았다.

이런 상황에서 대통령이 되었다면 내부 동력을 제조해 내든지 아니면 최소한의 기초 동력이라도 제공하는 것은 당연한 상식이었다. 그런데 곧바로 "내부 동력"을 요구했다면 노무현 대통령의 정신 속에서부터 제일 먼저 개혁해야 하고, 이미 개혁에 실패한 셈이다.

이는 자신감을 상실한 대통령이 개혁 실패를 예감한 것이고, 그 책임을 정부 부처로 떠넘겨 놓기 위해서 공(내부 동력, 개혁의 주체)을 공무원과 국민 쪽으로 슬며시 미뤄 버린 것이다. 더욱 기막힌 점은 검찰(개혁)에 대해서는 내부 동력과는 반대로 대통령이 주인공으로 전면에 직접 나섰다.

이후 여러 가지 정황들을 살펴보면 노무현 대통령과 측근들은 내부 동력 방안은커녕 개혁이 무엇인지조차 몰랐다.

노무현 대통령은 당선만 되면 또 다른 거대한 「동생 노사모」가 떼거리로 쏟아져서 개혁을 진행해 주고, 대통령을 성공시켜 줄 것으로 착각한 것은 아닌지 의심스럽다. 만일 국민이 대통령을 뽑아 놓고 내부 동력까지 제조해서 개혁을 성공시켜 준다면 그런 대통령은 누구든지 할 수 있고, 존재할 필요도 없다.

'내부 동력'이 살아날 수 없는 이유

다수로 구성된 조직·사회가 갖춰야 할 3대 필수 요소는 공통 목표, 원활한 의사소통, 협동 의욕이다.

그런데 우리 역사와 문화와 민족성은 3대 요소를 방해·해치는 내용들로 넘쳐 났다. 실제로도 우리는 봉건적·권위적·배타적·폐쇄적·차별적·비인간적·비민주적이었다. (…중략…)

이러한 모든 원인과 잘못은 우리 국민에게 있어

지금도 우리는 선진국들의 좋은 면들을 찾고 본받아서 더 나은 사회 문화로 나아가는 것에 소홀·무관심하다. 역시 우리의 과거나 다른 나라들에 비교하면서 우리를 합리화하고 자화자찬한다.

그러는 동안에 우리는 과거 빈곤과 열등의식의 반작용으로 고가 명품과 호화 사치와 향락과 퇴폐 행위까지 서민들에게 전이되어 왔다. 과거에는 재벌, 고위층, 정치인, 부유층에서 행해졌던 해외 원정 고액 도박과 해외여행이 일반 국민과 심지어 젊은 청소년들도 일확천금을 꿈꾼다.

그래서 내부 동력은커녕 모여서 먹고 노는 데 시간과 정신과 비용과 인생을 소모하고, 갖가지 이유로 파산하고 이혼하고 자살하는 사람들이 급격히 늘어나고 있다.

그런데도 원인 분석은 없고, "모난 돌이 정을 먼저 맞는다", "혼자 앞서가면 찍힌다", "너무 많이 알면 다친다" 등 상대방 존중은 없고, 무기력과 무능을 변명하고 합리화한다.

이런 상태로는 내부 동력이 생겨날 수 없다. 무사안일, 눈치 보기, 줄서기, 연줄 달기, 적당주의는 하루 이틀에 생겨난 의미들이 아니다.

독재 시절에 정당성을 얻었던 투쟁과 시위와 반대를 이제는 건전한 사회 분위기와 국가 미래를 뒷받침해야 할 전교조, 노조, 의사, 교수, 교장, 공무원들도 집단 이익을 위한 무기로 사용한다.

순수하고 진지하고 똑바르고 실천하고 책임지는 교양인들과 지성인들은 모두 어디로 숨었기에 우리는 매일 매시 곳곳에서 비난과 투쟁과 시위와 반대의 목소리만 듣고 살아야 하는지 안타깝다.

(※ 오늘날도 언론에는 저질 정치인들과 범죄자들에 관한 보도들로 도배되고, 미래를 이끌어 갈 참신한 인재들과 훌륭한 인물들에 관한 내용은 찾아보기 어렵다. 이런 수준으로는 절대 대한민국이 과거를 극복할 수 없고, 현상도 유지하기 어렵다. 도대체 우리가 내세우는 인간다운 사람들은 모두 어디에서 무엇들을 하는가?

지금 우리는 편 가르기가 아니라 진지한 논의와 협력이 필요하다. 국민이 흥분과 대립과 감정의 도가니처럼 들끓다가 끝나 버리면 희생자들만 양산될 뿐 대다수 국민이 어느 한쪽을 일방적으로 두둔해 주는 박수 부대 신세로 전락할 수밖에 없다. 누군가의 잘잘못을 떠나서 대한민국은 지금도 앞으로도 넘어야 할 산과 골이 너무나 많다.)

3.
노무현의 한심한 개혁과
비참한 말로(경고) (2004.3.16. 작성)

(※ 필자는 우리 대통령들을 상대로 김대중은 90~95%, 노무현은 99%, 이명박은 99.98%, 박근혜는 3,000% 성공 불가능(실패)을 내용 증명으로 경고했다. 박근혜에게는 무려 세 차례를.)

필자가 노무현 대통령의 실패와 비참한 말로를 확신·경고했던 내용

첫째, "만일 노무현이 임기 1년을 무사히 넘기면 내 콧대를 부러뜨려도 좋다."라고 확신·장담했다.

둘째, 6-5개월 만에 청와대(게시판)와 열린우리당과 언론사들에 '노무현 대통령의 비참한 말로는 숙명적'이라는 글을 올렸다.

노무현은 임기가 끝나면 첫째, 자살. 둘째, 교도소. 셋째, 정신 병원. 넷째, 해외 도피. 다섯째, 산골 은둔 중 하나일 정도로 말로가 비참하다. 노무현이 죽지 않고 사는 방법은 오직 다섯째(산골 은둔)뿐이다. 은둔할 때는 반드시 다음과 같은 취지로 대내외적으로 선언해야 죽음을 모면할 수 있고, 다시 살아날 수도 있다.

"국민 여러분 나는 대한민국을 자유민주주의 선진 복지국가로 만들려고 대통령이 되었습니다. 그런데 어림없는 상황이 되었고, 오히려 엉망진창을 만들어 놓았다는 죄책감이 앞섭니다. 그래서 나는 대통령으로서의 예우 중에서 최소한의 경호 인력을 제외한 나머지는 포기하겠으며, 초야에 묻혀서 속죄(죄 닦음)하는 심정으로 살아가겠습니다." 이렇게 선언하고 은둔하면 아무도 건드릴 수 없다. (…생략…)

4.
기회주의로 성장해 온 노무현 대통령
(2004.3.16. 작성)

우리 사회는 하루가 다르게 변화 중이다. 이런 변화가 대통령의 합리적인 철학과 효율적인 정책에 근거한 적극적이고 체계적인 개혁이었다면 얼마나 복된 나라와 국민이었을까 하는 안타까움이 가득하다.

앞으로 우리 사회는 지난 과거의 부패와 무능이 무너지는 변화가 아니라 참된 복지와 화합으로 발돋움하는 적극적인 변화가 이루어져야 한다. 이를 위해 우리 한국이 위기 상황임을 알리면서 노무현 대통령의 개과천선을 호소하는 바다.

지금 노무현 대통령은 선배 대통령들의 실패를 되밟는 중이다. 그 때문에 자기 인생을 망치는 것에서 그치지 않고 한국 사회를 심각한 위기와 분열로 몰아갈 수밖에 없다.

먼저 노무현이 대통령에 당선된 배경을 살펴보기 위해서 김영삼과 김대중 두 대통령부터 언급해 보자.

김영삼 대통령

김영삼은 폭력배(군사독재)에게 얻어맞으면서 싸우다가 같은 편이 되어서 우두머리(대통령)가 되었고, 군사독재의 텃밭이었던 '하나회'를 과감하게 정리했으며, 금융 실명제를 실시했다.

하지만 김영삼의 일생은 독재에 맞선 저항·투쟁·시위가 전부였고, 이는 자유민주주의 지도자로서의 적극적인 지도력과 통솔력과 통찰력과는 무관하거나, 오히려 정반대였다.

어쨌든 김영삼은 독재에 저항하고 투쟁한 대가(대통령)를 김대중보다 먼저 수확했고, 결국은 IMF 사태를 초래했다.

따라서 김영삼에게 대통령으로서의 합리적인 철학과 국가 개혁을 요구·기대하기는 무리였고, '실패한 대통령'이라는 표현보다는 '성공하지 못한 대통령'이 더 적절하다.

김대중 대통령

김대중도 평생을 저항의 연속이었고, 김영삼보다 특별히 월등하고 대단한 것은 아니었다.

그래서 김대중이 정계 은퇴 선언을 번복하면서까지 대통령에 출마하려면

첫째, 최소한 권력에 대한 야심이나, 영웅심이나, 명예나, 사리사욕은 상상도 하지 말았어야 했다.

둘째, 대한민국에 자유민주주의를 정착시키고, 선진 복지국가로 도약하는 밑바탕을 닦아야 했다.

셋째, 대한민국의 후진적인 국민성과 문화와 관행을 상대로 병폐와 부작용을 조사하고, 모범 사례들을 발굴하고, 국민 정서를 환기·고취하고, 참신한 인물 발굴과 인재 양성에 역점을 뒀어야 했다.

하지만 김대중은 당선되자마자 개인 명예(노벨 평화상)에 집착했고, 과거 정권들에서처럼 부정부패를 답습했으며, 심지어 자기 자식들이 대형 비리(게이트) 범죄자들로 전락할 정도로 실체와 본바닥을 드러내는 등 '실패한 대통령'으로 끝났다.

기회주의로 성장해 온 노무현 대통령

노무현 대통령은 이승만, 박정희, 전두환, 노태우, 김영삼, 김대중 등 선배들이 해결하지 못한 문제들을 총체적으로 정리하고 해결해서 나라와 국민을 업그레이드시켜야 하는 힘겨운 입장이면서도 동시에 마음껏 능력과 기량을 발휘할 수 있는 절호의 기회였다. 젊은 나이로 보았을 때는 더욱 그래야 했고, 당연히 총체적인 안목과 방법으로 개혁을 추진해야 했다.

당시에 국민들은 대통령들의 실패에 대한 실망이 극에 달한 상태였고, 대한민국의 시대 상황과 국민의 여망(기대감)으로 봤을 때 노무현은 얼마든지 대국민 호소·설득·계몽·개혁이 가능했다.

반대로 노무현 대통령이 대한민국이라는 판 자체를 근본적(거국적)으로 정리하지 못하면 참담했던 역사와 문화와 민족성과 선배들(독재, 저항, 투쟁, 실패, 부작용, 관행 등)에 파묻힐 수밖에 없었고, 나라와 국민은 더욱 분열·악화할 수밖에 없었다.

더구나 당시 상황은 선배 대통령들이 지녔던 장점들(권한, 자질, 능력)을 노무현 대통령에게 모두 몰아줘도 참다운 개혁은 성공도 시도도 불가능에 가까웠다. 왜냐면 한국의 대통령들이 실패할 수밖에 없는 거대한 악순환의 통로와 전철이 뚫려 있고, 국민의 정서 역시 실패에 익숙해져 있기 때문이다.

노무현의 출세·인생에서의 불길한 징조와 비극적인 운명

노무현이 몸담았던 정당은 부패한 퇴물 집단으로 전락했고, 이는 그가 대통령에 당선되면 대한민국 역시 만신창이가 될 것이라는 징조 겸 예고편이었다.

이는 나라도 국민들도 노무현 세력의 주도권 장악 수단으로 이용당하거나, 심술 대상으로 전락할 것이고, 더욱 망가질 뿐이라는 암시다. 그래서 노무현 대통령의 개과천선을 주문하는 것이다.

※ 추가

"선배 대통령들이 지녔던 장점들(권한, 자질, 능력)을 노무현 대통령에게 모두 몰아줘도 참다운 개혁은 성공 불가능에 가까웠다."라는 의미는 이후에 대통령에 당선된 이명박도 박근혜도 문재인도 마찬가지다. 왜냐면

- 대한민국은 역사, 문화, 민족성, 관행, 인간관계의 방식·형태와 그에 영향받은 국민 정서가 자유민주주의에 무관·어긋나고, 대통령이 잘하고 싶어도 뜻대로 되지 않으며,

- 대한민국은 대기만성형인 국운이어서 역사와 현대사의 연장선에 서는 찬란한 국운을 맞이할 수 없고,
- 그렇게 될 수밖에 없었던 저변의 원인을 찾아야 하고, 몰락과 망국으로 연결되었던 과정(프로토콜)을 바꿔야 한다.
- 그간에 우리는 잘못된 저변과 근본에 무지·소홀·무관심했고, 엄청난 희생과 실패와 악순환을 대가로 치를 수밖에 없었다.

사실 노무현은 잔머리(술수)에 의존해서 정치적으로 성장해 온 기회주의자다. 왜냐면 자신이 몸담았던 정치집단에서 잇속이 떨어지면 내팽개쳤고, 그러면서도 노무현 자신은 청렴하고 정의롭고 개혁적인 인물로 포장하는 행보를 반복했기 때문이다.

실제로 노무현은 김영삼과 김대중에게 연거푸 등을 돌렸고, 그가 몸담았던 텃밭(김영삼, 김대중)은 구태의연한 퇴물 정도로 취급당했다. 하지만 노무현은 정치적으로 불리해지자 "김대중의 정신을 계승한다."라고 태도를 바꿔서 비위를 맞췄다.

노무현의 이런 행보는 대한민국을 거시적·거국적·총체적으로 접근·해결할 안목과 자질이 없다는 증거이고, 몸담았던 정당(조직)이 엉망일 때 변화와 개혁을 강조·주도하기보다 마치 투사처럼(개인으로) 행세하면서 등을 돌렸다. 솔직하게 표현하면 배신을 되풀이해서 출세한 비열한 잔머리꾼인 셈이다.

분명한 사실은 노무현은 자신이 몸담았던 조직에 대해서 책임진 일이 없었고, 자신이 개혁하지 못한 무능함을 반성해 보지도 않았으며, 조직의 개혁을 위해서 몸부림친 흔적(인간미, 지도력)이라고는 찾아볼 수 없었다. 또한 노무현을 이끌어 주고 함께했던 사람들이 오물을 뒤

집어쓴 것에 비교해서 노무현은 항상 깨끗하고 정의롭다는 이미지까지 챙겼다. 이는 상당히 비겁하고 야비하고 교활한 인간성이고, 임기가 끝나자마자 죗값을 치렀다.

이후에도 노무현은 대통령 당선 전후의 잘못들(민주당의 분열, 측근들의 불법 자금 수수 등)에 대해서 자신은 무관한 것처럼 시치미를 뗐다. 심지어 노무현의 핵심 참모들이 줄줄이 쫓겨나고, 감옥에 가는데도 자신은 청렴한 개혁가처럼 행세했으며. 이는 그가 근본적으로 지능적이고 기회주의적이었음을 의미한다.

따라서 노무현과 함께했던 사람이나 조직은 노무현의 참신성과 개혁성을 빛내 주기 위한 액세서리나, 어차피 한물간 퇴물들에 불과했다. 다시 말해서 변호사 출신인 노무현은 사람들과 함께하면서도 항상 자신의 부정을 숨겨 주거나, 참신성을 입증해 주는 희생양을 만들어 놓았던 셈이고, 잘못과 실패의 책임을 떠안아 줄 대타용 희생양들도 준비하는 등 교활한 정치꾼이라고 할 수 있다.

결국 노무현은 지도자로서의 합리적인 철학과 능력과 미래 비전과는 무관하게 김영삼과 김대중의 틈새를 교묘하게 이용했고, 두 사람의 실패에 편승·기생·악용하던 중 갑자기 대통령에 당선되었다.

그런데 이처럼 지능적이고 기회주의적 근성이 더는 옮겨 다닐 곳이 없고, 올라갈 곳이 없고, 책임만 짊어져야 하는 대통령이 되면서부터 치명적인 약점과 비극적인 운명과 종말의 원인이었다.

5.
노무현(대통령으로서)의 치명적인 약점
(2004.3.16. 작성)

여기서는 노무현이 대통령으로서 '개혁'에 관련된 인식, 준비, 자질, 능력, 추진력 등 거의 모든 면에서 치명적인 이유를 정리했다. 먼저 내용이 난해하고 지루한 내용인 점 양해 구하고, 정신이 맑은 시간에 집중력을 발휘해서 정독해 주길 바라고, 그래도 이해와 적용이 쉽지 않음도 양해 구한다.

우리 국민도 정치인도 공무원도 '개혁'이 얼마나 난해한지 이해하고, 종합적인 관점을 확보했으면 한다.

① 책임지기 무서워하는 회피형 졸장부

노무현 대통령은 결단이 절실한 첨예하고 중대한 현안마다 칼자루를 정부나 국민이나 시민 단체에 떠넘겨 버릴 정도로 무책임하고, 우왕좌왕하고, 우유부단한 모습을 보였다.

그러나 중대사가 아닌 사소한 부분에서는 능력과 여유가 넘치는 사람처럼 교만하고 도도한 열등감을 표출해 냈다. 이는 뒤에서 다시 정리된다.

② 실패가 예상되면 책임을 떠넘길 상대를 물고 들어가

노무현 대통령은 취임해서 제대로 시도한 일도 없이 너무 쉽게 자신감을 상실했고, "내부 동력이 살아나지 않는다."라고 자신의 무능을 공무원들에게 전가했다. 이는 앞(주제)의 내용으로 대신한다.

③ 개혁에 철저히 무지했던 노무현 대통령

혁명은 일단 명분과 힘이 있으면 시도도 성공도 가능하다. 왜냐면 혁명은 주체자가 칼자루를 쥐고 있고, 국민은 거기에 맞춰야 하기 때문이다. 그래서 혁명에는 반드시 본보기용의 처벌이 뒤따른다.

하지만 개혁은 혁명보다 훨씬 더 어렵다.

왜냐면 개혁은 반대자와 반항자와 무관심한 사람들까지 포용해서 함께 가야 하고, 특히 희생자를 최소화해야 하기 때문이다. 그래서 개혁은 엄청난 연구와 준비와 시간과 능력과 안목과 공감대와 집중력과 통찰력이 동시에 필요하다. 따라서 개혁은 명분과 힘은 물론 합리적인 철학과 이를 구체화할 월등한 정책이 필수다.

따라서 흔히 혁명은 집권하면 성공이지만 개혁은 포용, 반성, 용서, 화해, 협력, 향상, 도약, 새롭고 월등한 사회문화와 미래 비전이라는 일련의 과정을 거쳐야 한다. 왜냐면 개혁은 혁명처럼 일방적으로 끌고 가는 것이 아니라 가해자와 피해자와 기득권자와 무능과 무지까지 모두 함께 가야 하기 때문이다.

그런데 우리처럼 역사와 문화와 민족성이 엉망인 속에서 분열되어 있거나, 불신과 불만이 오래 누적된 경우는 모두를 끌어안아서 함께 나아가기가 절대 쉽지 않다.

당연히 사람들의 욕구 불만과 의견을 일부는 존중·수렴하고, 일부는 양보시키고, 일부는 거절하고, 일부는 설득하고, 일부는 조정하고, 일부는 강력하게 단속하면서 획기적인 계획과 참신한 방법으로 밝고 희망적인 미래로 유도하고 안내해야 한다.

특히 개혁이 어려운 이유는 구성원들 대부분이 타성과 관행에 안주한 채 변화하지 않으려고 하기 때문이다. 그래서 특별히 누구를 믿고 의지할 수도 없고, 그렇다고 무시해 버릴 수도 없고, 포기하지도 못하고, 희생양 삼아 버리거나, 낙오자로 취급해 버릴 수도 없다.

역시 혁명은 단기간에 성패가 결정되고, 실패하면 관계자들만 처벌받으면 된다. 그러나 개혁은 장기간 철저하게 준비해서 체계적으로 진행해야 하고, 반대로 졸속으로나 정략적으로 개혁을 추진하면 나라와 국민이 엄청난 부작용과 피해를 감당해야 한다.

개혁은 전체가 한 단계, 몇 단계 향상·도약하는 진지하고 성숙한 과정이어야 한다. 역시 개혁의 성과로 얻어진 결실과 보람은 각 분야, 각 계층, 전 국민의 몫으로 골고루 돌아가야 한다. 그래서 인류 역사에서 혁명이 성공한 것에 비교하면 개혁이 성공(승리)한 경우는 극히 드물다. 한마디로 개혁에서는 '개혁을 언급(주장)하는 사람과 세력이 이미 개혁의 대상'이어서 성공과는 거리가 너무나 멀다.

사실 개혁이 절실한 사회일수록 이미 기존 질서, 기존 사고, 국민성, 인물, 관행, 방식 등이 나라와 국민에게 공헌하지 못했고, 자기들 앞가림도 하지 못한 채 부작용들을 만들어 냈다는 이야기다.

더구나 '개혁'이나 '공정'이나, '정의'가 장기간 강조되었던 사회라면 구성원들 대부분이 개혁 대상에 포함되어야 개혁 추진이 가능하다. 당연히 모두 함께 반성, 용서, 화해, 협력, 향상하도록 피차 마찬가지인 서로를 이해하고 승화하고 포용하고 용서하고 새롭게 출발해야 하고, 미래 비전과 월등한 가치관과 형이상학적인 고급 목표가 설정·제시되어야 한다. 그래야 과정에서의 수많은 부작용과 한계와 변수를 감당·극복하면서 함께 나아갈 수 있다.

그래서 개혁에서는 너·나의 구분, 잘잘못에 연연, 상대방에 대한 비난과 공격, 원망과 책임 전가, 세대 차별이나 이념 갈등, 시비 이해와 감정적 분위기에 연연하면 개혁의 'ㄱ'자부터 어긋나게 되고, 애당초 개혁을 몰랐다는 증거이며, 개혁을 빙자해서 주도권(권력)을 장악하려는 속셈이고, 아예 개혁을 망치는 결과에 이른다.

특히 우리는 역사 자체가 워낙 암울하고 답답하고 후진적이었고, 갑자기 민주주의와 자본주의를 받아들였다. 그래서 모든 국민이 비슷한 수준이었고, 심한 부작용들을 겪어 왔다. 이런 상황이기 때문에 서로가 도토리 키 재기를 반복하면서 싸우고 분열하면 진정한 개혁은 시작조차 불가능하다. 다시 말해서 저항과 투쟁으로는 제2-3의 기득권과 희생자들이 계속 양산될 뿐 밝고 맑고 명랑한 질적 사회는 불가능하다.

역시 혁명은 일정한 기준과 원칙이 생명이다. 기준과 원칙이 세워지면 누구든지 지켜야 하고 벗어나면 처벌받거나 숙청된다. 하지만 개혁에서는 '기준과 원칙'이 힘을 발휘하지 못한다. 왜냐면 개혁이 절실해진 사회는 이미 기준과 원칙이 무너져서 제대로 기능하지 못하기 때문이다.

이미 우리는 부정부패와 처세와 청탁과 압력과 뇌물과 관행과 권위와 특권 의식이 법과 제도와 원칙과 기준을 무력화한 지 오래다. 만일 노무현이 이를 절실하게 깨닫지 못했다면 개혁을 언급할 자격에도 미달이다.

따라서 개혁은 기준과 원칙을 강조하기보다 그간의 변칙과 술수와 관행을 분석해야 하고, 그렇게 되었던 우리의 밑바탕을 확인·점검·반성하면서 장단점을 종합적으로 정리해야 하고, 다음에 범국민적인 설득과 호소와 공감대 속에서 개혁을 추진해야 한다. 이는 모든 국민이 자기 생활 속에서 개혁의 주체가 되는 방법이고, 개혁에서 절대적으로 중요한 과정이다.

그런데 정부는 개혁의 진정한 의미가 나쁜 짓들을 못 하게 하는 것인지 아니면 바르고 참된 사회와 국민 의식을 고취·함양하는 것인지조차 구분하지 못할 정도로 답답하다.

④ 처음부터 개혁을 망치며 등장한 노무현 대통령

개혁은 그간에 잘못된 것들을 상대로 첫째, 없애야 할 것, 둘째, 바꿔야 할 것, 셋째, 새로 살려야 할 것이 필요하다.

첫째, '없애기 위해서는' 기존의 것을 바꾸고 버릴 수 있도록 더 나은 것(방안, 비전)을 제시해야 한다. 역시 무엇이 왜 잘못이고 어떻게 해야 하는지 명료해야 한다. 이는 소설에서 작가가 구상한 내용을 독자들의 것으로 만들어 내는 것과 같다.

둘째, '바꾸는 것'은 감독이 작품에 맞춰서 배역과 줄거리와 무대 등을 효율적으로 재배치하는 효과적인 시스템과 기능을 말한다.

셋째, '새로 살려야 할 것'은 대통령이 아닌 국민의 역량으로 악과 불의를 징벌하고 경각심을 주면서 그간에 위축되었던 유능한 인재들과 참신한 분위기로 대체하는 것을 말한다.

그러나 노무현 대통령은 작가와 감독의 역할과는 반대로 임기 초반(사법 파동)부터 자신이 주인공으로 전면에 나서 버렸다. 이 역시 시사하는 바가 매우 크다.

중요한 점은 대통령이 곧바로 전면에 나서기보다 개혁의 동력이 살아나도록 기초 동력을 제공해서 주인공 역할을 각 분야와 다수 국민에게 돌리려고 하지 않았다는 것이다. 따라서 오직 대통령 자신이 개인적 인기를 의식해서 개혁의 주인공으로 얄팍하고 성급하게 나섰다. 그래서 그 순간부터 대통령은 개혁의 핵심축을 스스로 짓밟아서 내팽개쳤고, 국민은 개혁의 축과 동력을 잃어버렸으며, 개혁을 빙자해서 도도하면서도 경솔하게 호들갑을 떠는 교만한 대통령만 보기 시작했다.

결국은 대통령이 국민에게 처음으로 얼굴을 내민 토론회에서 겨우 '대통령 권한', '믿고 따라 주라'라는 궤변만 되풀이했다.

이는 대통령으로서의 철학과 정책 제시는커녕 '자체적인 내부 동력'조차 이해하지 못했음을 노출한 것이다. 이처럼 대통령 스스로 내부 동력을 방해하고 깨뜨려 놓고도 부패 방지위원회에서 「공무원 윤리강령」을 발표하자 "공무원 사회의 자발적인 내부 동력에 맡겨 두는 것이 옳았다."라고 발언했다. 이런 이중성과 무지는 개인이 아닌 대통령이라는 점에서 보통으로 심각하지 않다.

⑤ 정부 주도의 생색용 개혁을 답습 중

우리는 그간에도 정권마다 나름대로 개혁을 추진했다. 그러나 개혁이 계속 실패했고, 국민에게 인정받지 못했다. 이는 대통령이나 정부가 개혁을 주도해서 성급하게 평가하고 생색을 내기에 급급했기 때문이다. 이처럼 대한민국의 개혁은 각 분야의 장·중·단기 계획이 제대로 세워지지 않았고, 입으로 개혁을 장담하면서 전시적인 성과를 내놓고 자화자찬하면서 자기들끼리 공과를 나누기에 급급했다.

- 노무현(정부도, 정치도, 언론도, 시민 단체도)도 개혁의 진정한 의미(개혁을 위한 국민의 자발적 참여와 자율적인 변화)를 몰랐고, 공무원들을 일방적으로 끌어가려고 했다.
- 역시 노무현은 개혁의 진정한 가치 곧 구성원들이 변화의 중요성과 방법을 터득·수립·추진하고, 성과와 보람을 통해 향상·발전하도록 필요한 논의와 준비와 조치와 자세와 분위기와 기회를 만들어 가도록 뒷받침해 주지 못했다. 그로 인해서 공무원들이 전시적인 성과와 성급한 평가(승진)에 집착했고, 성과급 잔치로 삐뚤어졌다.
- 노무현 대통령 역시 과거 정권에서 엉망이었던 인물, 권위, 조직, 제도를 바꾸는 것만으로 본다면 그것이라도 성공이라고 자평할 수 있다. 하지만 사실은 과거 인물들을 제대로 바꾼 것도 없었다. 이미 김대중 정부에서 반개혁적인 인사나, 개혁을 입으로만 장담하다가 실패했던 인사들이 각료로 기용되었고, 최근에는 국회 진출까지 거론되고 있다. 이는 상투적인 짓들이어서 정상적인 개혁에 접근할 수 없고, 1년을 지속하기도 힘들다.

- 이를 증명해 주듯이 노무현 대통령도 입으로 정치를 시작했다. 개혁과는 아예 관계없이, 개혁에 필요한 사전계획도 수립되지 않았는데 "동북아 중심 국가"를 선언했다. 그리고 연거푸 "2만 달러 시대"를 장담했다. 하지만 불과 한 달 만에 "재신임받겠다.", "국정 혼란과 국정 공백"임을 인정했다.

그런데도 또다시 야당 탓으로 돌리면서 행정부에서 제출한 사표를 모두 반려했다. 행정부는 잘못이 없다고 하면서도 대통령의 잘못은 인정하지 않았다. (이는 정권과 정부의 주체성과 정체성을 스스로 포기한 짓이었다).

또한 "동북아 중심 국가"와 "2만 달러 시대"를 선언했던 대통령이 최근에 "경제 살리기와 민생 챙기기"라는 선배 대통령들이 답습했던 수준 이하의 답답함을 복사판으로 되풀이했다. 이('경제와 민생')는 후반에 다시 거론한다.

⑥ 엄포하고 강요까지 하는 개혁

노무현 대통령의 국정 철학은 하얀 백지 수준이 아니라 엉망진창이다. 이를 입증할 만한 대통령의 발언들을 살펴보자.

첫째, "부처마다 개혁 세력을 만들겠다."
이는 대통령이 국정에 자신감을 잃고 불안해진 나머지 감시자 역할은 물론이고 친위대를 만들겠다는 협박까지 불사하는 초라함과 위험함이다. 따라서 노무현 대통령이 혹시 북한의 감시와 통제를 본받는 것은 아닌지 걱정될 정도다. 이런 걱정이 우려가 아님을 증명이라도 하듯이 요즘 공무원 사회에서는 사석에서 했던 말까지 외부로 노출되거나 문제가 되고 있다. 따라서 공무원 사회에서는 '철저한 입단속'과 '복지부동'은 물론 아예 땅에 찰싹 엎드리는 '낙지 부동'이 벌어지고 있다는 점에서 예사롭지 않다.

둘째, "연말 지나서도 옆길로 가는 사람은 용납 못 한다."
이는 노무현 대통령의 의식, 인성, 자질, 수준, 본심을 노출한 몰상식한 발언이다. 이런 말은 마치 시골 동네에서 불량배들이 마음대로 선을 그어 놓고 지나다니지 못하게 하는 유치한 발상이다.

설사 공무원들이 옆길로 가더라도 일단 그것은 각자의 자유다. 그리고 잘못이 있으면 대통령이 정해 놓은 옆길에 의해서가 아니라 법과 규정에 따라 책임지면 된다. 따라서 배움이 없는 사람이나, 조물주라 할지라도 이런 식으로 말할 자격이 없고, 말할 필요도 없다.

그러면 과거 정권들과 노무현 정권이 출범한 몇 개월은 옆길로 간 사람들을 용납했는가?

그럼 연말까지는 옆길로 가도 관계없는가?

길도 뚜렷하지 않고 옆길의 뜻도 전혀 없이(아무 기준도 제시하지 않고) 협박부터 해 대고 공포감을 조성하는 사람은 대통령은커녕 아버지나 스승이나 옆집 아저씨에도 수준 미달과 자질 부족이다. 노무현 대통령의 입에서 월등한 사상과 철학과 격려와 비전 제시는커녕 국민과 공무원들을 상대로 공갈 협박까지 당연하게 했기 때문이다.

노무현 대통령이 막연히 옆길을 거론하면서 시한까지 정해 놓고 협박한다는 것은 이후에 졸속이든 독재든 무조건 복종하라는 사전 협박과 같다. 이는 개혁에 무지한 대통령이 개혁을 빙자해서 공무원과 국민과 나라 분위기를 쪼개고 나누고 분열하는 것은 물론이고 횡포를 부리고 때려잡을 수도 있다는 독재적인 본심을 표출한 셈이다.

셋째, 노무현 대통령의 "코드가 맞는"이라는 발언

노무현의 "코드가 맞는"이라는 발언과 발상은 국민들도 공무원들도 대통령(철부지)에게 맞춰 주라는 어리광이거나, 각 분야에 전념해야 할 공무원들에게 대통령을 의식하고 따라오고 맞추라는 황당한 발언이다.

독재자들은 총칼을 들고 국민을 협박하고 공포심을 줬다. 노무현 대통령은 개혁을 빙자해서 오히려 분열을 조장한 채 실언과 폭언을 일삼았다. 이는 노무현 대통령 역시 부패한 정치권에 몸담고 있었고, 대한민국의 정치가 달라진 것이 있다면 노무현이 대통령에 당선된 것뿐이다. 설사 "코드가 맞는"이라는 발상과 발언을 할 수 있다고 해도 준비된 개혁안도 없는 지극히 즉흥적이고 주관적이고 독재적인 망발이다.

이는 노무현의 인간 됨됨이의 문제이며, 심리적으로 정리되지 못한 위선과 모순과 불안감과 열등감이 뒤섞인 혼란과 무질서다. 어쨌든 이는 대통령으로서의 자질 미달과 능력 부족이고, 우리 국운과 민생에 직결될 수밖에 없다는 점만 짚어 둔다.

⑦ 임기 1년이 지난 현재 개혁 상황은?

합리적인 철학과 정책이 바탕이 된 개혁이라면 갈수록 '개혁으로 인한 축제(고무적인) 분위기'가 곳곳에서 연출되기 마련이다. 이는 국민에게 제시된 자세한 밑그림에 의해서 전파력과 추진력과 확장력이 생기기 때문이다. 그러면 국민이 합리적인 밑그림에 의지해서 충실하게 임무를 수행하면서 개혁을 자기 작품으로 알고 노력해서 완성해 간다. 그러나 철학이 결핍된 채 강요된 개혁은 국민에게 비전과 확신은커녕 공감대조차 얻지 못하고, 개혁을 시작해 보기도 전에 국민은 걱정스럽고 불안해진다.

이러한 졸속 개혁은 당연히 겪어야 할 고통과 난관인데도 국민들로서는 개혁 실패나 손해나 피해라는 고정 관념에 붙들려서 위축되어 버린다. 이는 개혁에 관한 기대와 축제가 아니라 개혁의 피로와 짜증과 희생과 권태여서 당연히 실패다.

또한 합리적인 철학과 정책과 확신이 결핍되면 마치 부정부패를 청산하고, 사람을 때려잡는 것을 개혁으로 착각하기도 한다.

만일 부패한 사람들을 빠짐없이 모두 잡아들였다고 해 보자. 그렇다면 개혁이 성공한 것인가? 이는 학생이 도둑질만 하지 않으면 학생다운 학생이라고 착각하는 것과 같다. 왜냐면 부정부패를 바로잡는 것은 개혁의 작은 부분에 불과하기 때문이다.

따라서 부정한 사람을 모두 잡아들인다는 것은 말장난에 불과하고, 아무리 잡아들여도 과거 관행과 관습과 의식이 근본적·실질적으로 손질되지 않으면 안타까운 희생자들이 계속 양산될 수밖에 없다. 이는 부정부패한 사람들이 갑자기 하늘에서 떨어졌거나, 외국에서 수입된 것이 아니고 기존의 역사, 의식, 문화, 관행, 제도의 산물이기 때문이다.

이런 이유로 대통령이 '사회 개혁', '국가 개혁'을 강조·추진하면서 강력한 법과 처벌과 기준과 원칙을 강조하면 개혁은 성공 불가능하고, 개혁일 수도 없다.

우리는 아직도 대만의 장개석 총통을 이야기한다. 대만은 도둑놈을 잡아서 가혹하게 처벌함으로써 부패가 잠시 움츠러들었을 뿐 제대로 된 개혁일 수 없고, 성공한 것도 아니다. 그래서 대만은 얼마 지나지 않아서 또다시 부패가 극성을 부렸다. 이는 사고 치는 자기 자식에게 몽둥이를 들고 위협하고 감시해서 한동안(어느 정도) 말릴 수는 있다. 하지만 부모가 몽둥이를 들고 공부에 집중하도록 하거나, 공부를 잘하게 하거나, 인간으로서의 질적인 품위와 내적인 아름다움을 제조해 낼 수는 없다.

⑧ 대통령의 입으로 감히 "혁명"을 거론하는 막가는 상황

노무현 대통령이 노사모에 참석해서 혁명을 요구했다. 보통 개혁은 사람이 주체가 되지만 그 대상은 사람, 관행, 법, 제도, 생활 방식, 고정 관념 등 광범위하다.

하지만 혁명은 사람이 주체가 되어서 체제 전복과 권력 탈취를 목적으로 일으킨다.

그래서 인류 역사를 망라해서 왕(대통령)이 스스로 혁명(체제 전복)을 요구한 일은 없다. 소위 대통령이 "혁명"이라는 엄청난 단어를 입 밖으로 꺼냈다면 그에 대한 세부 내용이 있어야 한다. 누가 주체인지, 무엇이 목표인지, 어떤 명분과 자격과 정신으로 해야 하는지, 누구(무엇)를 상대로 하는지, 어떤 계획과 방법으로 수행해야 하는지 분명하게 설정하고 설명해야 한다. 역시 혁명이 필요한 국가적, 국민적, 시대적 중요성과 이후 비전과 국가 전망에 대해 충분히 피력해야 한다.

그런데 대통령(노무현)이 개인적으로 '노사모'에 참석해서 '혁명'이라는 어마어마한 단어를 감히 들먹이면서 모든 내용을 생략했다. 이는 17대 총선에도 노사모가 나서 주라고 요구한 것이고, 노사모 역시 혁명이 무엇을 뜻하는지 알아들었다.

그럼 노무현 대통령의 변명처럼 "혁명을 강조한 것은 총선 목적이 아니다."라는 가정 아래 좀 더 분석해 보자.

노무현 대통령은 혁명의 대상과 방법에 대해 일절 언급하지 않았다. 이는 애매한 혁명일 수밖에 없다. 다시 말해서 경쟁 정당과 정치인들을 타도 대상으로 삼아서 무너뜨려 달라는 의미에서 무의식적으로 혁명을 거론했을 가능성이 크다. 자신을 지지하지 않는 정당, 정치인, 국민을 싸잡아서 혁명의 대상이나 타도 대상으로 여긴다는 것과 같다. (이것이 정말 대통령인가?)

그래서 노무현 대통령의 '혁명'이라는 발상과 발언은 국가와 국민을 분열시키는 비민주적이고 반민족적인 짓이고, 민주 질서에 대한 반역 행위다. 다시 말해서 경쟁 정당과 정치인은 물론이고 다수 국민을 개혁 대상으로 취급하거나, 심지어 타도할 적으로 취급해 버린 것과 같다.

이는 대통령이 노사모를 자기 꼭두각시처럼 쉽게 생각하기 때문에 가능한 발언이다. 아니면 이미 노사모의 핵심들이 노무현 대통령의 수하로 전락했을지도 모른다. 그렇지 않다면 장차 혁명을 주도하고 참여해야 할 노사모 구성원들에 대한 장래 대책이나 비전 제시나 책임 문제도 정리하지 않고, 감히 혁명을 당당하게 요구하거나 선동할 수는 없었을 것이다. 설사 대통령이 나라를 동강 내고 국론을 분열시킬 노골적인 의도는 아니었다고 하더라도 반성과 용서와 화해와 협력이 절대적으로 중요한 국가 위기에서 자기 목적으로 분열과 혁명을 선동하고 충동질한 것은 평범한 소시민만도 못한 작태다.

물론 노무현 대통령이 개혁을 혁명으로 잘못 표현한 것일지도 모른다. 그렇더라도 만일 개혁을 요구하는 지도자라면 전체 국민을 상대로 언급했을 것이다. 더구나 자신을 지지하는 특정 세력에게 찾아가서 그들에게만 요구하는 개혁은 상식적으로도 있을 수 없는 일이다. 심지어 나라를 대표하고 포용해야 하는 대통령이 넥타이도 없는 와이셔츠 차림으로 지도자로서의 입장을 팽개치고 마치 투쟁하고 반항하는 투사처럼 태도와 언변을 사용했다는 것은 누군가를 무너뜨리겠다는 의지를 강하게 암시해 주는 의도적인 제스처로 여겨진다. 이처럼 자질 미달인 모습의 지도자는 처음이자 마지막이길 바란다.

어쨌든 노무현이 혁명(개혁)의 성과를 자신의 주도권으로 연결하지 않음은 물론이고 국민 대중의 평화와 복지를 생각하는 참다운 대통령이었다면 혁명을 피력하면서 구태여 특정 세력을 찾아갈 필요가 없었다. 역시 그토록 편협하고 노골적이고 의도적이고 감정적으로 흥분할 필요도 없었다.

따라서 이는 대통령이 진정으로 혁명을 바라는 것이 아니라 주도권 장악을 의식하고 총선에 끌어들이기 위해서 혁명이란 단어만을 살짝 빌려다 사용한 것이다.

(※ 심지어 노무현의 친구·부하·후배였던 문재인도 대통령 당선을 전후로 "촛불 혁명"이라는 단어를 계속 들먹였고, 심지어 혁명과 개혁의 본고장(원조)인 유럽에서도 지껄였을 정도로 무지했다.)

⑨ 노무현 정부와 한국이 동시에 위기 상황

누구나 실패할 수 있다. 하지만 대범하고 책임감 있는 지도자(대통령)는 실패하면 곧바로 사과하고 사죄하고, 지혜와 협조를 구해서 전화위복의 기회로 만든다. 만일 노무현 대통령이 '인간적으로 기본'이 갖춰지고, 밑바탕이 잘 닦인 대통령이라면 자신에게 직접 잘못이 없더라도 국가라는 총체적인 관점에서 포괄적이고 포용적인 자세를 취했어야 옳았다.

만일 노무현이 국민에게 직접 사과·사죄하더라도 국민은 대통령의 솔직담백함을 이해하고 협조하고 오히려 존경하고 싶어질 것이다. 그러나 무책임한 사람은 자기 책임이 확연한 가운데서도 다른 누군가를 기어코 물고 들어가거나, 외부 요인 탓으로 돌린다. 이는 그릇 자체가 작기 때문이고, 심리적인 열등감으로 인해서 잘·잘못에 심하게 연연하고, 실패(성과)에 민감·집착하기 때문이다.

노무현 대통령은 새해를 맞으면서도 기존에 대한 반성과 호소와 새해의 국정 방향 제시도 없이 갑자기 '경제와 민생'을 들먹임으로써 남은 임기 동안 한국 사회는 또다시 새로운 위기 국면으로 진입했다고 할 수 있다.

과거에도 대통령(전두환, 노태우, 김영삼, 김대중)의 입에서 "경제 살리기, 민생 챙기기"라는 말이 나오면 그때가 대통령 실패의 암시와 시작이고, 국가적인 갈림길이었다. 우리 대통령들은 개혁에 대한 얄팍한 본전이 떨어지면 "경제 살리기", "민생 챙기기"를 들먹이기 시작했다. 이는 개혁 포기 선언과 동시에 개혁 실패의 인정과 대통령으로서의 한계 도달을 무의식에서 동시에 시인하는 역설적인 표현이다.

이 말이 나오게 되면 '보수·진보 껴안기', '밀실 정치', '물밑 협상', '정치적 흥정', '과거 정권의 부정·비리 답습' 등 구시대로의 복귀가 광범위하게 행해진다. 이는 실패한 정권으로 빗나갈 것을 알려 주는 첫 번째 신호탄이고, 곧바로 주도권 장악을 위한 작전과 전략 속에서 정책 부재와 국정 실패와 살아남기로 연결된다.

특히 이 표현은 대통령이 그동안에는 '민생과 경제를 챙기지 않았거나 소홀했음'을 스스로 시인하는 표현이다. 마치 검찰 스스로 "성역 없이 수사하겠다."라는 발언으로 '성역 있는 수사'를 인정해 버린 것과 같다.

사실 '민생과 경제'는 대통령의 의무이고, 국가가 존립하는 이유다. 따라서 '민생과 경제'는 챙기고 안 챙기고 살리고 죽일 대상이 아니다.

여기서 중요한 점은 노무현 대통령이 실정과 실패는 사과도 인정도 하지 않고 곧바로 '민생과 경제'를 거론한다는 사실이다. 이는 개혁 실패를 이미 무의식에서 인정·암시하는 무능함과 나약함이어서 결과는 기대할 것이 없다. 왜냐면 이 말이 끝나면 이후부터 관행에 안주해서 임기를 때우거나, 인맥과 줄서기로 출세해 왔던 행정 관료들이 설치기 시작하거나, 말장난 정치와 함께 각자 살아남기 전략과 게임들이 물밑에서 얽혀지기 때문이다.

이는 벌써 수십 년째 이러한 상황과 실패와 기회에 익숙해진 정부의 베테랑(공직자)들과 언론의 자동 반사적인 반응·호응과 조직을 갖춘 세력이 암약(거래)하면서 국가 경쟁력이 급격히 떨어진다. 이에 대해서 내가 강력하게 주장해 온 것이 있다.

"대통령이 취임을 전후로 2~3개월 안에 총체적인 개혁안을 띄우지 못하거나, 방안을 띄웠지만 6~7개월이 흘러도 곳곳에서 자발적이고 구체적으로 개혁이 실행되지 못하면 그 정권은 실패로 끝난다"라는 점이다.

참다운 개혁이 아닌 졸속으로 수립·추진된 개혁은 반드시 국가 기반과 건전한 저변이 허물어지는 치명적인 손상을 입게 된다. 따라서 개혁이 절실한 나라에서 지도자가 졸속 개혁을 급조해서 시늉하면 사실은 나라도 국민도 망치는 폐해가 심각하다.

노무현 대통령도 한국 역사에서 실패한 대통령의 숫자를 늘렸고, 동시에 국가의 기반이 약해지고, 국민의 삶을 피폐하게 만든 셈이다. 우리는 대통령의 실패가 전통이 되었고, 정치인들이 교활하게 살아남는 것도 전통으로 굳어졌다.

심지어 노무현 대통령은 불과 1년도 못 넘기고 "민생 챙기기와 경제 살리기"를 거론했다는 점에서 4년이란 긴 세월이 걱정스럽지 않을 수 없다. 이런 원리와 과정을 너무나 잘 알고 있는 나는 이미 몇 차례 심각한 원리와 결말을 청와대에 알려 줬다. 하지만 노무현 대통령은 자기 자신과 나라를 동시에 망치는 방향으로 빗나가고 있는 국가적 위기와 자신의 비극적인 운명을 전혀 모르고 있다.

⑩ 국민의 자세

지금부터는 어떤 인물과 집단도 자기 자신이나, 자기 조직이나, 자기 단체가 스스로 반성하고 사회에 모범을 보일 일이 아니면 비난을 자제해야 한다. 시민 단체 역시 적극적으로 전면에 나설 경우는 이후의 모든 결과에 대해서 반드시 책임져야 한다. 특히 평소에 잠잠하다가 선거 때면 '물갈이 운동'이나, '낙선 운동'을 전개해서 남의 잘못을 물고 늘어지는 수준에서 벗어나야 한다. 벌써 수년에서 수십 년씩 시민 단체를 해 왔다면 정치 사회 경제를 불문하고 한국의 모습과 국민의 질적 삶과 서민의 고충과 고통에 대해서 총체적으로 고민하고 책임지려는 자세가 필요하다. 시민 단체들이 계속 정치권과 함께하면서도 결국은 정치권만을 물고 늘어지는 시민운동은 그만해야 한다. 이제는 일방적으로 정부에 의존하기보다 국민에게 인정받아서 진정으로 국민을 대변하고 국민에 의해서 운영되는 시민 단체로 바뀌든지 아니면 차라리 해체를 각오해야 한다.

일반 국민은 개혁이 얼마나 어려운지 이 글을 통해 뼈저리게 실감해야 한다. 적어도 내가 고민해서 연구해 온 개혁의 관점으로 본다면 우리 사회는 진정한 개혁, 개혁다운 개혁은 단 한 번도 시도조차 해 보지 못했다고 단언한다. 개혁은 입안하고 진행해서 되는 것이 아니라 아주 복잡하고 미묘하다. 그래서 국민 모두의 대단한 각오와 집중력이 필수다.

"성공하면 혁명이지만 실패하면 쿠데타"라는 말이 있듯이 반드시 성공해야 개혁이다.

시작하는 단계에서는 아무리 개혁을 강조하고 떠들고 평가해도 개혁다운 개혁이 될 수 없다. 진정한 개혁이란 합리적인 철학과 철저한 준비와 월등한 정책과 끈질긴 집중력과 사려 깊은 통찰력으로 의식과 생활과 조직 등 사회 전반에 뿌리내려진 부패와 권위와 관행과 고정 관념과 이기심과 관심사와 인간관계 전반을 바로 잡아가다가 일정한 단계에서부터는 실질적으로 효과들이 나타나고 분위기가 바뀌어야 비로소 개혁이다.

오직 다수 국민만이 변화와 희망의 대안

인류 역사 어디를 보아도 대한민국과 같은 나라는 없다. 지극히 작은 땅덩이, 다양한 종교와 사상들이 혼합되었음에도 어느 하나에만 국한되지 않는 나라, 최단기간에 최빈국에서 최첨단의 산업 사회로 전환, 첨단의 사회지만 답답한 문화와 복잡한 현대사와 무한한 미래 가능성까지 동시에 공존하는 나라는 없다.

어쩌면 참혹했던 과거, 최첨단의 현대 문명, 갖은 참사와 모순과 인간미, 선진국 중진국도 후진국도 모두에 해당하면서도 사실은 이것도 저것도 아닌 매우 어중간한 나라, 위기와 기회를 수없이 반복해 온 우둔하고도 안타깝고도 무한한 저력이 동시에 축적된 나라가 대한민국이다.

그래서 인류사를 두루 포함하고 대변하고 대표할 만한 국가 하나를 뽑는다면 아마도 우리 대한민국일 수도 있다.

바야흐로 대한민국은 인류 미래를 책임지고 짊어져야 할 숙명 앞에 놓였다. 따라서 17대 총선에서 전혀 새로운 판도 변화가 필수적이다. 과거, 이해, 자존심, 파벌 등을 잘 감당하고 극복해야 오래 누적된 문제들을 깨끗이 털고 미래로 향할 수 있다.

이제는 국민도 법과 제도와 시대와 돈 탓은 그만해야 한다. 그간에 우리는 이것들보다 훨씬 더 상위 개념인 '존엄한 인간'들이 오히려 법에 눌리고, 권력에 당하고, 돈에 찌들었다. 이런 것들은 서양에서는 이미 오래전에 존엄한 인간들에 의해서 변화되고 있었으며, 아예 사라지거나 새로워지고 있다. 우리는 그간에 이들에게 지배당하거나, 복종하거나, 제대로 감당해 내지 못한 채 원망과 변명과 비난으로 일관했다.

이제부터 우리 운명은 우리가 만들고 개척해 가야 한다. ('우리 민족끼리'라는 이야기가 아니다.)

정치 경제 사회문화 제도는 모두 인류가 만든 작품이듯이 우리 사회와 미래와 인생은 우리 국민의 능력과 참여와 화합과 협력으로 얼마든지 직접 만들고 개척하고 발전시켜야 하고, 발전시킬 수 있다.

6.
노무현의 인생·자살과
문재인이 얻었어야 했던 교훈

나라와 국민을 바르게 이끌어 갈 지도자(대통령)의 지도력은 포용력이다. 포용력은 포괄적인 인류애와 냉철한 통찰력과 집중력과 월등한 책임감과 자신감과 미래에 대한 비전과 확신이 종합되어서 나타난다.

그래서 웬만한 사람은 참다운 지도자의 자질을 갖추기 어렵고, 나름대로 자질을 갖춰도 난제들을 해결해 내거나, 획기적으로 공헌하기 어렵다.

노무현(문재인)의 돌출 행동과 정계 입문과 출세 방법

노무현은 김광일 변호사와의 인연으로 인권변호사라는 이름을 얻었고, 법정에서 전두환(피고)에게 명패를 던져 버린 돌출 행동(깜짝쇼)만으로 쉽게 유명해졌으며, 쉽게 정치(김영삼의 민주당)에 입문했고, 김영삼의 3당 합당에 반발해서 쉽게 탈당(배신)했으며, 이어서 김대중(새정치국민회의)에게 입당했다가 쉽게 탈당(배신)했고, 대통령에 당선되자 곧바로 열린우리당을 만들었으며, 갈수록 자기 세력을 규합하고 뭉치고 확대했다.

 (※ 이런 습성을 극복하고 벗어나야 할 문재인은 더욱더 저질·불순 세력으로 똘똘 뭉침으로써 역적 짓들로 일관하다가 자신의 몰락과 대한민국의 위기와 김정은의 멸망을 초래하고, 급격히 앞당겼다.)

 이러한 과정에서 노무현은 수준 높은 자유민주주의의 자질과 지도자의 자질에서 더욱 멀어졌고, 존엄성 확보·신장을 위한 진지한 자기 과정에 역행했을 정도로 열등한 태생과 성장 과정과 잔머리 술수의 연속이었다.

 실제로도 노무현은 몸담은 조직을 바로잡기 위해서 전력투구(매진, 헌신, 투쟁, 희생)하지 않았고, 마치 전두환에게 명패를 던져 버리듯이 너무 쉽게 조직을 내팽개치면서 반사 이익을 챙겼다.

 이는 지도자의 자질에서 치명적인 결손이었고, 비열한 인간성과 행보를 통해서 자신의 주가만을 높였으며, 대통령 당선과 동시에 인생의 실패와 비운이 뻥튀기되었고, 인생의 비극은 예약에서 확정으로 바뀌었다.

 (※ 문재인은 이처럼 열등한 노무현을 보좌했고, 오히려 실패와 비극적인 말로로 내몰아 버린(사주·종용한) 셈이다.)

노무현의 무능과 교만과 독선과 문재인의 비교

- 노무현 대통령은 자유민주주의 철학과 능력과 밑바탕은커녕 사상조차 의심받을 정도로 불안하게 출발했다.

아집과 교만에 빠진 노무현은 여유만만한 표정과 도도한 웃음과 경솔한 언행들로 일관했고, 열등감의 반작용에 의한 우월감에 도취된 모습이었다.

심지어 머리에 띠를 두른 투사처럼 반항적인 언행들로 품위를 상실했고, 무책임한 개혁을 입버릇처럼 강조했다. 그가 임기 시작부터 성공에서 멀어지거나, 실패로 직진하는 증거들은 또 있다.

- 그는 바로 몇 년 위의 선배들을 퇴물로 취급해서 내쫓았고, 대한민국의 최고 인재들로 구성된 검찰을 개혁 대상으로 전락시켰으며, 나라를 암울했던 과거로 몰아가서 '친일파 청산'으로 허송했다.
- 국민이 다수당까지 만들어 줬음에도 무능과 실정으로 일관했고, 야당을 탓하기에 급급했으며, 노무현 스스로 "대통령을 못 해 먹겠다."라고 실토했으며, 그래도 반성 한번 해 보지 않았고, 급기야 탄핵 대상으로 전락했다.
- 비교적 젊었던 노무현조차 역사와 나라와 국민을 화합과 통합으로 이끌지 못했고, 김정일에게는 칭송과 저자세로 일관하면서 퍼 주기에 바빴다.
- 어떻든 노무현은 대통령 당선과 동시에 더는 팽개칠 대상이 없고, 다른 곳으로 빠져나갈 수도 없고, 누군가를 배신·원망할 수도 없었다. 역시 모든 과정과 결과에 책임만 져야 할 노무현은 할 수 있는 것이 없었고, 임기를 무능하고 지루하게 보낼 수밖에 없었으며, 비극적인 결말만을 남겨 놓았다.
- 노무현은 임기가 끝나자 더는 도피할 곳이 없었고, 자신을 최고 정상에서 최하 밑바닥(죽음)으로 순간에 내팽개쳤으며, 이승(현실)에

서 저승(지옥)으로 곤두박질쳤고, 소위 대통령까지 지낸 인물이 자신을 적극적으로 밀어주고 후원해 줬던 지지자들과 노사모와 가족들에게조차 고맙고 미안하다는 말들도 남기지 못했을(않았을) 정도로 자살을 당했는지, 생전에 그랬던 것처럼 모든 것을 너무 쉽게 배신하고 팽개쳤는지 알 수 없는 애매모호한 죽음으로 끝났다.

이는 평생을 나라와 국민에게 일방적으로 빚(배신)만 졌음에도 불만과 원망과 투쟁적으로 살았던 비인간적·비민주적이었던 대가 겸 죗값을 몇 곱절로 키워서 죽음으로 마감한 것이다.

이러한 노무현의 인생(부정적인 면들)을 종합하면 성장 과정의 결손, 지능적인 돌출 행동에 의존한 승승장구 행보, 자신의 부족함을 모르는 원망과 변명과 무책임, 비열할 정도로 참신하고 정의로운 이미지 확보, 지도자의 자질·준비·능력·포용력 부족, 도도함과 교만함이 치명적인 결손으로 뭉뚱그려져서 실패와 비운으로 뻥튀기되어 버린 셈이다.

문재인은 노무현보다 훨씬 더 교활하고 잔인해

- 현명한 지도자는 세상과 인간과 인생에 관한 합리적인 철학이 필수다.

합리적인 철학을 지닌 지도자는 정책을 추진할 때 반드시 현재보다 더 나은 목표와 소신과 열정과 의지를 표출하게 되고, 진행하는 과정에서 자신이 발언하고 강조했던 내용을 반복해서 강조하고 호소하기 마련이다.

그런데 문재인은 철학과 합리성은커녕 상식도 양심도 없을 정도로 거짓말과 말 바꾸기를 밥 먹듯이 해 왔다. 더구나 당연하다는 듯이 발언도 약속도 내키는 대로 너무 쉽게 해 버리고, 이후에는 스스로 자기 말을 무시·역행해 버리고, 기억조차 없다는 듯이 엉뚱한 궤변과 책임전가와 거짓말을 늘어놓는다.

대표적으로 "지금까지 한 번도 경험해 보지 못한 나라"라는 엄청난 이야기를 장담했다. 하지만 그 말을 입 밖으로 내뱉은 이후 지금까지 그에 연관된 설명과 과정과 배경과 비전과 동기와 철학과 소신과 열정과 의지와 호소는 없었고, 자기 혼자 꿍꿍이로 정치하거나, 북한과 중공의 하수인 노릇이 고작이었다.

- 노무현의 실패와 비운에 책임이 가장 큰 사람은 문재인이고, 한편으로는 문재인이 노무현의 실패와 비운의 가해자이고 주범이기도 하다. 그런데도 노무현의 실패와 비운에 대해서 국민에게 진심이 담긴 반성과 사과 한번 없이 대통령이 되었고, 당선과 동시에 실패와 비운은 받아 놓은 밥상이었다.
- 문재인은 지도자로서도, 정치인으로서도, 신앙인으로서도, 인간으로서도, 가장으로서도 지배력도 포용력도 인간미도 찾아볼 수 없고, 적극적으로 책임지려는 모습은 상상해 보기도 어렵다.
- 문재인은 나라 분위기와 국민 정서를 분노와 적개심과 적대감과 악감정으로 유도·악용했고, 똑같은 시대와 나라에서 함께 살아왔던 국민의 일부를 적폐 세력과 궤멸 대상과 청산 대상과 불태워 버릴 쓰레기로 취급했으며, 자기와 다른 세력을 너무나 쉽게 감옥과 죽음과 패가망신과 파멸로 몰아 버렸다.

- 심지어 문재인은 거짓과 사기 쇼와 위선과 궤변과 조작과 은폐와 역적 짓들을 마치 진실과 공정과 정의처럼 당연하고 뻔뻔하게 저질렀다.
- 이런 인간은 세상에 다시 태어나지 않아야 한다. 그간에 문재인을 보고 듣고 겪었거나, 동일한 사회문화권에 몸담고 살았던 사람들이나, 직접·간접으로 조금이라도 영향받은 사람들은 우리 역사와 문화와 현실을 되돌아보고 진심으로 반성해야 한다.

제5장.

문재인
(종북·좌파·주사파·중공몽)
세력의 수준과 실상

1.
문재인이 참되고 정의롭고 훌륭하다는 사람은 손 들어 봐

2년여 전에 필자는 전남 영암을 지나던 중 연쇄점에 들렀다. 그때 60대 후반의 사장과 연배로 보이는 사람이 대화 중에 "나는 문재인이 죽을 때까지 대통령을 계속했으면 좋겠다."라는 말을 들었다.

필자는 그 말에 깜짝 놀랐고, 양해를 구하고 잠시 대화에 끼어들었으며, 몇 마디를 주고받다가 이렇게 말해 주고 나왔다.

"나도 고향이 목포고, 집은 광주입니다. 그런데 이승만부터 박근혜까지 그간에 잘못한 것을 모두 합치고 다시 10을 곱해도 문재인과는 비교할 수 없으며, 그 정도로 문재인은 저질·양아치이고, 악질적인 역적입니다. 우리의 이런 생각과 언행 하나하나가 우리 사회문화와 후대에도 영향을 끼치게 됩니다. 우리가 수시로 반성하고, 바짝 정신 차리면 나라도 후대도 편안해지고 좋아집니다.

두 분과 내가 또 만나서 대화하게 될지 모르지만 머잖아서 문재인의 참담한 실체와 죄상이 낱낱이 드러날 것입니다."라고 돌아 나왔다.

당연히 문재인은 임기가 끝나서 감옥에 가면 그만이다.

하지만 대한민국에서 평생 몸담고 살았으면서도 시대나 인물이나 정치나 현실에 대한 판단력이 현저히 떨어지는 두 사람은 계속해서 함께 살아가야 한다.

두 사람처럼 국민 의식이 황당할 정도로 답답하고 어리석은 사람들이 있을 것이라는 사실에 지금까지도 마음이 편하질 않다.

필자의 판단으로 문재인은 노무현이 자살했을 때 다시는 정치권에 얼굴을 내밀지 말아야 했고, 평생 참회하고 도를 닦는 인생을 살아야만 자신도 가족도 나라도 비극을 면할 수 있었다.

조만간 문재인의 악질적인 실체와 진상이 낱낱이 드러나면서 불순한 의도·배후 등 역적 짓의 전모가 드러날 것으로 짐작·기대한다. 이는 문재인의 비극적인 운명은 본인도 피할 수 없는 숙명·필연이었다는 이야기다.

이러한 문재인의 저주스러운 인생과 운명에 관해서 세상 이치에 조금이라도 견해와 깊이를 지닌 사람이라면 이미 공산·사회주의와 종북 좌파·주사파·중공몽 세력은 대세와 명분에서 완전히 벗어났고, 운명의 극점에서 급격한 내리막(비극)으로 꺾어졌음을 느꼈을 것이다.

역시 북한이라는 끔찍한 감옥과 지옥을 탈출한 인민이 수십만이고, 남한에 정착한 사람만도 3만 명이 넘는다. 그런데도 북한 인민의 참상과 만행을 모른 척하거나, 김정은과 문재인을 지지·두둔·찬양하는 인간 말종에 가까운 언론인들과 종교인들과 지식인들과 시민 단체들의 인생과 운명과 인과와 유전자 역시 절대 순탄할 수 없음이 확연하다. 이는 세상과 인류가 그만큼 투명해지고 신속해지고 좁아지고 정교해졌음을 뜻한다.

대통령은 임기 동안 국민과 나라를 위해서 법에 정한 권한과 의무를 다해야 한다.

반대로 "대한민국은 대통령이 자기 멋대로 한 번도 경험해 보지 못한 나라를 만들어 보는 실험장이나 놀이터나 도박판이 아니다. 역시 국가란 대통령에 의해서 제조·수리되는 제품과 창작물과 중고품이 아니고, 국민 역시 대통령을 막연히 지켜보면서 얻어먹고 받아먹는 거지나, 죄수나, 어린이나, 노예나, 구경꾼이 아니다."

이는 김일성에게 끼니를 의존하다가 그야말로 "단 한 번도 경험·상상해 보지 못했던" 중노동의 착취와 폐쇄된 감옥과 끔찍한 굶주림과 잔혹한 고문과 무자비한 총살과 최악의 지옥으로 전락한 북한과 인민들이 증거다.

문재인은 대통령 취임사에서 대한민국과 국민을 상대로 "만들겠다.", "하겠다.", "되겠다."라는 표현을 64차례나 사용했고, 이는 자유민주주의 지도자의 자질은커녕 국민을 나라의 주체로 여기지 않는다는 무의식의 폭로였다.

당시에 필자는 "문재인이 자신을 마치 문신(文神)으로 착각하는 것 같지만 임기 내내 나라 곳곳을 조잡하게 문신(文身)하면서 망쳐 놓을 것이다."라고 비난했다.

문재인이 참되고 정의롭고 훌륭하다고 생각하는 국민이 과연 있을지, 혹시 있다면 몇이나 될지 높이 손이라도 한번 들어 봤으면 좋겠다.

2.
'죄는 미워하되 인간은 미워하지 말라'와 문재인(적폐 청산)

앞으로 대한민국과 국제사회에서 다시는 문재인처럼 최악으로 저질·비겁·비굴·비열한 악질적인 망나니는 없어야 하고, 국민들도 이런 인간들을 절대 용납·용서해 주면 안 된다. 이 점을 호소하기 위해서 여기 내용을 준비했고, 여기에 소개한다.

문재인은 대통령으로서는 물론이고 인간으로서의 하자가 너무나 많다.

소위 대한민국을 대표하고, 5천만 국민을 대변하고, 나라와 국민을 책임지고 이끌어 가야 할 문재인이 대통령다운 면모는커녕 최소한의 인간미도 보여 주지 못했다.

첫째, 자신과 가족과 측근의 비리(부정, 불법, 조작, 게이트)와 범죄와 정보들은 철저하게 은폐하고 차단했다.

둘째, 자신의 무능과 실정은 철저하게 과거(대통령, 정부)와 상대방(야당)의 잘못과 책임으로 전가했다.

셋째, 인류사를 통틀어서 몇 손가락에 꼽히는 최악질 범죄자·패륜아 김정은과의 평화를 주장한다. 그러면서도 김정은에 비하면 천사라고 해도 과언이 아닌 국내를 상대로는 적폐·청산·궤멸·불태워 버릴 대상으로 아무 거리낌도 없이 적개심을 조장하는 등 적대시와 역적 짓들로 일관했다. 그렇다면 문재인은 대한민국은 물론이고 전 세계 교도소에 갇힌 범죄자들을 모두 석방하거나, 석방을 탄원해야 한다. 왜냐면 아마도 그들이 저지른 범죄를 모두 합해도 김정은 한 사람보다 못할 것이기 때문이다. 역시 김정은과 대화와 평화가 가능하다면 나머지 범죄자들과는 평화와 대화 정도가 아닌 친구와 가족으로 지내야 한다. 더구나 공산당들을 존경한다고 했으니 교도소에 수감 중인 전 세계 범죄자들은 더욱 존경해야 한다.

이는 다음 주제(지옥지 문문삼육, 지옥이 문재인에게 묻는 36개의 질문)에서 보충한다.

넷째, 자유민주주의 국가의 대통령이 공산주의자들을 "존경한다."라고 공공연하게 내뱉으면서도 세계적으로 존경받는 훌륭한 인물들과 자유민주주의 지도자들에 대한 언급은 단 한 마디도 없다.

다섯째, 코로나바이러스 대응에 대한 국제사회의 칭찬을 현장에서 일하는 관계자(정부, 의사와 간호사, 환자들, 국민)들의 공로(협조, 봉사, 헌신, 희생)로 돌리지 않고 대통령과 여당과 총리가 가로채 버렸다.

여섯째, 문재인은 역대 정권에서 만들어 놓은 훌륭한 의료제도와 의료정책은 소개도 언급도 하지 않았고, 오히려 그러한 경험자들을 모두 쫓아냈다.

이외에도 너무 많아서 헤아리기 힘들다.

인간이 아닌 죄를 미워하면

죄를 미워하면 범죄자를 처벌하면서도 인간과 인생을 배려해 주게 된다. 그래서 처벌과는 별도로 범죄자가 진심으로 잘못을 깨닫고 반성하고 좋아지도록 역할을 해 주고, 이것이 교도행정의 목표이기도 하다.

이를 위해서 각계각층에서 전문가들이 범죄자의 출생 배경과 성장환경과 인연의 영향과 심리와 행동들을 연구한다.

이런 국가들은 감옥(환경, 생활)이 좋은데도 범죄와 범죄자는 많지 않고, 갈수록 범죄와 범죄자가 줄어들고, 죄수들을 더 좋은 환경의 교도소(외국)에 위탁하기도 한다.

인간을 미워하면

- 문재인 일당처럼 사람의 행위만 문제 삼아서 처벌하거나, 없는 죄도 가공하고 조작하고 뒤집어씌워서 생매장해 버린다.
- 강력하게 처벌하면 할수록 오히려 범죄자들로 넘쳐난다.
- 범죄자가 석방되면 또다시 범죄를 저지르거나, 점점 지능적이고 교활해지고 흉악해진다.
- 범죄에 의한 희생자들과 국민의 분노와 악감정이 심해져서 국민 정서와 사회 분위기가 악화한다.

'죄'가 아닌 '인간'을 미워하는 문재인

첫째, 친일파 몰이

'친일 청산'은 근본과 저변(후진성, 원인, 배경, 결과)을 일깨워서 바로잡아가는 것이고, '친일파 청산'은 사람만 잡는 것이다.

둘째, 적폐 몰이

문재인과 이해찬의 "불태워 버려야!", "적폐 청산", "궤멸 대상"이라는 발상과 발언과 행위는 오히려 '적폐'보다 훨씬 더 악질적이다. 심지어 문재인 세력은 국민에게 허락도 받지 않고, 동의도 구하지 않고, 공감대 조성도 없고, 국가적 비전도 제시하지 않은 채 독단적으로 20년, 30년, 50년 집권"과 "한 번도 경험해 보지 못한 나라를 만들겠다."라고 호언장담했다.

이는 그간에 자신들이 맹렬히 비난하고 공격했던 '적폐'와 '독재'보다 훨씬 더 악랄하다는 증거이고, 장기 집권을 위해서는 수단과 방법을 가리지 않겠다는 독재적 발상과 발언이다.

이처럼 적폐 청산은 포용과 용서와 화합과는 정반대로 비극적인 역사를 재현해 내는 망국적인 역적 짓들에 불과하다.

3.
쿠데타를 목적으로 시위를 선동한 문재인의 역적 짓들

(※ 여기 내용은 조만간 문재인 일당의 죄상이 낱낱이 밝혀지거나, 북한과 중공의 연결 고리(지시·지원 등)가 밝혀지면 박근혜의 탄핵부터 문재인의 대통령 당선까지 일련의 과정이 국가 반역과 역적 짓에 해당한다는 점을 미리 정리해 놓는 취지다.)

문재인의 쿠데타와 역적 짓들

여기서는 혁명과 개혁, 시위와 쿠데타, 독재와 역적의 원리를 통해서 문재인이 어디에 해당하는지 확인해 보자.

사전적인 의미

시위
1. 위력이나 기세를 떨쳐 보임
2. 많은 사람이 공공연하게 의사를 표시하여 집회나 행진하며 위력을 나타내는 일

혁명
1. 헌법의 범위를 벗어나 국가 기초, 사회 제도, 경제 제도, 조직 따위를 근본적으로 고치는 일
2. 이전의 왕통을 뒤집고 다른 왕들이 대신하여 통치하는 일
3. 이전의 관습이나 제도, 방식 따위를 단번에 깨뜨리고 질적으로 새로운 것을 급격하게 세우는 일

쿠데타
무력으로 정권을 빼앗는 일. 지배계급 내부의 단순한 권력 이동으로 이루어지며, 체제 변혁을 목적으로 하는 혁명과는 구분된다.

개혁
제도나 기구 따위를 새롭게 뜯어고침

혁명과 개혁의 정당성

- 혁명은 정권의 무자비한 독재와 폭정과 탄압, 국민의 극심한 빈곤과 차별과 착취와 학대 등 불행과 고통은 물론이고 미래도 희망도 없이 암울할 때 필요하고, 정권(권력)을 무너뜨리는 시도(체제 전복)가 명분과 정당성을 지닌다.

- 개혁은 소극적인 측면과 적극적인 측면 이렇게 두 가지를 위해서 필요하다.

소극적인 측면(개혁)이란 부정적인 문제들을 바로잡는 것을 뜻한다. 예를 들면 부정·비리, 위·불·편법, 정분·인맥·연줄 등 불합리한 문화와 관행과 퇴폐풍조를 바로잡기 위함이다.

적극적인 측면이란 국민 의식 향상, 사회 전반의 효율성 재고, 존엄성 신장, 사회 경쟁력 등을 위해 필요하다.

그래서 개혁은 혁명과는 근본적으로 다르고, 훨씬 더 난해하며, 시간이 오래 걸리고, 열정과 집중력이 필수고, 국민의 적극적인 관심과 협조와 참여를 통해서 진행도 성공도 가능하다.

혁명과 개혁의 주체

- 혁명(헌법을 벗어나는)의 목적은 일차적으로 정권의 축출이고, 정권(체제, 질서)을 엎어 버릴 힘(용기, 무력 등)이 있으면 시도나 성공도 가능하다. 그래서 혁명의 주체는 특정한 인물도, 특정한 세력도, 일반 국민도 될 수 있다.

문재인이 주장·강조하는 '혁명'은 헌법에서 벗어났음을 자인하는 셈이고, 사실은 치밀한 사전 음모·조작·선전·선동에 의한 위헌·불법적 쿠데타(반란, 반역, 국가 전복)인 사실과 접근을 얼버무리고 합리화하기 위해서 '촛불 혁명'으로 국민을 끼워 넣게 된 것이다.

이제 좀 더 쉽게 정리해 보자.

- 개혁(헌법의 범위)은 정권도, 각 분야도, 국민도 모두가 동시에 주체와 객체와 협조자가 되어야 한다. 왜냐면 개혁의 목적은 정권의 축출과 장악이 아닌 잘못된 문제들을 체계적으로 바로잡아 가거나, 현재보다 더 좋은 사회문화를 만들어 가는 진지하고 성숙한 과정이기 때문이다.

그래서 개혁은 정권이 주체와 주인공으로 직접 나서면 성공 불가능하다. 각 분야가 개혁의 주체가 되어서 개혁을 시도하고, 개혁에 성공하는 최종 주인공은 다수 국민이 되도록 정권은 기초 동력(비전 제시, 동기 부여 등), 원동력(시스템 등)을 제공·보조해야 한다.

이와는 반대로 국민과 각 분야를 개혁 대상으로 전락시키거나, 개혁을 빙자해서 칼(법, 처벌)을 추켜들면 안하무인의 독단과 행패와 강권과 독재이고, 자유민주주의 국가에서는 절대 성공 불가능하다.

특히 검찰 개혁(노무현·문재인)은 검찰을 개혁 대상으로 전락시켜 버린 대표적인 반개혁·독재적·망국적 사례다.

혁명과 개혁의 성공 차이

혁명의 성공은 2단계로 나눠진다.
혁명의 1단계 성공은 정권의 축출과 장악이고,
혁명의 2단계 성공은 개혁으로 연결해서 심각한 문제들을 바로잡아 가면서 획기적인 대전환점을 만들어 내는 것이다.
왜냐면 정권 장악에 이어서 개혁을 시도·성공해야만 혁명이 정당성을 얻기 때문이다.

예를 들어서 독재를 상대로 혁명에 성공했다면 그간의 굶주림과 차별과 고통과 후진성과 후유증 등을 체계적이고 근본적으로 치유·발전해야 혁명의 명분과 정당성이 확보되기 때문이다.

그런데 만일 단순히 권력의 장악을 목적하거나, 권력의 장악에 이어서 권력의 강화와 장기 집권을 목적한다면 이는 혁명을 빙자한 쿠데타(불법)와 독재다. (문재인·이해찬이 장담했던 20년·30년·50년 집권이 이런 수준이었다.)

- 개혁은 잘못된 문제들과 대상들(분야, 국가, 조직, 사람, 관행들)을 냉철하게 원인 분석해야 하고, 구성원들을 자각과 반성으로 유도해야 하고, 비전을 제시해야 하고, 장·중·단기적인 정책들을 체계적으로 추진해야 성공하게 된다.

그래서 개혁은 힘(깡다구, 처벌, 무력)으로는 성공도 시도도 불가능하고, 대상(문제들과 문제아들)에 대한 이해와 포용과 장·중·단기 방안(지향점, 비전)에 대한 열정과 의지와 집중력과 깊은 통찰력이 종합되어야 한다.

- 따라서 누군가가 쿠데타(무력으로 권력을 빼앗는 것)로 정권을 장악했을지라도 진정한 동기와 목적이 국가적·국민적 전환점 마련(반성, 개혁, 발전)이었거나, 과감하게 개혁을 추진해서 획기적인 도약을 이뤄냈다면 당연히 혁명과 개혁으로 인정해야 하고, 이는 시작부터 결과까지 애국자이고 충신이다.

문재인이 주장하는 '촛불 혁명'에 대한 실상의 분석

인류가 세상사와 인생사를 경험하고, 지혜가 축적되면서 얻어 낸 소중한 진리 중 하나는 '진실은 감출 수 없고, 거짓은 드러나기 마련'이라는 사실이다.

여기서는 문재인이 주장·자랑하는 '촛불 혁명'을 예로 들어서 얼마나 황당한 거짓과 사기와 역적 짓이었는지 명료하게 정리한다.

- 대한민국은 부족하나마 자유민주주의 국가이고, 독재와 폭정과 굶주림과 차별 등에서 오래전에 벗어났다. 그래서 개혁이 필요할 뿐 혁명은 필요 없다.

그간에 우리 대통령들이 계속 실패했던 이유는 참다운 개혁을 성공·시도하지 못했기 때문이고, 사실은 참다운 개혁을 몰랐기 때문이며, 자유민주주의에 합당한 국민 의식으로 향상하지 못했기 때문이고, 잘못된 관행들과 문화와 후진성을 근본적으로 개선하지 못했기 때문이다.

- 이는 문재인 역시 참다운 개혁은 상상조차 하지 못하는 수준이었고, 심지어 자신에게 절대적으로 유리한 '시위'를 오히려 자신을 망치는 '혁명'으로 착각·왜곡·자랑해서 스스로 반란과 역적임을 주장·강조할 정도로 어리석었다.

문재인의 집권이 시위인지 여부

만일 문재인이 정권(박근혜)에 대한 시위(실망, 반감, 반발)의 연장선에서 지지율이 높아졌고, 이어서 대통령에 당선되었다면 자유민주주의 헌법 체제에서의 시위이고, 합법적인 정권 교체라고 할 수 있다.

하지만 박근혜는 음모와 조작과 선전·선동으로 일방적으로 탄핵으로 내몰렸고, 실제로도 위헌적·불법적으로 탄핵당했으며, 이 또한 전 세계 자유민주주의 국가와 역사에서 두 번 다시 찾아보기 어려운 탄핵(몰이, 소추, 헌재의 인용)이다.

덕분에 문재인은 대통령을 선동과 조작으로 강도질했고, 국내에서는 물론 해외 순방에서도 "촛불 혁명"이라고 주장·자랑했으며, 이는 그의 자가당착은 물론 자격지심이었다.

문재인이 '촛불 혁명'을 유달리 강조한 이유 (법적인 이유)

문재인이 유별나게 '촛불 혁명'을 강조했던 이유에 대해서 결론부터 내려놓고 정리한다.

문재인은 박근혜 탄핵이 음모(조작, 선전·선동)에 의한 것으로 밝혀지면 쿠데타(합법적인 절차와 방법이 아닌 무력, 조작 등에 의한 체제 전복)로 결론 내려지게 되고, 시위(단순한 국민의 반발)로 인식될 경우도 위헌·불법적인 반역·역적일 수밖에 없게 된다.

그래서 문재인은 이를 동시에 회피하기 위해서 '강도질과 단순 시위'의 중간쯤의 단어로 '혁명'을 선택·선전했다. '혁명'역시도 자신들에 의한 쿠데타(무리한 음모, 조작, 선전·선동)가 아닌 국민을 주체로 삼아서

"촛불 혁명"으로 '촛불'이라는 단어 하나를 추가해서 호도했다.

물론 혁명이라고 해서 모두 합법일 수는 없다. 왜냐면 혁명이 되려면 앞에서처럼 시대적 상황에 부합하기 때문이다.

따라서 문재인이 유달리 반복·강조했던 "촛불 혁명"은 주도면밀하게 박근혜를 탄핵으로 몰아갔던 음모와 선전·선동과 조작이 위헌·불법적인 체제 전복(쿠데타, 반역)이라는 사실에 대한 눈가림용이었고, 동시에 자유민주주의를 수호해야 할 헌법 재판소가 탄핵을 인용해 줄 쥐뿔만 한 근거나 명분이라도 필요했기 때문이며, 실제로 헌재는 "헌법을 수호할 의지가 없다."라는 주관적·편파적으로 인용 결정했으며, 지금까지로는 역적 짓이 성공한 셈이다.

하지만 앞에서도 언급했듯이 우리가 오랜 인류사를 통해서 얻은 중요한 교훈은 '진실은 감출 수 없고, 거짓은 드러나기 마련'이라는 사실이다. 자업자득과 사필귀정이 진리로 여겨지는 것도 마찬가지다.

인간 말종인 문재인의 작태

자격지심에 휩싸인 문재인은 대한민국의 대통령으로서 국가적인 초유의 비극(탄핵)을 단 한 번도 부끄럽게 여기지 않았고, 오히려 국내외에서 '촛불 혁명'으로 왜곡·호도·자랑했으며, 이는 자가당착과 자격지심에 기인한 망발과 추태였다.

이는 문재인 스스로 체제 전복을 위한 쿠데타를 목적으로 혁명(시위)을 조장·선동했거나, 역시 박근혜를 무력(불법, 조작)으로 무너뜨리려고 쿠데타·혁명을 주동·묵인·동조했음을 자인한 셈이 된다.

문재인이 주장하는 "촛불 혁명"이 쿠데타인 증거

앞에서 혁명과 개혁에서 언급된 바와 같이 문재인은 촛불(쿠데타, 혁명)로 집권해서 적폐 몰이를 시작했고, 이는 쿠데타에 이어서 정적 제거와 장기 집권을 목적했고, 개혁은 상상에도 없었다는 증거다.

다시 말해서 국가 개혁과는 정반대였고, 애당초 개혁은 안중에 없었다는 증거다. 왜냐면 문재인은 나라와 국민에 대한 포용(체계적인 계몽, 설득, 여론 수렴 등)과 개혁과는 반대로 쫓아내기, 감옥 보내기의 연속이었다.

따라서 문재인과 그 일당에 대해서 '독재와 역적' 가능성까지 확인해야 하고, 독재나 역적 짓들을 저질렀다면 정부에 대한 시위나 국민혁명이 아닌 쿠데타와 반역과 역적이라는 이야기가 성립된다.

이미 문재인은 김경수·드루킹과 함께 정권 찬탈에 수단·방법을 가리지 않았고, 불법과 선동과 조작을 밥 먹듯이 저질렀으며, 민주주의를 철저히 무시하고 위반하고 역행했다는 점에서 독재와 반란과 역적의 조짐이 농후했다.

문재인이 독재자인지 아닌지

문재인은 대통령에 당선된 이후 대한민국의 문제점과 개선점에 대해서 국민을 상대로 변화의 중요성과 개혁의 목적과 방향과 방법과 주체 등에 대해서 계몽하고, 설득(호소)하고, 여론 수렴 과정을 거치지 않았다. 왜냐면 쿠데타를 목적했고, 성공했으며, 당초에 계획했던 것처럼 본격적으로 반미·종북·중공몽으로 방향 잡았고, 장기·영구(30~50,

100년) 집권까지 장담했기 때문이다.

역시 문재인은 자기 멋대로 "지금까지 한 번도 경험해 보지 못한 나라를 만들겠다."라고 독재자로서의 발언을 서슴지 않았고, 실제로 자유민주주의 체제(헌법)의 무력화(망국, 역적)로 삐뚤어졌으며, 감히 공산주의자들에게 존경심을 표했고, 이는 쿠데타에 이어서 독재와 적화까지 무리한 것이며, 나라와 국민을 분열과 혼란에 빠뜨리면서 적폐(궤멸, 불태워 버릴) 대상으로 취급했다. 이는 인류에 대한 휴머니즘과 인간 존엄성과 자유와 인권이 필수인 자유민주주의에서 상상하기 힘든 짓들이다.

따라서 문재인이 정말 역적(여적죄) 짓들을 했는지, 했다면 얼마나 어떻게 했는지 사실 여부와 정도인지 따져 봐야 한다.

문재인의 반역과 역적 행위들

문재인과 그 일당이 저지른 악행과 역적 짓들은 일일이 셀 수조차 없을 정도다.

- 문재인은 대한민국에 적대적이었던 전과자(종북좌파·주사파)들을 대거 요직에 기용했다.
- 문재인은 보수세력을 적대시했고, 김정은에게는 저자세로 비굴하고 우호적이었다.
- 문재인은 대통령에 당선되자마자 탈원전과 4대강의 보 해체 등을 불법과 수치 조작 등으로 몰아붙였고, 하수인들에게 태양광을 졸속·졸작으로 특혜를 베풀었다.

- 문재인은 김정은에게는 우호적이면서도 인민들의 고통과 인권유린은 외면했다.
- 문재인은 대한민국의 건국일을 부정했다.
- 문재인은 '자유', '자유민주주의'의 중요성을 단 한 번도 언급하지 않았고, 헌법에서 자유를 삭제하려고 했다.
- 문재인은 "호찌민, 리영희, 신영복을 존경한다."라고 당당하게 발언했고, 손영우와 김원봉을 독립유공자로 서훈했고, 아내 김정숙은 독일에서 공산주의자요 김일성에게 충성 맹세했던 윤이상의 무덤에 식수하면서 존경심을 표했다.
- 문재인은 공산주의자들을 존경한다고 당당하게 밝혔고, 김정은에게 '찍'소리 한 번 못했다.
- 문재인은 김정은을 두둔해 주고, 변호해 주고, 미화해 주고, 퍼부어 주려고 안달했다.
- 문재인은 북한을 방문해서 자기 아들뻘인 철부지와 망나니 김정은을 극단적일 정도로 찬양했고, 김여정이 항의할 때마다 즉각적으로 이행했다.
- 문재인은 최전방의 전선을 약화했고, 국방의 요충지들을 개방해서 통로를 열어 줬다.
- 문재인은 김일성이 주장했던 '한반도의 비핵지대화'를 '북한의 비핵화'로 둔갑시켜서 우리 국민과 미국과 트럼프와 국제사회를 상대로 사기 쇼를 연출해서 기만했다.
- 문재인은 북한을 탈출한 인민들의 눈을 가리고, 손발을 묶어서 생지옥으로 돌려보냈다.
- 심지어 천안함 유족이 "천안함은 누구의 소행인지"를 따지듯이 묻

고 확인해야 할 정도로 망측했다.
- 문재인은 근무 중에 바다에 빠진 공무원을 적극적으로 구하지 않았고, 월북으로 조작했다.
- 문재인은 반일과 반미로 일관하면서 북한과 중국에는 하수인과 사대주의로 일관했다.
- 문재인은 대한민국의 위상과 국민으로서의 자긍심을 급속도로 실추시켰다.
- 문재인은 평창 동계올림픽에서 김정은을 '평화의 수호자'로 만들었고, 남북의 화해와 평화 등 사기 쇼를 연출해 냈다.
- 문재인은 최악의 저질쓰레기 양아치와 반인륜 범죄자와 세습 독재자인 김정은을 평창 동계올림픽에서 위인과 영웅의 반열에 올려놓으려고 안달했고, 적(김정은)을 비난하는 애국자들과 국민을 협박하고 탄압하고 불이익을 줬다.
- 문재인은 서울 시내 한복판에서 '김정은을 칭송하고 찬양하는 백두칭송위원회' 등 정신병자에 가까운 문제아들을 방치했으며, 김정은에게 '위원장' 호칭을 붙이지 않는 사람들을 방송에 출연하지 못하게 했다.
- 문재인은 대통령으로서도 정치인으로서도 국민으로서도 가장으로서도 인간으로서도 국제사회의 일원으로서도 상식과 양심과 체면과 자존심까지 내팽개쳤다. 반대로 김정은과 시진핑에게는 하수인 짓도 마다하지 않았고, 나라를 심각한 위기와 망국으로 몰아갔으며, 김정은에게 충성하는 것을 영광으로 여기는 표정과 언행들로 일관했다.
- 문재인은 자신에게 신발을 던진 국민은 형사고소하고, "삶은 소 대

가리"라는 쌍욕을 퍼붓는 북한의 양아치 김정은 정권에는 찍소리도 못했다.
- 문재인은 김정은이 개성의 남북연락사무소를 폭파해도 무대책·무반응이었고, 또 다른 하수인 놈이 "북한에서 대포로 파괴하지 않은 것이 다행"이라고 했을 정도다.
- 문재인은 '자유', '자유민주주의'라는 단어를 아예 사용하지 않았을 정도로 자유민주주의 체제와 헌법 질서를 무시·역행했다.
- 문재인은 나라와 국민을 바르게 이끌어서 책임져야 할 대통령이라고 생각했을 때 절대 용서해 줄 수 없는 비인간적이고 비민주적이고 반민족적인 패륜아와 역적이다.
- 이 외에도 탈북민 강제 북송, 서해 공무원 살해 방조와 은폐와 조작, 방심위의 TV 조선 평가점수 조작 등 헤아릴 수 없을 정도다.

실제로 문재인의 행보는 태생적인 공산주의자였거나, 성장 과정에서 김일성의 장학생이었거나, 북한에 확실하게 코가 꿰어 버렸거나, 정신병자에 가까운 저능아거나, 거짓말을 밥 먹듯이 해 대는 위선자와 망나니와 사기꾼과 역적까지 모두에 해당한다고 할 수 있다.

박정희의 5.16(쿠데타, 혁명)을 문재인의 '촛불 혁명'과 비교

박정희의 거사(쿠데타, 혁명)는 주체가 군인이었던 탓으로 국민을 등에 업지 못했다. 당시는 나라와 국민과 모든 분야가 변화·계몽·개혁 대상이었으며, 국민을 등에 업을 수도 없었다.
당연히 단순하기만 했던 당시로써는 쿠데타로 낙인찍히는 것 외에는 어쩔 수 없었다.

하지만 당시에 북한의 위협과 대치와 체제 경쟁 등 국가적 상황과 국민의 빈곤과 무지로 보았을 때 우리는 대대적인 변화가 절실했고, 혁명과 쿠데타와 의거를 따질 상황이 아니었다.

어떻든 거사를 주도했던 박정희 세력이 국가의 면모를 바로잡았고, 덕분에 국민의 삶이 대폭 향상했다.

이처럼 박정희의 거사(5.16) 덕분에 국민의 삶이 양적·질적으로 획기적으로 좋아졌다면 거사의 합법성과 절차에도 불구하고 혁혁한 업적을 인정해야 한다. 그뿐 아니라 나라와 국민에 대한 그의 순수한 동기와 위험을 각오한 용기와 성공적인 업적은 적극적으로 존중해야 한다.

- 그렇다고 박정희와 이승만이 독재했던 사실을 합리화하거나, 미화하면 안 된다.
- 아버지(박정희) 덕분에 대통령에 당선되었음에도 고립(배신)과 무능으로 보수를 와해시켜 버린 박근혜를 박정희와 연관시키는 것 역시 금물(특권의 세습)이다. 만일 이승만과 박정희(박근혜)를 김일성처럼 우상화해 버리면 대한민국은 또다시 참담했던 역사를 반복하면서 혼란해지고 위험해질 수밖에 없다.
- 역시 국가적·국민적 반성 없이 단지 이승만과 박정희와 박근혜를 등에 업으려는 정치인들과 보수세력 역시 무능하다는 증거이고, 결국에는 위험한 세력으로 전락할 위험도 배제할 수 없다. 왜냐면 자유민주주의는 잘못하지 않은 정도로는 어림없고, 대단한 포용력과 통찰력과 집중력이 필수이기 때문이다.
- 그렇다고 이승만과 박정희를 독재자로만 일방적으로 비난하고 매

도하고 공격하는 정치인들과 세력들은 더욱더 위험하다.

따라서 박정희가 쿠데타였을지라도 문재인의 '촛불 혁명'과 비교하는 것은 수치스러운 일이다.

왜냐면 박정희의 쿠데타는 진정한 애국심의 발로였고, 경제 개발 계획은 국민의 빈곤 퇴치는 물론 대한민국의 부흥과 국민의 양적·질적 삶을 획기적으로 끌어올렸던 최고의 개혁이었으며, 최악의 5천 년을 근본적으로 바꿔 버린 진정한 혁명과 최고의 개혁이었기 때문이다.

문재인에 관해서는 심리상태·무의식·뇌과학(뇌의 구조와 신경) 등 다양한 분야와 관점으로 연구해야 한다.

도대체 인간이 어느 정도 망가질 수 있는지, 도대체 원인이 무엇인지, 또다시 그런 사람이 또다시 출현하면 어떻게 미리 알아보고 조치해야 하는지 등을 연구해야 한다.

소크라테스(악법)와 박정희(5.16)와 김정은의 비교

"악법도 법이다."라고 말했던 소크라테스는 악법을 두둔해 준 것이 아니라 힘(무기, 무력)에 의존한 쿠데타(폭력, 전쟁)와 무고한 희생을 우려한 것이고, 시민들의 냉정하고 성숙한 의식과 태도를 강조·기대한 것이다.

그런데 우리는 무능한 윤보선 정권을 상대로 일으킨 박정희의 거사(5.16)를 '쿠데타'로만 매도했다. 그러면서도 우리의 참담한 실체와 실상이었던 열등한 역사와 후진 문화와 잔악했던 민족성은 지금까지 반성도 언급도 하지 않았다.

만일 북한에서 '악법도 법'이라고 합법적인 절차를 거친다면 영원히 독재를 세습하게 될 것이며, 인민들은 영원히 지옥에서 벗어나지 못할 것이다. 역시 김정은이 몰락해 본들 자유민주주의는 불가능하고, 혼란과 분열을 반복할 수밖에 없다.

이처럼 북한도 남한(박정희의 5.16)처럼 누군가가 김정은을 제거하고 자유 통일에 공헌한다면 합법과 절차에 상관없이 혁명과 충성심과 애국으로 인정해야 한다.

그래서 북한도 우리도 결국에 중요한 것은 참다운 개혁이고, 개혁이 빠지면 시위든 투쟁이든 혁명이든 쿠데타든 무용지물이다. 반대로 누군가가 과감하게 나서서 북한의 참다운 개혁과 인민들의 삶을 획기적으로 끌어올린다면 일부 잘못(관행, 과실, 쿠데타, 독재)이 있더라도 혁명으로 평가해야 하고, 정통성 확립의 축으로 삼아야 한다.

4.
지옥이 문재인에게 묻는
36가지 질문(地獄之文問三六)

(※ 여기 내용은 문재인의 임기 초반에 정리한 것이며, 더욱더 심각해진 이후의 역적 짓들에 대한 보충 없이 원래 그대로 소개한다.)

필자는 제19대 대통령인 문재인의 인생을 '인간 문재인'으로 시작해서 '정치인 문제인'을 거쳐서 '대통령 문재앙'에 이어서 '역적 문죄인'으로 비참한 말로를 확신하고 경고했다.

이는 문재인이 대통령은커녕 정상적인 인간에도 자질 미달이고, 우둔한 머저리와 사기꾼과 하수인과 역적에 불과하다는 이야기였으며, 여기서는 '당신'으로 호칭하기로 한다.

당신에게 지옥이 묻는 36개의 질문

1) 당신은 인생에서 소중한 것이 있는지 없는지, 있다면 무엇인가?

2) 당신은 자녀들과 손자·손녀들의 생명과 안전과 행복과 인생과 장

래가 소중하지 않은가?

3) 당신이 대통령이면 대한민국의 헌법 질서와 자유민주주의 체제와 정통성의 확립과 튼튼한 국방·안보와 국민의 생명·행복을 존중하고 책임지는 것이 의무 아닌가?
그 많은 의무는 무시·역행하면서 "대통령에게 보장된 헌법상 권리를 행사하겠다."라며 대국민 협박용으로 언급·악용할 자격이 있는가?

4) 당신은 헌법을 수호함으로써 공인의 의무와 명예와 인간의 가치를 다해야 하지 않은가?

5) 당신은 자녀들과 손자·손녀들을 적들과 강도들에게 내맡겨 놓거나, 이웃으로 함께 살아갈 수 있는가?

6) 당신은 강도가 집 앞에서 어슬렁거리면 아예 문을 활짝 열어 놓고 적극적으로 환영해 주는가? 그리고 강도에게 죽이지 말고, 때리지 말고, 싸우지 말자고 '평화'와 '선처'를 구걸하겠는가?

7) 당신은 경찰이 강도를 쫓을 때 강도를 숨겨서 보호해 주거나, "평화의 수호자"라고 두둔·대변해 주거나, 당신의 자녀들과 재산까지 몽땅 내주고 비위를 맞춰 주거나, 함께 친구가 되어 보자고 호소하거나, 강도를 새로운 친구로 삼아 가면서 옛 친구들과 좋은 친구들과 은인들을 모두 배신할 것인가?

8) 당신은 평생을 통해 뭔가에 목숨을 걸어 본 적은 있는가? 걸어 봤다면 무엇인가?

    자유를 위해서? 평화를? 정의를? 인권을? 복지를? 대한민국의 자유민주주의를 위해서? 대한민국의 헌법 질서를 수호하기 위해서? 세상을 위해서 목숨을 걸어 봤는가?

    조만간 법정에서 수많은 범죄와 역적 짓들을 변명하는 데 목숨을 걸 것인가?

9) 당신은 역사에서 폭군들과 독재자들을 무너뜨리기 위해서 희생한 의인들을 어떻게 생각하는가?

    당신은 그들이 자유와 평화가 아니라 전쟁과 살육을 좋아하는 미치광이들이라고 생각하는가? 6.25에 참전해 준 UN군을 국립묘지에서 파내서 모두 고국으로 보내 버리거나, 불태워 버릴 것인가?

10) 당신은 어떻게 하다 공산주의자들을 존경하게 되었는가?

11) 당신은 북한의 김일성 괴뢰 집단의 6.25 침략에 맞서 싸운 우리 장병들과 파병 용사들에 대해서 악인들의 개죽음으로 취급하는가? 북한에 의해서 희생된 사람들에게 침묵으로 일관하거나, 날조된 북한의 거짓을 대변하는 이유와 이익은 무엇인가?

12) 사후에 천국과 지옥이 있다면 국내외의 6.25 참전용사들은 어디로 갔을 것이며, 김일성·정일은 어디로 갔을까? 당신은 김일성·정일이가 천국에 있고, 정은이도 천국에 갈 것으로 생각하

는가?

13) 당신이 머잖아서 자살하든, 살해당하든, 여생을 감옥에서 보내다가 죽게 되면 천국과 지옥 중 어디로 갈 것으로 생각하는가?

14) 당신이 죽었을 때 평등과 공정과 정의와 자유를 위해서 죽어간 영령들이 당신에게 뭐라고 할 것이며, 당신은 그들에게 무슨 말을 할 것인가? 당신이 그들과 함께할 수 있을 것으로 생각하는가? 그들이 당신을 가만 놓아둘까? 당신보다 조금 더 먼저 지옥에 가 있을 정은이가 당신을 구해 줄까? 가만 놔둘까?

15) 당신의 자녀들과 손자·손녀들과 친인척들은 최악의 당신으로 인해서 인생 내내 엄청난 불행과 고통과 자괴감을 감당하지 않겠는가?

16) 우리 국민이 최악으로 망가진 당신을 믿고 우리의 최고 은인과 동맹인 미국을 부정·배신할 것으로 생각하는가? 우리 국민이 당신처럼 국제사회에 아랑곳하지 않고 후안무치가 될 것으로 생각하는가? 당신은 왜 거짓과 선동과 독선과 독단과 독재와 위선과 궤변과 조작과 역적 짓으로 삐뚤어지는가?

17) 당신은 "우리 민족끼리", "우리는 하나"라는 거짓으로 무장해서 떵떵거리는 저질쓰레기 김정은에게 화해 제스처를 취해 왔고, 인류의 축제(올림픽)에 평화의 사도로 모셔 놓았으며, 하수인 노

릇을 자랑스럽고 영광스럽게 해 왔다. 그런데 김정은과는 비교도 할 수 없이 선량한 우리 내부에는 분노와 적개심과 적대감을 조장하고, 불태워 버릴 적폐 대상과 궤멸 대상으로 취급해 왔다. 이는 우리 국민이 당신을 모셔 주지 않아서인가? 아니면 국제사회에서 당신에게 노벨 평화상을 줄까 기대해서인가? 아니면 가는 곳마다, 하는 일마다 따돌림당하는 것이 분해서인가?

18) 박영선은 적폐 청산의 정당성과 자격확보에 대한 항의가 빗발치자 "다시는 적폐 청산하지 않기로 했다."라고 국민에게 약속했다. 그런데 또다시 약속을 뒤집어서 적폐 청산으로 역행했다. 그렇다면 당신은 더 나은 사회와 문화와 미래를 언제 어떻게 고민하고, 누구와 실현하려는가? 대한민국의 경쟁력을 언제 어떻게 확보할 것인가?

19) 당신은 연방제 통일로 극악무도한 김정은과 어깨를 나란히 할 것으로 생각하는가? 아니면 스스로 사회주의 지상낙원의 건설 노예가 되어서 김정은에게 절대 복종·충성으로 살아갈 것인가?

20) 당신은 도대체 무슨 꿍꿍이고, 어떻게 감당하려고 이런 악행들을 당당하게 저지르는가?

21) 당신이 각국의 정상들과 회담할 때 A4를 낭독하거나, 정신이 모자란 사람처럼 치매 분위기를 연출해 내는 진짜 이유는 무엇인가? 혹시 당신이 여적죄 등 무수한 죄목들로 처벌받을 때나, 김

정은의 하수인들에게 살해당하는 것을 피할 목적이거나, 재판받을 때 대통령 시절부터 정신이 이상해서 망나니짓들과 역적 짓들을 자행했던 것처럼 형량을 줄이기 위해서 정신병자로 둔갑하려는 사기 쇼의 예행연습인가?

22) 이성과 상식을 지닌 국민은 당신이 정신병자에 가까운 저능아인지, 항간에 소문처럼 북한의 이모가 사실은 생모인지, 김일성 장학생이었는지, 김일성·정일·정은에게 강력하게 코가 꿰어 있는지, 태생적인 공산주의자인지 궁금해한다. 혹시 당신은 이것들에 모두 해당하지 않는가?

23) 설사 당신이 김일성 장학생과 태생적인 공산주의자와 코가 꿰인 하수인과 정신병자에 가까운 저능한 인간과 이모가 생모일지라도 그것은 오직 당신에게만 해당하는 문제이고, 애당초부터 잘못 아닌가?
그렇다면 차라리 당신이 개인 신분으로 살아가든지, 일찌감치 가족을 데리고 북한으로 가서 충성스러운 인민으로 살면 되지 않았는가?

24) 당신은 왜 기어코 대통령까지 당선되어서 이토록 기존 질서와 국민 정서와 대외 관계를 망치면서 수치스럽게 살아가는가? 당신이 평생에 철학과 사상과 인류 미래에 관해서 심오한 깊이와 저서라도 있었는가?
그간에 당신이 잘하면 무엇을 얼마나 잘했고, 그간에 우리가 잘

못했다면 무엇을 얼마나 어떻게 잘못했다고 이토록 우리를 무시하고 힘들게 하고 적대시하는가?

25) 하필이면 당신은 왜 '인권', '평화'라는 거짓과 위선으로 위장했는가? 양아치 김정은을 절대 옹위, 절대 사수, 절대 충성하기 위해서 이성도 상식도 체면도 자존심도 양심도 포기했는가? 막무가내로 국방을 허물어뜨리고, 언론을 하수인으로 만들고, 여론을 조작하고, 자유 세력을 탄압하고, 당연하게 거짓과 위선과 궤변을 늘어놓으면서 역적 짓들을 자행하는가?

26) 자기 형을 독살하고, 고모부를 고사총으로 공개 처형하고, 인민들을 무수히 굶겨 죽이고, 고문하고, 강제 노동시키고, 생화학 실험 도구로 삼고, 자신은 초호화 사치와 퇴폐로 망치는 방탕아 김정은에게 화해와 평화를 강조하는가? 당신은 성인군자인가? 아니면 회개전도사인가?

27) 당신은 당신의 자녀들과 손자·손녀들이 강도를 잡으려고 하거나, 불안해하거나, 무서워하거나, 경찰에 신고하려고 하면 어떻게 할 것인가? 그때도 강도의 편에서 적극적으로 두둔하고 대변하고 옹호하고 충성하고 퍼 주면서 자녀들을 위험과 고통과 불행으로 몰아 버릴 것인가?

28) 당신이 제정신이라면 불안해진 자녀들과 손주들에게 설명해 주고 설득하거나, 적극적으로 의견을 물어보고 존중하고 수용하는

등 조심하고 진지해져야 하지 않은가?

최소한 당신의 철학과 소신과 장·중·단기 계획들을 피력하고 이해를 구해야 하지 않는가?

애당초 예상과 계획에서 틀어질 경우들에 대비해서 다양한 대처 방안들을 준비시켜야 하지 않는가?

그래도 자녀들과 손주들이 불안해할 것에 대비해서 적극적으로 걱정해 주고, 질문에 대답해 주면서 안심시켜야 하지 않는가?

29) 한반도의 운전자는 당신만이 아니라 우리 국민과 미국과 국제사회가 똑같이 자격이 있다.

특히 오늘날은 모든 면(경제, 군사, 무역, 균형, 평화, 성공, 실패, 발전, 미래 등)에서 직접·간접으로 이해관계가 밀접하다. 역시 당신은 물러나고 죽으면 그만이지만 우리와 미국과 국제사회는 계속되어야 한다. 그런데 아무런 과정과 절차도 거치지 않고 곧바로 당신 멋대로 운전자를 자처하거나, 멋대로 운전한다는 것은 몰상식한 파렴치한이 아닌가?

다시 말해서 우리는 당신이 피곤한지, 운전을 얼마나 잘하는지, 운전해서 어디로 갈 것인지, 만취했는지, 마약에 취했는지, 정신병자인지, 폭주족인지, 꿍꿍이 속셈인지, 적에게 조종당하는 하수인인지, 대형 교통사고를 낼 것인지 전혀 알 수 없고, 믿을 수도 없다. 역시 그곳이 아스팔트인지, 들판인지, 흙길인지, 자갈길인지, 산길인지, 막다른 길인지, 벼랑 끝인지, 지옥으로 추락하는 길인지도 알 수 없다.

이런 점들로 보았을 때 당신은 대한민국과 동맹인 미국을 비롯한 국제사회와 적극적으로 함께해야 하지 않았는가?

30) 인류사와 국제사회와 근현대사와 대한민국의 70년여 현대사를 통틀어서 최악으로 망가진 저질쓰레기 양아치인 김정은 세습 독재자와 싸우지 않거나(못하거나), 친한 친구로 지내야 한다면 도대체 당신과 우리는 누구와 싸울 것이고, 누구로부터 나라를 지킬 것이며, 무엇에 목숨을 걸고, 무엇을 위해서 명예를 지킬 것이며, 선과 악이, 정의와 불의가, 자유와 인권이, 공정과 정의가 무슨 가치와 의미인가?

31) 당신처럼 인간 말종의 인간성과 철면피한 양심이라면 누가 자유와 정의와 평화와 나라와 국민을 위해서 목숨을 걸겠으며, 희생이 무슨 가치가 있겠는가?

32) 만일 우리 국민이 당신처럼 비겁하고 비열하고 비굴하다면 누가 나서서 폭군들과 강도들과 양아치들을 상대해서 해결하겠는가?

33) 당신은 왜 단 한 번도 국민에게 당신의 철학과 소신과 계획과 비전과 산적한 현안들을 설명도, 설득도, 계몽도, 호소도 없는가?

34) 당신은 도대체 누구와 함께 대통령직을 수행 중이며, 누구를 위해서 일하고 있는가?

35) 이것이 제왕적 대통령을 신랄하게 비난하고 공격하고 분노했던

당신의 실체인가? 당신은 대안도 없이 대한민국의 역사와 현대사의 실패에 기생해서 출세에 급급했던 망국의 역적이고, 저주의 화신인가?

36) 당신은 태생부터 천성도 성장도 출세까지 추악한 위선자와 적반하장의 결정판인가? 그렇지 않고서야 어떻게 김경수와 임종석과 조국과 황운하와 송철호와 추미애와 최강욱과 윤건영 등에 대해서 공정하고 정의롭고 당당하게 대처하지 못하는가?
이런 당신에게 평화와 인권과 평등과 공정과 정의는 도대체 어떤 의미인가?

문재인이 생각하지 못한 중요한 이야기 하나

당신이 생각하지 못하는 중요한 이야기를 하나 전해 주고 싶다.

인류 역사에는 당신처럼 극단적으로 망가진 인간 말종과 악질들이 꽤 있었다. 망가진 그들이 했던 짓들은 쪽쪽 빌어먹을 짓들이었고, 갈수록 자기 발등에 도끼질해 대는 망나니짓들이었으며, 결국에 패가망신해서 자기 자손들까지 망쳐 버린 우둔한 머저리와 범죄자들에 불과했고, 이것이 당신의 현재와 미래다.

우리의 반쪽인 북한은 당신의 상전들(김일성과 정일과 정은)이 망쳐서 빌어먹었고, 스스로 발등에 도끼질해서 패가망신하는 대표적인 머저리들과 망나니들이다. 김일성은 잔악했던 역사와 문화와 조상들에서 생겨난 후손 중 최악으로 망가진 인간 말종과 저질과 악질이다.

그래서 김일성은 완벽하지 못한 인간(나약함)과 완전할 수 없는 사회

(약점)와 특히 인민들의 무지와 열악한 민족성과 열등한 문화와 사회주의와 공산주의까지 악용해서 우상화와 신격화와 세습 독재로 최악으로 망가졌다.

이처럼 김일성의 악랄한 짓들(주체사상, 신격화, 세습 독재)로 인해서 결국은 그의 가정과 가족을 모두 쑥대밭으로 만들어 버렸고, 당신도 남은 인생과 비참한 운명과 가족의 장래를 심각하게 고민해 보길 바란다.

대한민국은 보수도 진보도 순진한 국민들도 종북·주사파들에게 깜빡 속아 버렸다. 그런데도 보수도 진보도 국민도 문재인이 대통령에 당선되자 설마설마하면서 믿어 보고 지켜봤다. 하지만 이제는 믿음도 기다림도 모두 지나 버리고 늦어 버리고 틀려 버렸다. 결국 종북좌파·주사파들은 참담한 몰락과 비참한 죗값을 치를 일들만 남았고, 그간에 독재와 보수와 중도와 국민은 반성을 시작으로 적극적인 변화와 개혁을 실천해야 한다.

5.
문재인 세력이 김정은 일당보다 저질·악질인 이유

문재인이 김정은보다 훨씬 더 저질인 이유는 크게 두 가지다.

첫째, 문재인을 폭력배들과 비교해서 훨씬 더 저질 양아치임을 알 수 있다.

- 웬만한 폭력배는 밖에서 별짓을 하더라도 자기 가족은 소중하게 여기거나, 끔찍하게 사랑하거나, 화기애애한 집안을 만들어 보려는 마음이라도 있다.
- 반면에 저질 양아치들은 바깥에서 깡패들에게는 찍소리 못하고 비굴하게 굽실거린다. 그런데 집에서는 자신이 돌봐야 할 가족들에게 행패와 주정을 부리고, 군림하면서 왕 노릇을 해 댄다.

이처럼 문재인은 깡패들(김정은·김여정·시진핑)에게는 찍소리도 못한 채 끝없이 비굴하고, 국내에서는 적폐·친일파·궤멸 대상으로 엄포하고 적대시했다. 이는 문재인이 차라리 양아치들만도 못하다는 증거다.

둘째, 문재인을 김정은과 비교해도 쉽게 이해할 수 있다.

만일 김정은이 문재인처럼 대한민국에서 성장했고, 대학을 다녔고, 사법고시에 합격했고, 대통령이 되었다면 지금의 문재인처럼 저질·악질은 아닐 것이다. 역시 김정은이었다면 쓰레기 양아치들에게 찍소리는 했을 것이다.

문재인은 당당하게 답해 봐야 한다

- 문재인은 이승만과 박정희를 "독재자"라고 비난했다. 그런데 문재인은 "지금까지 한 번도 경험해 보지 못한 나라를 만들겠다."라고 독단적으로 선언했고, 이는 독재와 독재자가 아닌가?
- "지금까지 한 번도 경험해 보지 못한 나라를 만들어 달라."라고 국민이 요청했는가?
- 아니면 국민에게 물어봤는가? 국민이 허락했는가? 국민에게 의견을 수렴했는가?
- 전문가들과 상의하거나, 자문했는가? 그에 대한 배경과 지향점과 비전과 철학을 제시했는가?
- 발언 이후에 진행 상황과 진척 정도를 국민에게 한 번이라도, 단 한 마디라도 설명했는가?
- 문재인 세력이 자문도 철학도 설명도 설득도 안내도 없이 일방적으로 "30년, 50년 장기 집권"을 장담한다면 이승만(12년)과 박정희(16년)보다 훨씬 더 악랄한 독재와 독재자가 아닌가? 영구 집권도 불사하지 않겠는가?
- "지금까지 한 번도 경험해 보지 못한 나라"는 북한 같은 사회주의

지상낙원을 말하는가?
- 국민에게 "한 번도 경험해 보지 못한 나라를 만들어 주겠다."라고 마치 신처럼 장담하면서도 김정은에게는 찍소리 한 번 못하는가? 그러면서도 "김정은의 하수인(대변인)"이라는 비판에 반감을 드러낼 자격이 있는가?

김정은보다 문재인이 훨씬 더 심각한 구제 불능

김정은은 세상과 인생과 사회를 열심히 배워야 할 시기에 북한의 악랄한 독재자가 되었다.

이는 자신의 나이와 배움과 경력에 턱없이 미달(반대)인 버거운 삶을 무리해서 살아가게 된 것이다. 더구나 국가 지도자가 되었다는 점에서 철부지와 망나니 수준에 불과할 수밖에 없다. 왜냐면 다른 나라의 정치인들은 오랜 세월 부단한 노력과 경험과 경력과 동료들과 노하우를 축적하면서 체계적인 과정과 검증을 통해 지도자에 오르고, 그래도 지도자로 성공이 쉽지 않기 때문이다. 그런데 김정은은 모든 면에서 철부지와 망나니 수준으로 최고 자리에 올라 버렸다.

이처럼 자기 미래를 위하고 향해서 역량을 쌓는 과정도 없었던 풋내기 김정은은 고작 구시대의 할아버지를 흉내 내는 짓이었고, 심지어 뚱뚱한 몸집과 행동과 옷차림까지 시늉하려고 안달했다.

이는 지도자는커녕 젊은이로서도 인간으로서도 참담한 수준이었고, 인민들도 나라도 미래도 절대 좋아질 수 없는 불행과 비극의 예약이었다.

이런 양아치 쓰레기 김정은에게 비굴함으로 끝나지 않고 끝없이 추켜올려 주는 문재인은 한술 더 뜰 정도로 한심한 구제 불능 불능이다.

문재인이 성장한 곳은 엄연히 자유 대한민국이고, 민주주의 체제에서 교육받았으며, 민주주의 덕분에 사법시험을 거쳐서 출세 가도를 달렸고, 헌법으로 보장받는 민주국가의 대통령까지 당선되었다.

이는 문재인이 민주주의와 자본주의에서 일방적으로 혜택만을 받은 최고 수혜자이며, 나라와 국민과 현대사에서 세운 업적이 아예 없었고, 오히려 나라와 국민과 현대사에 크고 작은 빚을 엄청나게 진 빚쟁이다.

따라서 문재인은 당연히 자유민주주의와 자본주의에 충실해야 했고, 적극적으로 이바지해야 했으며 그것이 은혜와 빚을 갚고 공도 세우는 유일무이한 방법·인생이었다.

그런데 문재인은 내부를 적폐 세력으로 내몰았고, 공산주의자들을 존경하고, 종북좌파·주사파들로 온 나라를 배치·점거하고, 자기 자식들보다 어린 풋내기 김정은을 평화의 사도와 위대한 통치자로 추켜세우고, 최악의 반인륜·반인권 범죄자와 세습 독재자인 김정은에게 비굴한 저자세로 일관하는 등 도저히 이해할 수도, 용서해 줄 수도 없는 발언들과 행보들로 일관했다.

머잖아서 문재인과 종북좌파·주사파·공산·사회주의·친중(시진핑) 세력은 북한 인민들에 의해서 개망신당할 수밖에 없고, 아마도 몰매 맞아 죽을 수도 있으며, 살아도 산 것이 아닐 것이고, 문재인을 기다리는 지옥의 귀신들과 김정은이 무서워서 편히 죽지도 못할 정도로 참담한 인생과 실패작이다.

이제라도 문재인은 자신에게 붙여진 오명과 오점들에 대해서 진솔하게 해명·사죄해야 한다.

위선자 문재인이 사랑하고 복종하고 충성하는 상전은 반인륜·반인권·반민족 범죄자 겸 세습 독재자인 저질 망나니 김정은 쓰레기 양아치다. 그런데 문재인이 대통령에 당선되어서 가장 치명적으로 피해당한 머저리도 김정은이다.

만일 문재인 같은 양아치·쓰레기·망나니가 대한민국을 위해서 충성했거나, 우리 국민을 사랑했다면 아마도 우리는 지금보다 훨씬 더 심각해졌을 것이고, 지금쯤 치명적인 망국이었을 수도 있다.

하지만 불행 중 다행으로 문재인이 망치려고 작심했던 대한민국은 오히려 자유민주주의의 소중한 가치를 깨닫고 강화하는 계기가 되었고, 문재인이 충성하려고 안달했던 북한의 독재 세습 망나니는 몰락하게 되었으며, 종북좌파·주사파·중공몽 세력까지 자멸하는 지경이고, 이제부터 대한민국은 짱짱한 국운과 찬란한 미래를 본격화할 기회와 마주하게 되었다.

그러면 왜 문재인이 가장 충성하는 김정은이 왜 가장 치명적인 피해자일까?

이는 두 사람이 모두 저주받은 악인이기 때문이고, 당연한 결말이다.

첫째, 의인과 의인이 만나면 세상이 밝아지고 아름다워지면서 계속 발전해 간다.

둘째, 악인과 악인이 만나면 서로가 싸우든, 뭉쳐서 협력하든 몰락과 패망과 죽음이 급격히 앞당겨질 수밖에 없다.

6.
의인과 악인(김정은, 문재인)의 절정기와 운명의 비교

악인과 의인은 운명이 절정에 달하면 인생이 정반대로 바뀌어 버린다.

- **운이 절정에 도달한 의인의 운명:** 양심과 상식과 선심과 정의와 희생과 가치를 위주로 참되고 열정적으로 살아온 의인은 운이 절정(극치)에 도달하면 그간에 준비해 왔던 많은 일들을 해낼 수 있고, 연이은 성공과 보람과 함께하면서 명예롭고 영광스러운 삶을 살아간다.
- **운이 절정에 도달한 악인의 운명:** 거짓과 궤변과 교만과 위선과 위조와 조작과 사기와 불의와 독선과 독재로 살아온 악인들은 악랄하고 집요하게 극성을 부릴 때가 최고 전성기며, 절정에 도달하면 운명이 급격히 꺾어져서 파멸과 죽음으로 곤두박질치게 된다.

김정은과 그 일당의 종말

대한민국의 교도소에 수감 중인 범죄자들의 형량을 모두 합해도 김일성과 김정일과 김정은이 각각 저지른 무지막지한 범죄들에 비교하면 새 발의 피에 불과하다.

특히 김정은(김일성 일가)의 운명은 핵 개발에 극성을 부릴 때가 최고 절정기고, 핵이 완성되면 운명이 급격히 꺾어져서 인민들을 죽음으로, 북한을 파탄으로 내몰면서 비참한 종말에 이를 수밖에 없다. 왜냐면 무지하고 우둔하고 미개하고 잔악한 망나니들(김일성, 김정일, 김정은)의 생각대로 세상(이치)과 국제사회와 대한민국(국민)이 움직여지거나, 좌우되지 않기 때문이다. (만일 악인들의 뜻대로 된다면 우주도 지구도 인간도 미래도 존재할 가치와 이유가 없다.)

최악의 북한 정권은 독재 세습과 핵무장을 위해서 나라를 고립·폐쇄해 버릴 정도로 독종들이었고, 인민들을 무임금으로 노동 착취하면서 수없이 굶겨 죽일 정도로 잔악했으며, 갖가지 죄목으로 인민들을 감옥에 가두고 고문하고 학살하고 추방하고 생체 실험 도구로 써먹었다.

이는 자기 발등에 도끼질하는 자멸의 길을 걸었던 것이고, 결국에 자기 가족들조차 고스란히 죗값들을 치르고 있다.

김일성이 최초에 핵무장을 생각했을 때 이미 비극적인 파멸과 종말이 예약되었다.

반대로 폐쇄적인 통제와 감옥에 갇혀 살던 인민들은 김정은의 파멸과 동시에 지옥에서 벗어날 것이며, 비극적인 인생에 마침표를 찍을 것이고, 전혀 다른 세상에서 상상에도 없었던 인생과 미래를 살아가게 될 것이다.

우리 국민은 최악인 북한에서 태어나지 않은 것을 천만다행으로 여겨야 하고, 인생을 정의롭고 가치 있고, 보람되게 살아야 한다.

역시 여력을 아끼고 모아서 세습 독재자 악질 김정은을 끌어내려야 하고, 북한 인민들을 구해야 한다.

문재인과 그 일당의 종말

자유민주주의 사회에서의 의인은 권력과 막강한 세력을 확보하면 나라와 국민과 국제사회와 후대를 위해서 수많은 일을 진행하고, 훌륭한 업적들을 이뤄 낼 수 있다.

그런데 문재인과 그 일당처럼 악인들은 운이 절정에 오르면 비극적인 운명으로 꺾어지기 마련이다.

문재인은 대통령이 되어서 행정부의 수반이 되었고, 입법(국회의원)을 2/3나 차지하고, 법원을 장악하고, 검찰권을 무력화시키고, 경찰을 장악하고, 지방자치단체장과 의회를 대부분 장악하고, 언론과 여론 조사까지 장악했다.

그런데도 문재인과 그 일당은 대한민국을 선진국으로 만들기는커녕, 능력 발휘는커녕, 오히려 위기로 몰아넣으면서 스스로 발등에 도끼질해 대는 수준이었고, 이는 악인(권력과 세력)의 운명이 절정·극점에 도달하면 급속도로 몰락함을 입증한 것이다.

문재인의 공헌도

문재인이 휴머니즘(포괄적인 인류애)이 전제된 민족주의자였거나, 자유민주주의에 합당한 최소한의 자질들만 갖췄더라도 그간에 따뜻한 인간미를 발휘한 흔적들이 곳곳에 널려 있을 것이다.

하지만

- 문재인은 대한민국의 자유민주주의(사상, 제도, 체제)를 위해서 헌신했거나, 희생했거나, 전문 분야에서 획기적으로 공헌했던 업적이 없다.
- 문재인은 각종 부작용과 한계들로 넘쳐 났던 대한민국의 현대사를 뜨겁고 냉철하게 끌어안고 진지하게 연구·분석했던 흔적이 없다.
- 문재인은 조부모 세대와 부모 세대와 선배들의 잘못을 집요하게 물고 늘어졌고, 악랄하게 비난하고 공격해서 주도권 장악에 혈안이었다.

그래서 남한에서는 최악으로 망가진 집단이 바로 문재인과 종북좌파·주사파·중공몽·반미 세력이고, 이들은 손에만 안 들었을 뿐 생각과 관계와 인생이 온통 비열·교활한 무기이며, 나라와 국민과 자녀와 후손에게 치명적인 바이러스 세력이고, 교도소에 수감 중인 범죄자들보다 훨씬 더 해롭다.

그래서 상식을 지닌 국제사회로부터 단 한 번도 긍정적인 평가를 받아 보지 못했고, 심지어 중국(공산당) 같은 나라에서도 노골적으로 무시와 찬밥 신세로 홀대받았으며, 무철학과 무소신과 무양심인 것을 입증이라도 하듯이 저질·인간 말종·악질인 김정은의 대변인과 하수인으로 전락·취급당했고, 간첩 노릇과 역적 짓이 고작이었다.

문재인은 대통령을 하지 말았어야 했고, 애당초 정치하지 말았어야 했다.

악인(김정은)과 악인(문재인)이 만나면 서로 싸우든 협력하든 상관없이 몰락과 패망과 죽음이 급격히 앞당겨진다.

은퇴한 대통령이 국민에게 존경은커녕 경호 인력으로는 부족해서 경찰력을 증강했고, 그래도 불안·부족해서 아예 경찰 인력으로 성벽을 치는 일은 문재인이 처음이자 마지막일 것이다.

이는 문재인이 임기 내내 조작과 은폐와 사기 쇼와 역적 짓들로 일관했던 대가 겸 죗값임을 스스로 입증해 보이는 불명예와 망신살이다.

제6장.

종북좌파·주사파·중공몽 세력의 개과천선을 위하여

여기서는 대한민국의 노조·노조원·전교조·교사들·종북좌파·주사파·중공몽
사대주의자·공산주의자·사회주의자·반미주의자들의
석고대죄·대오각성·개과천선을 위해서 준비했다.
왜냐면 여러분도 김일성과 김정일과 김정은과 시진핑과 푸틴과
공산주의와 사회주의와 이러한 사대주의자들에 대해서
지금이라도 명확하게 이해하고, 뼈저리게 반성함으로써
대한민국의 짱짱한 국운과 찬란한 미래를 함께해 가야 하기 때문이다.

1.
'아리랑'에 맺힌 한과 저주와 더 심오한 의미

우리가 어색함을 줄이기 위해서 '아리랑'이라는 다소 생뚱맞지만 그래도 모두에게 익숙한 주제와 화제로 시작해 보자.

필자는 어린 시절에 '아리랑'곡조와 가사를 들을 때마다 형언할 수 없는 감정에 휩싸이곤 했었다.

특히 "나를 버리고 가시는 님은 십 리도 못 가서 발병 난다."라는 애절한 부분이 그랬다.

그보다 먼저 필자는 어렸을 때부터 우리를 침략했든 도와줬든 상관없이 우리보다 훨씬 강한 강대국들과 역사 내내 허약하기 그지없었던 우리의 차이점이 과연 무엇인지, 우리가 무엇을 반성하고 배워야 하는지 의문과 관심이 많았다.

그래서 '우리', '민족', '우리끼리', '신토불이'등 '우물 안 개구리' 같은 생각과 인연과 정서에 연연하지 않으려고 무척이나 노력했다.

왜냐면 역사 내내 우리끼리 신분 차별도, 착취와 학대도, 당파와 당쟁도 해결하지 못했고, 심지어 이것들을 이유·명분 삼아서 '우리끼리'더러운 짓들을 수없이 저질렀고, 지금 우리도 마찬가지이기 때문이다.

그뿐 아니라 "사돈네 논밭 사면 배가 아프다"라고 할 정도로 시기·질투가 심했고, 인간성도 민족성도 심하게 망가졌으며, 당연히 반성해야 옳다고 생각했기 때문이다.

과거에도 우리는 '동방예의지국', '동방의 등불'등 미사여구들로 위장해서 합리화했고, 우리가 허약했던 잘못들을 강대국들 탓으로 돌려서 비난하고 공격했다.

이런저런 이유로 필자는 '아리랑'이 애처로웠고, 못마땅했다.

하지만 지금은 애절한 곡조나 가사보다는 '나의 인생 역시 아리랑처럼 우여곡절의 연속이었지 않았는가'라는 생각과 동시에 수많은 것이 뇌리를 스친다.

어쩌면 여러분도 우리 모두도 마찬가지일 것으로 생각한다.

아리랑이 못마땅했던 이유

필자에게 아리랑이 못마땅했던 이유는 그것이 사랑이든 배신이든, 한동안의 헤어짐이든 영원한 이별이든, 이유와 과정과 결말이 어떻든 자신과 함께했던 사람의 행복을 기도해 줘야 당연하고, 설사 그렇지는 못하더라도

- '님'에게 원한과 저주를 품어서 기어코 드러내거나,
- 노래로 만들어서 '님'을 비난·생매장해 버리거나,
- 사람들에게 사랑과 인간에 관해서 부정적·비관적인 편견과 선입견

을 심어 주거나,
- 나이 어리거나, 마음이 여리거나, 인생·세상·사랑 경험이 부족한 누군가가 훗날 이별과 배신과 아픔을 맛볼 때 결코 도움이 되지 못할 것으로 생각했다.

물론 '발병 난다.'라는 심정을 이해하지 못할 바는 아니다.
어쩌면 떠나가는 님을 너무너무 사랑했거나, 님에게 목숨 바칠 정도로 헌신하고 희생했거나, 님이 과거에 급제해서 돌아오길 간절히 바랐거나, 또는 함께하는 동안 님이 잘못을 많이 했을 수도 있다.
그렇더라도 사랑이든 인간관계든 결말이 좋지 않을 때 진짜 인간미를 발휘해야 하고, 그래도 안 되면 없는 인간미까지도 기어코 발휘해서 유종의 미를 장식하는 것이 서로의 인연과 만남과 인생과 세상에 대한 도리와 의무라고 생각했다.
그래서 필자는 '훗날 아리랑의 주인공은 더 좋은 님을 만났을 것이고, 과거를 교훈 삼아서 헌신적이고 희생적으로 사랑했을 것이며, 진정으로 행복했을 것이다.'라고 해피 엔딩으로 소화하곤 했다.

우리 근대사와 현대사도 마찬가지

우리 근대사와 현대사 역시 우리가 너무나 빈곤하고 암울했던 탓으로 서로의 잘잘못에 상관없이도

- 나라를 빼앗기고 동족 전쟁을 겪어야 했고,
- 자유민주주의와 자본주의 역시도 우리에게는 너무나 과분했으며,

- 그로 인해서 가해자와 피해자가 생길 수밖에 없었고,
- 수준 미달이었던 정치에서도 당연히 독재와 민주화가 장기간 계속됨으로써 누군가는 억울하고 원통할 수밖에 없었고,
- 또 누군가는 원한과 저주를 품었을 수도 있었으며,
- 오늘날도 우리 눈앞에서 매일 매시 벌어지는 현실이기도 하다.

필자가 깜짝 놀랐던 점

그런데 오늘날은 '아리랑'이 세계 곳곳에서 유명한 악단들에서 다양한 악기와 음색으로 연주되고, 합창으로 불리면서 감동을 연출해 내고 있다.

필자에게는 못마땅하고 애절했던 '아리랑'을 누군가는 예술로 승화시켰고, 필자는 놀랍고 감격할 수밖에 없었다.

우리에 대한 필자의 진심

그간에 너무나 많이 부족했던 우리(과거, 조상, 역사, 문화, 관행, 사건들)였기에 누군가는 아픔도 고통도 울분도 원한도 저주도 품을 수밖에 없었다고 생각한다.

물론 필자는 여러분을 종북좌파·주사파·공산주의자·사회주의자·중공몽 사대주의자·반미 세력으로 맹비난했다.

물론 여러분 중에는 필자에게 모두를 싸잡아서 비난하면 안 된다고 항의할지도 모른다. 그렇다면 그러한 비난과 항의를 여러분과 함께하는 불순한 사람들에게 해야 하고, 만일 알면서도 모른 척해 왔다면 여

러분은 무책임하고 무기력하고 무대책인 사람이며 반성이 필요하다고 생각한다.

어떻든 여러분이 불순 세력이거나, 모른척했다면 나에게는 '아리랑'(애절함)에서의 님(한, 저주)의 연장선일 수밖에 없다.

물론 필자는 독재 때는 독재를 싫어하고 혐오했고, 민주화 때는 민주화를 싫어하고 비난했고, 군 생활에서는 하급자를 돕지 않고 괴롭히는 군인들을 싫어했고, 직장생활에서는 공무원 사회와 싸우다가 소송했고, 보수 정권에서는 보수에 실망하고 환멸을 느꼈고, 진보 정권에서는 망국을 걱정하고 맹렬하게 성토했다.

물론 여러분에게는 실망과 환멸만이 아니라 저주도 충고도 강력한 경고도 보내고 있다.

이제 우리는

이제 우리는 '아리랑'처럼 우리의 아픔과 과거를 아름다운 예술로 승화해서 감동과 감격을 선물하는 주인공들이 될 것인지 아니면 저주와 원한을 키워 가면서 증오와 조작과 음모와 흉계로 뻥튀기할 것인지 선택해야 한다.

우리에게 무엇이든지 가능할 수 있는 이유는 지금이야말로 세계사적으로도 국제적으로도 국가적으로도 국민적으로도 인간적으로도 중차대한 과도기이고 대전환점이기 때문이다.

동시에 여러분으로서는 대한민국에서 완전히 새롭게 출발할 수 있는 최고·최상의 기회이고, 조금이나마 역할·반성·이바지해서 대국민 신뢰를 회복하고, 찬란한 미래를 함께해 갈 기회이기도 하다.

이러한 필자의 속임수 아닌 유혹 아닌 진심에 동감하는 사람은 아래 주제들을 진심으로 정독해 주길 바란다.

정신이 맑고 집중력이 뛰어난 오전 시간에 아래 내용을 진지하고 냉정하게 정독해 주면 더욱더 고맙겠다.

끝으로 여러분 가슴에 손을 올려놓고, 잠시 모든 것을 내려놓고 진심으로 생각해 보길 바란다.

이미 대한민국은 역사적으로나 국내외적으로나 어둠의 터널에서 상당 부분 빠져나왔고, 국제사회 역시 공산·사회·독재 정치가 대거 몰락 중이며, 자유민주주의가 본격적으로 꽃 피우면서 보완·발전할 것이고, 당장은 망국의 위기처럼 보이는 것들이 사실은 우리에게 획기적인 변화와 대도약의 발판과 행운의 기회로 작용할 것이다.

필자로서는 우리 대한민국과 국제사회와 인류 미래에 저주와 원한의 뻥튀기가 아니라 서로 승화하고 극복하고 좋아지고 아름다워질 것이라는 희망을 선물하는 것이고, 그에 어긋나는 악당들(김정은, 시진핑, 푸틴, 문재인 등)이 몰락할 것이라는 징조 겸 전초전이며, 아픔도 원한도 승화해 낸 우리가 국제사회에 혁혁하게 이바지할 것이라는 암시와 예약이라고 할 수 있다.

다시 말해서 여러분은 이미 대세는 물론 명분을 잃었고, 원래도 대세·명분이랄 것조차 없이 엉망진창이었으며, 이미 오래전에 양심과 상식에서조차 심하게 벗어났음이 속속들이 드러나고 있다. 이를 인정하지 않으면 여러분이야말로 참담하고 처참하고 애절하고 원통했던 원한과 저주를 재현·대물림하면서 무너지고 망가지는 악당과 하수인들의 연장선일 수밖에 없음을 알아야 하고, 감옥과 지옥에 가더라도 영원히 죄인 신세를 면할 수 없음도 알아야 한다.

 필자는 그간에 여러분을 힘들게 했던 원인을 시작으로 우리 역사와 현대사를 직설적이고 노골적이고 적나라하게 다뤘고, 아래 주제들에서는 여러분을 훨씬 더 강하게 다룰 것이라는 점 양해 바란다.

2.
개인적으로
전하는 이야기

앞에서도 언급했듯이 여러분은 이미 대세에서 한참이나 벗어났고, 명분을 잃었으며, 이제라도 자유 대한민국 국민으로서 자부심과 자긍심을 확보하기 위해서 진심으로 반성하고 내부를 점검해야 한다.

필자는 여러분보다 현대사를 일찍·많이·오래 겪어 본 선배·부모 세대로서 여러분에게 먼저 반가운 소식부터 전하고, 이어서 우리 현대사를 겪는 동안에 절실히 느꼈던 점을 요약한다.

여러분이 최고 행운아들인 이유

여러분은 최고의 행운아들이라는 사실에 진심으로 감사하고 반성해야 한다.

왜냐면 여러분은 5천 년 역사와 80년여 현대사를 통틀어서 가장 유능한 인재군에 속하는 윤석열과 한동훈과 이원석이 대통령과 법무부장관과 검찰총장직을 수행해 주면서 대한민국과 여러분을 지켜 내고 있기 때문이다. 세 사람은 물론 함께 나라를 바로잡는 사람들 역시도 좌파 독재정권의 무서운 먼지떨이로 몇 번씩이나 탈탈 털렸음에도 아예 먼지 나지 않았고, 버텨올 수 있었다.

이들은 과거 검찰의 고위급과 비교해서 쉽게 찾아보기 힘들 정도로 청렴했다는 증거이고, 곳곳이 엉망인 속에서도 이처럼 참신하고 유능한 인물들 덕분에 대한민국이 어렵사리 버티면서 망하지 않았고, 이제는 자유민주주의에 박차를 가하면서 선진 복지국가로 향해 갈 수 있는 이유와 희망이며, 덕분에 여러분도 자녀들도 가장 찬란한 시대와 미래를 함께 살아가는 행운아들이고, 국가적으로도 대경사라고 할 수 있다.

여러분은 이를 한시라도 잊어서는 안 되고, 혹시라도 역행하거나 흠집을 내려는 막돼먹은 짓들은 상상도 하면 안 된다는 점을 명심하길 바란다.

우리 현대사를 겪으면서 필자가 절실히 느꼈던 점

첫째, 우리 현대사는 명문고와 명문대로 무장한 인재들(지식인, 법조인, 정치인, 언론인 등)이 유유상종하면서 위·불·편법과 비자금 조성과 유전무죄와 무전유죄와 전관예우로 망친 점이 없지 않고, 필자도 분개하고 통탄했던 사람 중 한 명이다.

둘째, 그런데 맹렬하게 이를 비난·공격했던 여러분 세력과 문재인 좌파 독재정권은 유권무죄와 무권유죄는 물론이고 내로남불을 세계적인 대백과사전에 올려놓았을 정도로 한심하고 망가지고 실패했다. 이는 명백한 여러분의 잘못과 책임이다. 이는 여러분이야말로 역사에서 탐관오리들이나, 일제 때 친일파들이나, 현대에서 독재보다 훨씬 더 비열한 역적 짓들을 저지르는 연속이었다는 이야기다.

셋째, 이러한 사실은 역사에서 탐관오리들에게 차별·학대당하면서 반감을 지니고 저항했던 상놈들도 마찬가지였거나 오히려 훨씬 더 비열하고 잔악했다는 이야기이기도 하다.

역시 우리 현대사에서 엘리트 출신들의 유유상종과 부정 축재와 비자금 조성 등을 극렬하게 비난·공격했던 여러분도 마찬가지이고, 오히려 더 나쁜 놈들이라는 이야기다.

넷째, 사실상 여러분은 대한민국에 청렴한 시스템과 장기 비전과 훌륭한 발명과 참다운 능력과 인류사적 대전환점을 만들어 낼 준비와 자질도 없이 일방적으로 불만을 표출·반항했던 상놈들이나 문제아들에 불과했다. 실제로 여러분은 독재 시대부터 지금까지 계속 좋아졌음에도 투쟁과 시위로 일관했고, 근본적으로도 획기적으로도 변화하지 않았으며, 심지어 "노조위원장은 황제들도 부럽지 않다."라는 비아냥 겸 악평을 들을 정도로 한심하다.

다섯째, 그간에 여러분은 우리가 자유민주주의와 자본주의를 시작한 초기에 모든 면에서 부족할 수밖에 없었을 때의 좋지 못한 상황과 기억들에 기반을 두고 살아왔다.

하지만 오늘날은 여러분이 골프와 테니스와 해외여행과 자녀를 유학 보낼 정도로 중산층에 합류했고, 부러움 받는 억대 연봉자들이 많다.

그런데도 여러분은 불평불만과 투쟁·시위와 폭력에 의존해서 현대를 살아가는 모양새이고, 또 일부는 종북좌파·주사파·중공몽 세력으로 자의든 타의든 연계되었으며, 또 일부는 실제로 강하게 코가 꿰였고, 또 일부는 여러분이 그토록 저주했던 특권 의식에 물들어서 건전한 사회문화와 대한민국의 자유민주주의 정통성 확립을 방해하는 불순한 세력으로 전락했다.

만일 전봉준이 전태일이 유관순이 여러분과 공산·사회주의자와 김일성 일가를 지켜보고 있다면 어떻게 생각하고 있을지 생각해 보길 바란다.

세상사와 인생사가 여러분의 생각처럼 쉽고 간단했다면 로마의 네로도, 칭기즈칸도, 히틀러도 망하지 않았을 것이다.

여섯째, 윤석열과 한동훈과 이원석 등은 자신이 선택한 직업과 기나긴 인생과 몸담은 국가에 대한 자존심·존엄성·자부심·자긍심·명예를 중시하고, 비로소 대한민국은 제대로 된 사람들이 두각을 나타내기 시작했으며, 우리 사회 각 분야와 전반이 급속도로 탄력을 받게 되었다. 물론 그보다 더 중요하고 시급한 것은 국민의 의식 향상이다.

일곱째, 그런데도 여러분은 명분도 없는 투쟁으로 일관했고, 결과는 뻔할 수밖에 없다.

아마도 여러분 중 상당수는 치명적인 죗값들을 치르게 될 것이다. 왜냐면 세상은 무진무궁하고 정교해서 적극적으로 변화·발전·개척해도 부족하기 때문이다.

그렇더라도 여러분은 기꺼이 감수해야 한다. 왜냐면 그간에 여러분이 나라와 국민을 위해서 진정으로 해 놓은 것이 없고, 혼란과 민폐의 연속이었기 때문이다.

심지어 여러분은 기득권과 특권에 이어서 세습까지 강행할 정도로 공정과 평등과 정의와 시대를 역행하는 연속이고, 자신들의 주제와 분수도 모르면 결과가 좋을 수 없다.

이는 역사를 돌아볼수록 더욱 확연해지는 진리 중 진리다.

여덟째, 여러분은 북한과 중공과 러시아 인민들을 최악으로 몰아넣는 김정은과 시진핑과 푸틴을 공격해야 하고, 공산·사회주의와 김정은 세습 독재자를 공격해야 한다.

아홉째, 여러분은 김정은과 시진핑과 푸틴이 몰락하기 전까지는 절대 정치와 현실을 상대로 투쟁·시위하면 안 되고, 기웃거리지도 말아야 한다. 또한 여러분이 공산주의와 사회주의를 지구상에서 사라지도록 하려면 한동안 내부 개혁과 자체 정화에 매진해야 한다.

열째, 여러분이 우리 역사와 현대사를 극복하고 두각을 나타내는 유능한 인물과 참신한 인재들을 적극적으로 찾아서 후원하는 방법으로 획기적인 대전환점과 새로운 역사에 동참하길 바라고, 당연히 그렇게 해야 할 때다.

3.
여러분에게
묻고 듣고 싶은 것

레이건이 소련을 방문했을 때 고르바초프와 나눈 농담을 소개한다. (여러분도 알고 있겠지만)

고르바초프: 이제는 소련에서도 표현의 자유가 보장된다. 붉은 광장에서 '레이건은 나쁜 놈이다'라고 소리쳐도 경찰이 잡아가지 않는다.
레이건: 미국도 마찬가지다. 워싱턴 광장에서 '레이건은 나쁜 놈이다'라고 소리쳐도 경찰들은 쳐다보지도 않는다.
고르바초프는 레이건을 비난하려다가 오히려 레이건에게 한 방 먹었다. 이것이 공산·사회주의와 자유민주주의의 차이다.

가정 겸 예를 하나 더 들어 보자.

여러분은 광화문 광장에서 확성기를 통해서
"윤석열은 개새끼다.", "윤석열은 김정은의 발바닥을 핥아야 한다."라고 10번씩 고함칠 수 있는가?

이번에는 "김일성과 김정일과 김정은은 극악무도한 세습 독재자다."라고 똑같이 고함칠 수 있는가?

그에 의해서 자신이 자유민주주의 시민인지 종북좌파·공산주의·사회주의 하수인인지 확인해 보길 바란다.

앞으로 여러분이 청산·적폐 대상으로 목표 삼을 악질들

그간에 여러분은 김일성에게 속았고, 이후 김정일·정은과 대한민국의 김일성 주사파와 문재인과 그에 연관된 여러분의 동료들에게도 이용당하는 연속이었다.

따라서 지금부터 여러분은 청산 대상과 적폐 대상으로 김정은과 문재인을 목표해야 하고, 그들을 석고대죄와 대오각성과 개과천선 대상으로 분류해서 내부 청소 작업과 개혁 작업과 정화 작업을 동시에 진행해야 한다.

그런 동안에는 밖에서 투쟁·시위나, 회사에서 노사협상과 노동자 권리와 임금 인상과 근로 환경 개선 등을 주장할 자격이 없다.

여러분이 몸담은 대한민국(대통령, 정치, 문화, 외교, 규정들, 규제들)과 기업들은 변화(개혁, 혁신)에 사활을 걸고 있다.

이제 여러분은 고개를 내부로 돌려서 변화와 자정을 외쳐야 하고, 변화의 정도를 단계적으로 평가해야 한다.

세상도 인생도 절대 여러분들의 생각대로 되지 않고, 여러분 방식으로는 절대 오래 갈 수 없다.

변화를 당하면 비참하지만 스스로 변화하면 한동안만 힘들 뿐 진정한 사람들과 오랜 세월 함께해 갈 수 있다.

중이 절이 싫으면 중이 떠나면 된다.

변화하지 않을 거면 여러분이 대한민국을 떠나야 하고, 아니라면 대한민국을 위해서 생각·관계·활동해야 한다.

4.
자유 통일과 적화통일 시에 종북좌파·주사파 세력의 운명

종북좌파·주사파·중공몽 세력은 김정은과 시진핑이 여러분의 충성심을 알아줄 것으로 착각할지도 모른다.

하지만 혹시라도 대한민국이 적화통일된다면 동시에 여러분 중 99.5%는 이인모를 비롯한 비전향 장기수들처럼 비극적인 운명이 예약에서 숙명으로 확정된다.

여러분도 이인모가 북한의 교화소를 보고 "남조선은 감옥도 이 정도는 아니다. 만일 내가 남조선의 교도소에서 이렇게 살았다면 이미 죽었지 살아 돌아오지 못했다."라고 한마디 했다가 쥐도 새도 모르게 행방불명됐다는 증언을 들어 봤을 것이다.

남한에 의한 자유 평화 통일

머잖아서 남한에 의해서 북한이 통일될 것이다. 그때는 북한에서 독재 세습 정권에 저항했던 사람들은 남한으로부터 찬사와 포상과 보직을 받게 될 것이다. 북한 인민들도 그들에게 감사하면서 지도자로 여길 것이다.

북한에 의한 적화통일

만일 악질 김정은이 남한을 적화통일한다면 권력 강화와 영구 집권과 신격화에 수단·방법을 다할 것이고, 당연히 폐쇄와 통제와 처벌을 밥을 먹듯이 할 것이다. 이때 가장 먼저

남한에서 김정은의 하수인 노릇을 해 왔던 넋 빠진 사회주의·공산주의자들과 종북좌파들과 김일성 주체사상파들부터 제거할 것이다. 왜냐면 김정은이 북한 인민들과 전 세계를 상대로 남한 국민이 자신(김정은)을 흠모·존경하는 것처럼 조작·선전할 것이기 때문이다. 역시 김정은은 여러분처럼 '자유'와 '자본주의'를 제대로 맛본 것은 물론이고 남북한을 비교·판단할 수 있는 세력은 뿌리부터 잘라 버릴 것이다.

그뿐 아니라 종북좌파와 주사파들이 남한을 몰락(붕괴)시켰다는 사실이 북한과 국제사회에 밝혀지면 김정은의 절대 권력과 신격화와 선전·선동에 막대한 지장이 초래된다고 생각할 것이다.

반대로 여러분은 적화통일이라는 과업의 공로자로 인정받고 싶을 것이다. 하지만 차례대로 숙청당할 것이며, 그간에 아무것도 모르고 기어코 억지를 부렸던 김인모 신세가 될 것이다.

김정은은 남한의 종북주의자들에 대한 숙청을 통해서 하수인들이 경거망동하지 못하도록 공포감을 조성할 것이고, 반대로 남한 국민에게는 안전을 보장해 주면서 한동안 성군처럼 시늉하는 등 충성과 복종을 유도·강요·조작할 것이다.

역시 자신을 반대하는 우익(보수우파) 인사들을 회유책으로 포섭해서 요직에 앉힘으로써 남한 국민을 안심시킬 것이고, 여러분부터 먼저 숙청·제거토록 할 것이다. 하지만 결국에는 이용 가치가 떨어지면 누구든지 쥐도 새도 모르게 사라질 것이다.

이러한 증거들은 북한에 헤아릴 수 없이 많고, 이처럼 무자비한 방법으로 독재 세습을 지속해 왔다.

이는 김정일이 언급했다는 남조선에 대한 '천만 명 숙청설'이고, 북한 정권의 속성으로 본다면 남한 국민에게 환심을 사기 위해서 배신자(종북주의자)들부터 숙청하기 위한 세부 계획까지 세워 놓았을 수도 있다.

그래서 앞으로는 종북좌파·주사파·남파 간첩·자생 간첩들은 죽기 살기로 김정은을 물리치는데 협력하는 것이 감옥과 죽음을 면하는 길임을 명심해야 한다.

김정은 일당이 몰락하면 가장 행운아들은 종북좌파·주사파·자생 간첩들

조만간 김정은이 몰락하면 가장 행운아들은 종북좌파·주사파·자생 간첩들이다.

왜냐면 계속해서 자유민주주의 체제에서 살아갈 수 있기 때문이다. 설사 처벌받더라도 한동안 대한민국의 호화로운 감옥에서 편하게 지내면 된다. 어떻든 김정은으로부터 죽음을 모면한다는 점에서 행운아들이다.

이 모든 것이 자유롭고 안전한 자유 대한민국의 품에서 태어나고 자란 국민이었기에 가능한 은혜와 축복이고, 이제라도 진심으로 석고대죄 대오각성 개과천선해서 자유 대한민국의 국민으로 새롭게 태어나야 한다.

5.
종북좌파·주사파·중공몽·공산·사회주의 세력에게

짐승들 수준에서 원시 시대와 고대 시대로 출발한 인류

　인간은 태어날 때 미완성인 신체와 본능과 감각과 감정과 미약한 생각처럼 미개하고 원시적인 상태로 인생과 문화와 역사를 시작했다.

　이런 과정에서 샤머니즘과 애니미즘과 토테미즘도, 다양한 신들과 조물주도, 속물들부터 위대한 현인들도, 바보들과 천재들도, 왕들과 귀족들과 평민들과 노예들도, 폭군·폭정과 선군·선정도, 갖은 경험과 지혜도, 굶주림과 추위와 차별과 학대와 전쟁과 테러도, 기쁨과 슬픔과 행복과 불행과 행운과 고통과 기적과 횡재도, 지식과 학문과 제도와 사상과 문명도, 각종 변수와 사건·사고들도, 다양한 사조들과 예술과 문화와 풍조와 유행들도, 수많은 성공과 실패와 승리자와 낙오자도 생겨났다.

　이처럼 인류는 첨단 문명에 이르기까지 처절하면서도 복잡다단한 과정들을 거칠 수밖에 없었다.

소수일지라도 자유민주주의 선진국들

오랜 인류사에서 극소수 국가들만이 세상과 인간에게 숨겨진 무궁무진한 이치와 현상과 가치와 다양성과 존엄성과 가능성을 발견하고 살려 냈다. 그래서 세상과 인간을 존중하면서 진지하게 파고들었고, 목숨과 인생을 바쳐서 지구 곳곳을 도전하고 탐험하고 개척했으며, 인간다운 사회문화와 월등한 국가체제를 형성했다.

이처럼 진지한 과정 덕분에 갖가지 난제들을 해결했으며, 진지하고 성숙한 과정에서 월등한 차원의 자유와 평등과 정의와 인권과 복지 등 형이상학적인 최고급개념들을 도출해 냈고, 자율적인 자유의 구현과 자기 인생에 동기 부여도, 자기 가치의 추구와 실현도, 세상과 인간에 대한 긍정적인 태도도, 서로에 대해서 우호적이고 협력적인 관계 형성도, 인간다운 세상과 바람직한 사회와 합리적인 문화도 만들어 내면서 국제사회를 주도해 왔다.

당연히 빈곤과 차별에서 벗어났고, 올바른 사회의식으로 향상했으며, 불필요한 소모전을 줄여 가면서 여유롭고 풍요로운 인생을 영위했고, 지구촌 곳곳을 찾아서 전쟁에 참전해 주고, 봉사하고 연구하고 헌신하고 후원해 주고 보호해 줬다.

이러한 자유민주주의 선진국들 덕분에 우리는 공짜처럼 지식과 학문을 얻고 배울 수 있었고, 무지와 가난과 차별에서 벗어날 수 있었으며, 노조와 전교조와 학생 운동권과 재야인사들과 시민 단체들도 생겨날 수 있었고, 갖가지 탄압과 방해를 이겨 낼 수 있었으며, 자유롭게 활동하면서 조직을 강화할 수 있었고, 안정적인 생계와 취미 생활과 해외여행도 가능했으며, 사랑과 행복과 여유와 낭만적인 인생이 가능해졌다.

더 많은 국가와 사람들

더 많은 나라와 사람들은 세상과 인간에게 적극적인 가치를 부여하지 못했고, 긍정적이고 우호적이지도 못했으며, 그야말로 엉망진창인 경우가 많았다.

그들은 갈수록 빈곤과 차별이 심해지거나, 비겁해지고 잔인해지거나, 민족(우월, 혈통)주의로 정체되고 좁아지거나, 공산주의와 사회주의로 비뚤어지거나, 자기 능력과 수준과 분수 이상으로 엄청난 혜택들을 누리면서도 몸담은 체제와 질서를 부정하고 무너뜨리려고 안달하기도 했다.

심지어 봉건왕조에서 영향받은 북한은 일가족의 신격화와 독재 세습이 먹혀들었다. 왜냐면 인민들이 극심한 굶주림과 추위와 무지와 차별과 착취에 노출되어 있었고, 지푸라기 하나라도 붙들 수밖에 없는 참담한 인생과 극한의 심정이었으며, 인간의 존엄성에 무지했던 인민들로서는 마치 동물들처럼 세뇌와 배급에 길들어질 수밖에 없었기 때문이다.

그래서 기대하고 의존할 곳이 없었던 순진하고 무지한 인민들은 빵을 주거나, 권력자에게 인정받는 감사함으로 하수인과 악역 노릇에 적극적으로 앞장섰다.

김일성 주체사상과 사회주의와 공산주의가 궤변과 허구와 사기인 증거

만일 자신이 배가 고파서 지금 당장이라도 죽을 지경이라고 가정해 보자. 당연히 자신에게 시급한 것은 배고픔의 해결 곧 빵(식량)일 것이다. 이때 누군가가 나타나서 자기에게 빵을 건네준다면 어떻겠는가?
　이런 경우 자신에게 빵을 주는 사람이 좋은 사람인지, 사기꾼인지 또는 어떤 목적인지 어떻게 판단해야 할까?

　첫째, 그냥 빵을 주고 간다면 감사하고, 좋은 사람일 것이다.
　둘째, 빵으로 끝나지 않고 세상에 대한 정보들, 살아가는 방법들, 필요한 지식과 기술들, 존엄성의 고취, 자신이 타고난 소양과 재능의 발굴, 다양한 가능성과 기회를 제공해 준다면 참다운 은인과 훌륭한 스승은 물론 소중한 인연으로 삼아야 할 것이다.
　셋째, 누군가가 계속 빵을 주면서 더는 가르쳐 주지도 이끌어 주지도 않을 수도 있다. 이때는 흑심을 숨기고 있는 미끼는 아닌지 생각해 봐야 하고, 상대를 쉽게 믿고 따라가거나, 자신을 온통 내맡겨서는 안 될 것이다.
　넷째, 빵을 나눠 주면서 조건을 달거나, 그럴듯하고 거창한 이야기들을 펼쳐 놓으면 사기꾼이거나, 독재자일 가능성을 의심해야 한다.
　가령 빵도 해결하지 못했던 빈약한 자신(우리, 민족)에게 갑자기 '엄청난 수익·지위·기회·행운을 제시·보장하거나', '지상낙원을 건설하자거나', '사회주의 혁명', '주체사상', '사람 사는 세상', '우리 민족끼리', '민족의 자주·자결', '한겨레 한민족', '우리는 하나' 등 그럴듯하고 추상적이고 거창한 의미들을 들먹이고 강조하고 반복한다면 '십중팔구'가 아니라 '십 중 십'은 사기꾼과 독재자이고, 자신은 이를 빨리 깨닫고 벗어나야 한다. 그렇지 못하면 자신이 잘못 판단하고 선택한 대가와 죗값을 평생은 물론이고 자자손손 몇 곱절로 치를 수도 있다.
　다섯째, 누군가가 '자신에게 그럴듯하고 거창한 이야기들'을 해 놓은 이후에 세월이 오래 흘렀다고 해 보자. 하지만 자신이 겨우 생계 해결에 급급하거나, 끼니도 어렵다면 자신은 개돼지로 취급당하는 것은 물론이고 오히려 개돼지보다 못하다는 것을 알아야 하고, 좋은 것은 독재자와 하수인들이 모두 독점해서 호화판 생활을 누리고 있음을 알아야 한다.

혁명의 주체는커녕 적극적으로 반성해서 벗어나야 할 예비 노예들

그간에 자신이 종북좌파·주사파·중공몽·사회·공산주의·반미의 언저리에서 오락가락했다면 속임수에 현혹되었거나, 세뇌되어 있음을 깨달아야 한다.

그뿐 아니라 어리석은 자신으로 인해서 자자손손 이용만 당할 뿐이고, 혁명의 주체는 될 수 없으며, 적극적으로 반성해서 획기적인 전환점을 만들어 내는 것이 시급하다.

왜냐면 그간에 정상적인 삶과 생활과 관계에서 너무 오래 많이 심하게 벗어났고, 그런 세월을 만회해서 정상으로 복귀하거나, 개념과 차원을 달리해서 살아가려면 보통의 정신과 각오로는 힘들기 때문이다.

6.
머슴 민족성에서 생겨난
위대(胃大, 偉夫)한 김일성 일가

('위대'는 훌륭함이 아니라 마구잡이로 처먹어서 밥통(胃)만 커졌다는 의미)

 우리 역사는 봉건왕조와 신분제도가 계속되었고, 백성들은 조정과 관리들과 양반들로부터 존중과 보호를 받지 못한 채 극심한 굶주림과 차별과 학대와 착취와 불행과 고통 등 피해의식에 시달렸다.
 더구나 백성들은 '어른 공경' 문화에 길들어져 있었고, 힘들고 고통스러울수록 더욱더 허리를 굽히고 머리를 조아리는 비굴함에 익숙해졌으며, 그런 인간성과 행동과 습성들을 미덕이라고 합리화해 버릴 정도로 위선적이었고, 역사 내내 중상모략과 망국의 연속이었다.
 그런데 김일성은 이처럼 비굴한 문화와 비열한 민족성을 악용해서 개인의 우상화와 신격화와 절대 권력과 일가족의 독재 세습으로 삐뚤어졌다. 이는 역사 내내 우리끼리 차별·착취·학대했던 민족성과 식민지에 길들어진 습성을 김일성이 악용했고, 인민에게 이밥에 고깃국과 태평성대를 사기 쳤으며, 신격화와 독재 세습을 통해서 인류사에서 전무후무한 위인과 신으로 둔갑했다. 이를 종합하면

- 김일성은 노예 수준의 2천5백만을 곶감(배급, 폐쇄, 통제, 사회주의 지상낙원, 세뇌)으로 유혹했고, 인민들을 꼼짝달싹 못 하도록 가둬 놓고 자신과 일가는 위대(偉大)가 아닌 위대(胃大, 처먹는 밥통만 비대)해졌다.
- 김일성은 아들 김정일과 손자 김정은이 극악무도한 짓들을 저지르면서도 떵떵거리고 살아가도록 인민들을 세뇌했다.

이는 무자비하게 짓밟을수록 더욱 꼬리를 치면서 절대복종하고 절대충성하는 인민(인간)의 강아지(노예) 근성과 약점을 악용했고, 이는 우리 조상들이 만들어 준 저질적인 밑바탕(문화, 무의식, 습성)이 없었다면 절대 불가능한 일들이다.

- 김일성이 더욱 위대(胃大)한 점은 죽어서도 남한까지 먹으려고 욕심낸다는 점이다.

위대한 김일성은 남한에도 저능한 머슴들(종북좌파·주사파 등)이 수두룩하게 많다는 사실을 꿰뚫어 보았다. 왜냐면 가해자와 사랑에 빠지는 스톡홀름 증후군처럼 남한에서도 극악무도한 살인마들(김일성과 김정일과 김정은)을 흠모·찬양·칭송·충성하는 비굴한 양아치들과 무지한 저능아들과 알아서 비굴해지는 겁쟁이들이 우리 민족임을 훤히 알고 있었기 때문이다.

- 심지어 양아치·쓰레기·망나니에 불과한 가짜 손자 김정은이 김일성을 흉내만 내도 2천5백만 북한 인민들은 물론이고 남한의 저능

한 대통령들과 머저리(종북좌파·주사파)들이 적극적으로 가져다 바치면서 끝없이 복종하면서 비굴해질 것을 알았으며, 김정은의 하수인 놈들조차 남한의 장관차관들과 정보기관들을 마음껏 주물럭거리면서 호통치고, 그런 짓들이 통할 것을 알았으며, 초강대국 미국을 허세일지라도 위협하고 협박하면서 속여먹을 정도로 완전히 삐뚤어지고 망가졌다.

75년 동안 자유민주주의 정착에 실패한 대한민국의 현실

대한민국에서 몸담고 살아가는 국민으로서는 물론이고 같은 인간이라는 점에서도 너무나 부끄럽고, 수치스럽고, 자존심이 상하지 않을 수 없다. 왜냐면 남한은 자유민주주의를 표방했고, 북한은 '이밥에 고깃국과 사회주의 지상낙원'을 약속했는데도 80여 년째 어림없기 때문이다.

- 북한은 최악의 독재자 김일성에 이어서 아들과 손자 놈까지 떵떵거리고 있는데 남한은 무기력하게 지켜보면서 당하고만 있고, 어떠한 시도와 노력도 하지 않는다.
- 북한 인민들은 반인륜·인권 범죄자요, 세습 독재자요, 저질·악질·악종·쓰레기·양아치에 불과한 김가 놈에게서 벗어나지 못하고 있고, 악랄한 통제와 폐쇄와 폭정으로 존엄성도 인간성도 말단의 인간성조차 망가지고 있다.
- 남한은 미국을 비롯한 국제사회의 도움과 무상 원조로 오늘날에 이르렀음에도 "우리 민족끼리", "우리는 하나", "한겨레 한민족"에 머물고 있다. 역시 그토록 '민족'과 '하나'를 강조하면서도 우리의

절반인 북한 인민들의 실상은 모른 척 외면했으며, 자랑스럽게 금강산과 해외로 놀러 다녔고, 심지어 '백두혈통'이라는 사기꾼 놈들을 칭송해 줄 정도로 아이러니의 극치를 보여 왔다.
- 대한민국의 대통령이 만면에 웃음과 함께 입버릇처럼 평화를 강조하면서 마치 자비로운 성인군자로 행세했다. 그러면서도 최악의 독재자요 범죄자인 김정은에게는 찍소리도 못하고, 아들뻘인 놈을 찬양하면서 영광스럽게 하수인 노릇을 해 주고, 막무가내로 가져다 바치려고 안달한다.
- 하지만 우리 내부를 향해서는 거짓과 조작과 적개심과 적대감으로 정치보복을 일삼는 등 비인간적이고 반민족적인 역적 짓에 혈안이고, 국민은 속수무책으로 끌려가면서 당해 주고 지지해 주고 방치한다.
- 심지어 보수세력과 보수의 원로들은 총체적으로 반성을 호소하거나, 참신한 후배들을 양성하거나, 냉철하게 원인을 분석하거나, 적극적인 대안들을 고민하거나, 공개적인 토론회 한 번 개최하지 않은 채 단지 유튜브에서 비난과 원망에 급급하다.
- 참다운 자유민주주의에 실패했고, 갈 길고 할 일이 많고 많은데도 독재·민주화, 친노·비노, 보수·진보, 친이·친박, 문빠·비문을 따지는 소인배들이 설쳐 대고 있다.

그래서 대한민국의 국민으로서 너무나 부끄럽고, 수치스럽고, 자존심 상한다.

머잖아서 남북이 자유 평화 통일될 것이다. 하지만 그간에 세습 독재자들을 찬양·지원해 줬거나, 북한의 인권을 무시·방해했던 세력은 인민들에게 몰매를 맞으면서 쥐구멍으로 숨어 다니게 될 것이다.

7.
'미국이 북한을 먹어 버릴 것'이라고 가르친 전교조

몇 년 전에 고3인 여학생과 대화할 기회가 있었다.

그런데 여학생이 전해 주는 전교조 선생의 이야기는 참으로 황당했다.

필자는 이야기를 들으면서 학창 시절에 현실 부정과 비판을 잘했던 선생들의 모습이 떠올랐다.

현실 부정과 비판을 잘했던 선생들

우리가 학교 다니던 시절에도 시국 상황이나, 대통령들이나, 고위직들이나, 재벌들이나, 정치인들에게 부정적·비판적·냉소적·풍자적인 선생들이 있었다.

당시에 우리 학생들은 묵묵하고 고지식한 선생들보다 현실에 비판적이고 부정적인 선생들이 정의롭게 보였고, 머릿속에 든 것이 많은 것처럼 느껴졌고, 인간적으로도 멋있게 보였으며, 학생들에게 인기가 많았다.

그런데 부모(어른)가 되어서는 생각이 정반대로 바뀌었다.

당시에 선생들은 단순히 보고 듣고 느끼는 것을 말로 내뱉는 것이 고작이었고, 최초에 학문과 문명과 산업과 자유민주주의 등이 만들어질 수 있었던 선진국의 진지한 밑바탕과 성숙한 사회의식과 모두를 위한 인류애는 까막눈이었다.

그래서 선생들은 우리 학생들에게
첫째, 세상과 인생에 대한 다양한 관점과 진지하고 성숙한 태도의 중요성을 일깨워 주지 못했고,
둘째, 인간과 사회와 역사와 현실의 문제들을 진지하게 끌어안고 고민해야 함을 알려 주지 못했으며,
셋째, 더 나은 세상과 바람직한 사회와 합리적인 문화를 고민하고 연구하도록 가르치지 못했고,
넷째, 비극적인 사건들과 잘못들을 냉철함과 따뜻한 인류애로 포용해야 함도 가르치지 못했으며,
다섯째, 유능한 인재들을 육성하고, 훌륭한 인물들을 밀어주고 존경해야 함도 알려 주지 않았고,
여섯째, 비인간적인 관행들에 편승한 사람들이 승승장구했던 우리의 후진 문화와 열악한 민족성에 무지했고, 자기반성도 찾아볼 수 없었다.
우리는 그런 선생들에 의해서 현실과 체제에 대한 부정적인 선입견과 편견과 거부감과 반항심이 심어졌고, 자식을 낳고 키우는 부모가 되어서야 어렵사리 그러한 사실을 깨달았다.

전교조 교사들의 무의식 역시 열등감과 출세욕에 의한 욕구 불만

오늘날은 교사의 대우가 좋고 임용시험에 합격하기도 어렵다. 하지만 불과 몇십 년 전만 해도 누구나 쉽게 할 수 있는 것이 교사와 공무원이었고, 양성소라는 곳에서 몇 달만 교육받아도 교사가 되었으며, 웬만한 사람들은 놀면서도 교사를 하지 않으려고 했다.

이는 우리가 입신양명과 부귀영화와 치국평천하가 관심이었고, 직업에 귀천과 높낮이라는 구태의연한 편견에 멍들어 있었다는 이야기다.

물론 교육계가 "선생들의 똥은 개도 안 먹는다."라는 말을 들을 정도로 부패하고 한심했던 것도 사실이다.

이처럼 필자는 어른이 되어서야 체제와 현실에 부정적인 선생들의 열등감과 피해의식과 출세욕의 반작용에 의한 우월감과 욕구 불만이 강하게 작용했었음을 깨달았다.

다시 말해서 자신들이 선생밖에(?) 하지 못한 것이 마치 잘못된 현실(특권층, 기득권층, 민주주의, 자본주의 등) 때문인 것처럼 위장·합리화했고, 학생들에게 불만을 표출하는 방식으로 자신을 과시·과장·포장했던 셈이다. 그래서 학생들에게 자신이 똑똑한 척, 정의롭고 대단한 척, 초야에 묻힌 인재처럼, 장래 가능성이 농후한 것처럼 행세하면 그만이었다.

어쨌든 필자든 선생들이든 우리는
첫째, 자기 분수와 주제를 몰랐고,
둘째, 현실에 대한 최소한의 감사함도 송구함도 없었으며,
셋째, 평생 몸담고 사는 사회와 이웃에 대해서 긍정적이지도 협력적

이지도 우호적이지도 못했고,

넷째, 심리적으로도 인간적으로도 열등하고 졸렬한 비겁자들에 불과했음을 깨달았다.

학생과의 대화 소개

학생: 미국이 북한을 먹어 버릴 거래요.
필자: 누가 그러든?

학생: 우리 선생님이 그랬어요.
필자: 보나 마나 전교조 선생이겠구나. 너는 선생의 이야기를 듣고 어떤 생각이 들었니?

학생: 북한은 지하자원이 많으니까 미국이 먹어 버릴 수도 있겠다고 생각했어요. 근데 잘 모르겠어요.
필자: 왜 잘 모르겠다는 것이니?

학생: 미국은 어려운 나라들을 도와주고 구해 주잖아요? 우리나라에도 계속 머물면서 저렇게 버텨 주고 있는 것을 보면 좋은 나라는 분명한 것 같거든요.
필자: 그래 제대로 생각하고 있구나. 너의 친구들의 반응이나, 생각은 어떠니?

학생: 항상 학생들의 반응은 셋으로 나뉘어요. 이렇든 저렇든 관심이

없는 친구가 있고요. 몇 명은 극단적으로 미국을 싫어하고요. 친구들 대부분은 선생님에게 강하게 거부감을 느껴요.

필자: 그래? 너는 지금 북한에 가서 살라고 하면 가서 살겠니?

학생: 아뇨. 어떻게 북한에서 살겠어요.

필자: 그럼 너희들 중에 혹시 북한에 가서 살고 싶다거나, 북한의 독재 세습 정권과 체제에 긍정적인 사람들은 있니?

학생: 누가 북한에서 살려고 하겠어요. (호호호) 왜 그런 걸 물어보세요? 아저씨 혹시 이상한 분 아니세요? 아뇨, 장난말이에요.

필자: 그럼 '미국이 북한을 먹어 버릴 것'이라고 말했던 전교조 선생은 북한에서 살고 싶을까?

학생: 그걸 말씀이라고 하세요? 누가 북한에서 살려고 하겠어요.

필자: 전반적인 상황을 알고 싶어서다. 너의 반응과 대답을 들어 보니까 안심이 되는구나. 전교조 선생들은 너희에게 북한 체제를 은근히 두둔해 왔거나, 남한 체제를 직접 간접으로 부정하고 불신했을 것 같은데 너의 반응을 보니 특별히 걱정하지 않아도 될 것 같구나.

학생: 우리는 그런 이야기에 신경도 안 써요.

필자: 아마도 전교조 선생은 너희들을 삐딱하게 유도하려고 했겠지만 실패했거나, 쉽지 않았겠지? 하지만 그런 선생의 이야기에 먹혀드는 순진한 학생들도 있을 것 아니겠니? (이하 생략)

필자는 학생에게

대한민국의 국민이면 당연히(필수적으로) 알아야 할 역사적 사실과 국제정세와 인류사의 흐름과 미국에 대해 잘못된 선입견과 편견을 인간적이고 상식적인 관점으로 말해 줬다.

특히 젊은 시절에 세상과 인간과 역사와 문화와 현실과 인생에 대해서 일찌감치 이렇게 저렇게 의미를 두거나, 휘말리지 말아야 하고, 오히려 냉철한 안목을 유지해야 하고, 더욱더 진지해져야 하고, 자신이 보고 듣고 느끼고 깨우친 것들을 근본적으로 다시 살펴보아야 하고, 이러한 모든 것에 대해서 항상 포괄적이고 거시적이고 포용적이고 긍정적이고 우호적이고 협력적인 자세와 체계를 유지해야 함을 말해 줬다.

필자는 지금도 전교조와 노조와 종북·좌파·주사파와 똑같은 시대와 사회에 몸담고 산다는 사실이 믿어지지 않는다. 언제든지 그들과 공식이든 비공식이든 진심으로 대화하게 되길 간절히 바란다.

전교조 교사들

① 전교조 교사들은 학창 시절에 자기 자신(환경, 인연, 능력, 인생, 미래)과 사회 현실 사이에 커다란 괴리감을 느꼈을 것이다. 좀 더 정확하게 표현하면 자기 자신의 실체(수준)와 실상(능력, 자신감)에 대해서 열등감에 붙들리고, 정부와 체제에 대한 반항심으로 합리화하면서 빗나가 버린 셈이다.

② 열등감이나 피해의식을 승화·극복해 내지 못한 반작용(좆값)으로 사회에 대한 불신과 원망과 증오로 삐뚤어졌고, 자신을 우월감으로 보상받으면서 기어코 합리화하는 방식으로 살았으며, 일부는 동병상련의 동류의식(전교조 가입)과 출세욕으로 삐뚤어졌다.

③ 동류의식과 출세욕에 붙들리면서 의식도 무의식도 생활도 관계도 인생도 동시에 정지되고 정체되었다. 이는 살아갈 날이 훨씬 더 많이 남은 인생을 향하고 위해서 적극적으로 나아가기보다는 열등감을 합리화(위안, 기만)하면서 자기 미래와 사회 상식과 인간의 양심을 얼버무려 버린 셈이다.

④ 현실 생활에서 미래 비전과 질적 가치 추구·실현이 무의미해지면서 더욱더 '평등', '공정', '정의', '인권', '복지', '사람 사는 세상' 등 원론적이고 상투적인 수준에 국가도 현실도 자신도 묶어 놓고 판가름하게 되었다.
이는 무기력하고 무능한 자신을 어떻게든 합리화하고 살아갈 수밖에 없게 된 것이고, 사실은 자신의 진심과 양심과 인생을 스스로 기만한 것이다. 이러한 자신의 위선과 삶과 처지에 대한 반발심과 앙갚음으로 자신이 몸담은 터전인 대한민국(자유민주주의, 자본주의) 체제를 불신하고, 악감정을 표출하고, 현실을 부정하는 것으로 우월감을 느끼는 우물 안 개구리들로 전락한 셈이다.

⑤ 오늘날 전교조와 노조의 선배들은 70·80년대 운동권이라고 할 수 있다.

운동권들은 엉망인 현실(궁핍함과 독재정권)에서 자신들이 대한민국을 위해서 실질적으로 노력하고 변화하고 희생하는 것은 안중에 없었다.

그런 대가 겸 찻값으로 자신과는 전혀 무관한 정치적 성향으로 삐뚤어졌고, 외세(북한)와 쉽게 결탁·의존했으며, 출세의 방식을 살짝 바꿔보기 위해서 수단·방법·술수·위선을 동원하기 시작했고, 심지어 어린 학생들을 이용해서 '국가보안법 폐지'를 주장했을 정도다.

실제로 이들은 우리 내부(정부)를 "파쇼 정권"으로 매도했고, "미국의 식민지", "매판 자본"으로 비난하고 공격했다.

이러한 일들은 학생 운동권의 우두머리가 북한 정권의 지령을 받지 않고는 불가능한 일들이었고, 각 대학에서 헤게모니를 쥔 학생들 역시 북한의 독재 세습 정권을 추종·의존·이용할 정도로 출세와 권력 지향적으로 망가졌다.

⑥ 오늘날 전교조는 열등했던 재야 세력과 야비했던 학생 운동권에 영향받은 후배들에 불과하다는 명백한 증거들로 가득하다. 실제로 전교조 교사들은 인간 존엄성의 확보·신장을 통해서 국제사회와 인류 미래로 의식과 활동이 활기차게 뻗어 가지 못했고, 겨우 민족과 이념에서 맴돌 정도로 우물 안 개구리들에 불과했다.

전교조의 밑바탕(의식·무의식)이 겨우 지배와 피지배(계급투쟁), 평등과 불평등, 공정과 불공정, 정의와 불의 등 원론적·극단적인 수준에 머물렀기 때문이다. 이는 조상 대대로 생계와 출세와 권력을 위해 시기 질투와 중상모략과 아부·아첨 등 수단과 방법을 가리지 않았던 열등한 민족성과 잔악했던 관행(근성, 문화)의 판박이에 불과했다. (이러한 프레임 역시 러시아와 중국의 영향(정치, 역사)에서 벗어나지 못한 탓이다.)

⑦ 이제라도 전교조 교사들은 변화해야 하고, 모든 것을 각오하고 적극적으로 변화해야 한다. 우리 국민과 사회를 따뜻하게 껴안고, 학생들의 인생과 미래를 직간접으로 책임지려고 노력해야 한다. 이를 위해서는 전교조가 진정한 휴머니즘(포괄적인 인류애)을 배우고 갖춰야 하고, 뼈저린 자기반성이 필수이며, 학생들의 의식 향상에 심혈을 기울여야 한다.

⑧ 필자가 전교조에 호소하고 확신하고 장담하고 충고하고 경고하건대 지금 여러분의 수준으로는 절대 현상도 유지할 수 없다. 이는 물론 일반 노조들에도 해당하는 이야기다.

만일 이 글을 읽는 독자들도 전교조와 노조와 과거 학생 운동권처럼 '소심하게 생각해 왔거나', '미국이 북한을 먹어 버릴 것'이라고 생각했다면 잠시 어린 시절로 돌아가서 자신을 살펴보길 바란다.
자신이 성장했던 과정과 영향받았던 인연과 보고 듣고 자랐던 환경을 두루 살펴보면서 굴절되고 삐뚤어진 부분을 찾아내거나, 심각하게 망가졌던 원인과 충격적인 계기를 찾아봐야 한다. 그리고 진심으로 뼈저리게 반성해서 상식적이고 인간적인 사람으로 다시 태어나야 한다.

아무리 맑았던 물도 흐름을 멈추고 오래 고여 있으면 혼탁해지고 오염되고 부패하게 된다. 그러면 비와 바람에 의해서 씻겨지고 다시 맑은 물로 바뀐다.

  인간(의식)은 적극적으로 변화하지 않고 한 상태에 오래 정체되면 식상해지고, 고루해지고, 오염되고, 부패하기 마련이다. 전교조도 이념에 너무 오래 정체·경도되어서 이미 오래전에 고루해졌고 오염되었고 부패해져서 망국과 위기의 주범이나 다름없다.

맺음말

만일 우리가 현대사를 겪어 본 상태에서 다시 한번 해방된 직후로 시간을 거슬러 간다고 해 보자.

우리는 자유민주주의와 자본주의를 다시 시작하게 될 것이다.

이때 우리가 현대사에서 한 가지를 바꿔 버릴 수 있다면 무엇을 어떻게 해야 할까?

당연히 나라를 망친 반인륜·반민족·반인권·악질 범죄자 김일성에게 미래를 그대로 보여 줘야 한다. 김정일에 의해서 방치당한 자기(김일성) 최후(죽음)를 보여 주고, 김일성을 믿고 따르고 존경했던 인민들이 기아와 영양실조로 무수히 굶어 죽는 모습을 보여 주고, 인민들을 무수히 굶겨 죽였던 아들놈의 방탕한 호화 사치와 가짜 손자 놈이 몸뚱이조차 가누지 못하는 우스꽝스러운 꼬락서니로 할아버지를 흉내 내는 모습들을 보여 주면서 핵무장을 포기하게 만들고, 사회주의·공산주의 독재 국가(베네수엘라 등)들과 이웃 나라들(푸틴, 시진핑)의 몰락을 보여 줘서 사상을 전향시키고, 그래도 안 되면 6.25 남침하지 못하도록 일찌감치 제거해 버려야 한다.

아마도 6.25 남침으로 사망한 국내외의 참전용사들과 부상자들과 생이별한 가족들과 고아들과 국민들도 역시 남로당(남한 노동당)을 절대 용서하지 않을 것이고, 남로당원들도 공산주의와 사회주의를 극렬하게 비난·공격·타도할 것이며, 일반국민들 역시 적극적인 애국자가 되었을 것이다.

이는 우리가 전후 상황을 훤히 알고 있고, 무엇을 어떻게 해야 하는지 명백하고, 의심의 여지없이 의무와 권리와 사명과 자신감과 확신이 충만해서 적극적으로 대응·선조치할 것이라는 이야기다.

필자는 이처럼 우리가 적극적으로 협력해서 역사도 현대사도 지금의 위기도 전화위복으로 삼을 수 있는 능력과 자격과 기회가 충분하다고 생각한다.

"잘 되면 내 탓, 못되면 조상 탓"이라는 속담을 지금 우리가 적용해야 한다고도 생각한다. 물론 긍정과 부정이라는 양면성이 있기 마련이다.

- 우리가 조상을 원망하면서도 그간에 잘못과 실패와 무능을 합리화한 채 서로를 비난·공격·적대시하면서 분열할 때는 부정적으로 작용해서 망국의 악순환을 되밟을 것이고,
- 반대로 오랜 봉건왕조와 신분사회에서의 후진적인 관행과 습성 등 잘못을 과감하게 버리고 바꾸면서 적극적으로 반성·변화·개혁·혁신했을 때는 긍정적으로 작용해서 급속도로 좋아질 것이다.
- 그뿐 아니라 그렇게 해서 획기적으로 좋아졌다면 그간에 적극적으로 반성·변화·개혁·혁신했던 시작부터 뿌듯한 과정과 성과까지 참으

로 대단하고 지혜롭고 현명했음을 인정하면서 보람을 느낄 것이다.

이처럼 우리가 잘못되었던 모든 원인과 책임을 일단 조상(문화, 관행, 후진성 등)들에게 돌리고, 오늘날에 이런 지경까지 처하게 된 잘못과 책임은 북한·중공과 한 패거리로 놀아나는 종북좌파·주사파·중공몽사대주의자들에게 전가할 수 있다.

대신에 우리가 다시는 조상들의 후진성을 답습하지 않기로 약속해야 하고, 불순 세력에도 당하지 않도록 샅샅이 점검·반성해야 하며, 모두 함께 새롭게 출발함으로써 참다운 제2의 개척 시대를 시작한다는 전제여야 한다.